Kerstin Reiserer, Verena Bölz

**Werkvertrag und Selbstständigkeit**

Kerstin Reiserer, Verena Bölz

# Werkvertrag und Selbstständigkeit

Die Problematik der Scheinwerkverträge und der Scheinselbstständigkeit

DE GRUYTER

**Dr. iur. Kerstin Reiserer**, Rechtsanwältin und Fachanwältin für Arbeitsrecht, Geschäftsführende Gesellschafterin, RB Reiserer Biesinger Rechtsanwaltsgesellschaft mbH, Heidelberg

**Verena Bölz**, Rechtsanwältin, RB Reiserer Biesinger Rechtsanwaltsgesellschaft mbH, Heidelberg

**Zitiervorschlag:** *Reiserer/Bölz*, Kap. 2 Rn 10.

**Hinweis:**
Alle Angaben in diesem Werk sind nach bestem Wissen unter Anwendung aller gebotenen Sorgfalt erstellt worden. Trotzdem kann von dem Verlag und den Autorinnen keine Haftung für etwaige Fehler übernommen werden.



ISBN 978-3-11-034113-3
e-ISBN 978-3-11-034122-5

**Bibliografische Information der Deutschen Nationalbibliothek**
Die Deutsche Nationalbibliothek verzeichnet diese Publikation in der Deutschen Nationalbibliografie; detaillierte bibliografische Daten sind im Internet über http://dnb.d-nb.de abrufbar.


Einbandabbildung: kzenon/iStock/Thinkstock
Datenkonvertierung/Satz: jürgen ullrich typosatz, 86720 Nördlingen
Druck: CPI books GmbH, Leck
♾ Gedruckt auf säurefreiem Papier
Printed in Germany

MIX
Papier aus verantwortungsvollen Quellen
FSC www.fsc.org
FSC® C003147

www.degruyter.com

# Vorwort

In der deutschen Wirtschaft hat seit Längerem ein Trend zur Reduzierung der Stammbelegschaft eingesetzt. Um die Rentabilität und Wettbewerbsfähigkeit zu steigern, verringern viele Unternehmen die Fertigungstiefe. Während sich die Verschlankung zunächst noch auf Sekundärfunktionen beschränkte, wie Reinigung, Security, Catering, Lagerhaltung, Transport oder Wartung und Instandsetzung, wird Fremdpersonal inzwischen auch im Kerngeschäft zur Erledigung innerbetrieblicher Daueraufgaben eingesetzt. In der öffentlichen Diskussion wird das Problem derzeit vor allem unter dem Titel „Lohndumping durch Werkverträge" diskutiert, aber letztlich ist das Thema vielschichtiger: Es geht zum einen um den Einsatz von Gruppen von Arbeitnehmern als Fremdpersonal in Unternehmen, wobei die gewählte Vertragsart unbeachtlich ist. Die Thematik tritt nicht nur bei Werkverträgen, sondern auch bei Dienstverträgen oder Geschäftsbesorgungsverträgen auf. Daneben geht es aber auch um den Einsatz von freien Mitarbeitern oder Solo-Selbstständigen, die neben der Festbelegschaft Aufgaben übernehmen, ohne in der Lohnstruktur der Stammbelegschaft integriert zu sein und ohne Teilnahme am Sozialversicherungssystem. Aufsehen hierzu haben zuletzt Presseberichte erregt, wonach auch große und etablierte Firmen Fremdpersonal auf Werkvertragsbasis im Kerngeschäft einsetzen und dabei zum Teil ein Lohnniveau von unter 50% der Stammbelegschaft erreichen. So räumt Fremdpersonal nicht nur in Supermärkten Regale ein, schlachtet Schweine und liefert Pakete aus, sondern auch Teilaufgaben des Fahrzeugbaus werden zwischenzeitlich von Werkvertragstrupps übernommen.

Das Buch wendet sich im Folgenden in erster Linie an Unternehmen, die mit Fremdpersonal die eigene Stammbelegschaft ergänzen möchten. Der Leser erhält eine ausführliche Übersicht über die Abgrenzungsfragen, die sich beim Einsatz von Werkverträgen in Abgrenzung zur Leiharbeit einerseits und beim Einsatz von freien Mitarbeitern in Abgrenzung zu festangestellten Arbeitnehmern andererseits ergeben. Stolpersteine, die den Unternehmer in den Bereich der Illegalität führen, werden aufgezeigt. Damit erhalten Unternehmen letztlich eine Anleitung, wie Fremdpersonal richtig und rechtlich zulässig in den betrieblichen Ablauf eingesetzt werden kann. Eine Beratung im Einzelfall ist jedoch unerlässlich.

Für Anregungen und Kritik sind wir stets offen und dankbar.

Sie erreichen uns unter:

k.reiserer@rb-heidelberg.com und v.boelz@rb-heidelberg.com

Heidelberg, im Juni 2014 Kerstin Reiserer und Verena Bölz

# Inhaltsverzeichnis

# Abkürzungsverzeichnis

| | |
|---|---|
| § | Paragraph |
| € | Euro |
| % | Prozent |
| | |
| a.A. | anderer Ansicht |
| a.F. | alte Fassung |
| Abs. | Absatz |
| AEVU | Allgemeiner Europäischer Verbund für Umweltschutz |
| AFG | Arbeitsförderungsgesetz |
| AFRG | Arbeitsförderungs-Reformgesetz |
| AG | Aktiengesellschaft |
| AGB | Allgemeine Geschäftsbedingungen |
| AGG | Allgemeines Gleichbehandlungsgesetz |
| AktG | Aktiengesetz |
| Alt. | Alternative |
| amtl. | amtlich |
| AO | Abgabenordnung |
| AP | Arbeitsrechtliche Praxis |
| ArbG | Arbeitsgericht |
| ArbGG | Arbeitsgerichtsgesetz |
| ArbRAktuell | Arbeitsrecht aktuell (Zeitschrift) |
| ArbSchG | Arbeitsschutzgesetz |
| ArbuR | Arbeit und Recht (Zeitschrift) |
| ArbZG | Arbeitszeitgesetz |
| ARGE | Arbeitsgemeinschaft |
| Art. | Artikel |
| AuA | Arbeit und Arbeitsrecht (Zeitschrift) |
| AÜG | Arbeitnehmerüberlassungsgesetz |
| AuR | Arbeit und Recht (Zeitschrift) |
| Az. | Aktenzeichen |
| | |
| BA | Bundesagentur für Arbeit |
| BAG | Bundesarbeitsgericht |
| BAGE | Entscheidungen des Bundesarbeitsgerichts |
| BB | Betriebs-Berater (Zeitschrift) |
| BeckRS | Beck'sche Rechtsprechung |
| BeschFG | Beschäftigungsförderungsgesetz |
| Beschl. | Beschluss |
| BetrVG | Betriebsverfassungsgesetz |
| BFH | Bundesfinanzhof |
| BFH/NV | Entscheidungen des Bundesfinanzhofs/Nicht veröffentlicht |
| BFHE | Entscheidungen des Bundesfinanzhofs |
| BGB | Bürgerliches Gesetzbuch |
| BGBl. | Bundesgesetzblatt |
| BR-Drucks. | Bundesrat-Drucksache |
| BSG | Bundessozialgericht |
| BSGE | Entscheidungen des Bundessozialgerichts |

| | |
|---|---|
| BStBl. | Bundessteuerblatt |
| BT-Drucks. | Bundestag-Drucksache |
| BVerfG | Bundesverfassungsgericht |
| bzw. | beziehungsweise |
| | |
| CDU | Christlich-Demokratische Union |
| CGZP | Tarifgemeinschaft Christlicher Gewerkschaften für Zeitarbeit und Personal-Service-Agenturen |
| CSU | Christlich-Soziale Union |
| | |
| DB | Der Betrieb (Zeitschrift) |
| DEÜV | Datenerfassungs- und -übermittlungsverordnung |
| DGB | Deutscher Gewerkschaftsbund |
| DRV | Deutsche Rentenversicherung Bund |
| DStR | Deutsches Steuerrecht (Zeitschrift) |
| DStRE | Deutsches Steuerrecht – Entscheidungsdienst (Zeitschrift) |
| | |
| e.V. | eingetragener Verein |
| eG | eingetragene Genossenschaft |
| EntgFG | Entgeltfortzahlungsgesetz |
| EStG | Einkommenssteuergesetz |
| etc. | et cetera |
| EuGH | Europäischer Gerichtshof |
| EuZA | Europäische Zeitschrift für Arbeitsrecht |
| EuZW | Europäische Zeitschrift für Wirtschaftsrecht |
| EWiR | Entscheidungen zum Wirtschaftsrecht (Zeitschrift) |
| EzA | Entscheidungen zum Arbeitsrecht |
| EzAÜG | Entscheidungssammlung zum Arbeitnehmerüberlassungsgesetz |
| | |
| FA | Beilage zu Fachanwalt Arbeitsrecht (Zeitschrift) |
| FG | Finanzgericht |
| | |
| GbR | Gesellschaft bürgerlichen Rechts |
| gem. | gemäß |
| GewO | Gewerbeordnung |
| GG | Grundgesetz |
| ggf. | gegebenenfalls |
| GHfBetrG | Gesamthafenbetriebsgesetz |
| GmbH | Gesellschaft mit beschränkter Haftung |
| GmbH & Co. KG | Gesellschaft mit beschränkter Haftung & Compagnie Kommanditgesellschaft |
| GüKG | Güterkraftverkehrsgesetz |
| | |
| HGB | Handelsgesetzbuch |
| Hs. | Halbsatz |
| | |
| i.d.F. | in der Fassung |
| i.S.d. | im Sinne des |
| i.V.m. | in Verbindung mit |
| iGZ | Interessenverband Deutscher Zeitarbeitsunternehmen |

| | |
|---|---|
| JR | Juristische Rundschau (Zeitschrift) |
| | |
| Kap. | Kapitel |
| KG | Kommanditgesellschaft |
| KH | Das Krankenhaus (Zeitschrift) |
| KHEntgG | Krankenhausentgeltgesetz |
| krit. | kritisch |
| KrV | Die Krankenversicherung (Zeitschrift) |
| KSchG | Kündigungsschutzgesetz |
| | |
| LAG | Landesarbeitsgericht |
| LAGE | Entscheidungen der Landesarbeitsgerichte |
| LG | Landgericht |
| Lkw | Lastkraftwagen |
| LSG | Landessozialgericht |
| LStDV | Lohnsteuer-Durchführungsverordnung |
| | |
| m. Anm. | mit Anmerkung |
| $m^2$ | Quadratmeter |
| MDR | Monatsschrift für deutsches Recht |
| MedR | Medizinrecht (Zeitschrift) |
| MuSchG | Mutterschutzgesetz |
| | |
| n.v. | nicht veröffentlicht |
| NJOZ | Neue juristische Online-Zeitschrift |
| NJW | Neue Juristische Wochenschrift |
| NJW-Spezial | Neue juristische Wochenzeitschrift spezial |
| Nr. | Nummer |
| NWB | Neue Wirtschaftsbriefe |
| NZA | Neue Zeitschrift für Arbeitsrecht |
| NZA-RR | Neue Zeitschrift für Arbeitsrecht – Rechtsprechungs-Report Arbeitsrecht |
| NZS | Neue Zeitschrift für Sozialrecht |
| | |
| o.ä. | oder ähnlich |
| OHG | Offene Handelsgesellschaft |
| OLG | Oberlandesgericht |
| OP | Operation |
| OVG | Oberverwaltungsgericht |
| | |
| PBefG | Personenbeförderungsgesetz |
| PflR | Pflegerecht (Zeitschrift) |
| Pkw | Personenkraftwagen |
| RdA | Recht der Arbeit (Zeitschrift) |
| RVO | Reichsversicherungsordnung |
| | |
| S. | Satz; Seite |
| SE | Societas Europaea (Europäische Gesellschaft) |
| SG | Sozialgericht |
| SGB | Sozialgesetzbuch |

| | |
|---|---|
| SGB I | Allgemeiner Teil |
| SGB II | Grundsicherung für Arbeitsuchende |
| SGB III | Arbeitsförderung |
| SGB IV | Gemeinsame Vorschriften für die Sozialversicherung |
| SGB V | Gesetzliche Krankenversicherung |
| SGB VI | Gesetzliche Rentenversicherung |
| SGB VII | Gesetzliche Unfallversicherung |
| SGB VIII | Kinder- und Jugendhilfe |
| SGB IX | Rehabilitation und Teilhabe behinderter Menschen |
| SGB X | Sozialverwaltungsverfahren und Sozialdatenschutz |
| SGB XI | Soziale Pflegeversicherung |
| SGG | Sozialgerichtsgesetz |
| SPD | Sozialdemokratische Partei Deutschlands |
| StGB | Strafgesetzbuch |
| TzBfG | Teilzeit- und Befristungsgesetz |
| u.a. | unter anderem |
| u.ä. | und ähnlich |
| UG | Unternehmergesellschaft |
| Urt. | Urteil |
| UStAE | Umsatzsteuer-Anwendungserlass |
| UStG | Umsatzsteuergesetz |
| UV-Recht Aktuell | Unfallversicherung-Recht Aktuell (Zeitschrift) |
| v.H. | vom Hundert |
| vgl. | vergleiche |
| VwGO | Verwaltungsgerichtsordnung |
| VwVfG | Verwaltungsverfahrensgesetz |
| WiB | Wirtschaftsrechtliche Beratung |
| z.B. | zum Beispiel |
| ZFA | Zeitschrift für Arbeitsrecht |
| Ziff. | Ziffer |
| ZPO | Zivilprozessordnung |
| ZTR | Zeitschrift für Tarifrecht |
| ZUM | Zeitschrift für Urheber- und Medienrecht |
| zust. | zustimmend |
| ZVertriebsR | Zeitschrift für Vertriebsrecht |

# Literaturverzeichnis


*Ascheid, Reiner/Preis, Ulrich/Schmidt, Ingrid*, Kündigungsrecht, Großkommentar, 4. Aufl., München 2012 (zit.: Ascheid/Preis/Schmidt/*Bearbeiter*)

*Baier, Gerhard/Krauskopf, Dieter/Wagner, Regine*, Soziale Krankenversicherung, Pflegeversicherung, Kommentar, Stand: 82. Ergänzungslieferung, München 2013 (zit.: *Baier/Krauskopf*)

*Bartenbach, Kurt/Volz, Franz-Eugen*, Arbeitnehmererfindungsgesetz, Kommentar, 5. Aufl., Köln 2012 (zit.: *Bartenbach/Volz*)

*Bauer, Jobst-Hubertus/Baeck, Ulrich/Schuster, Doris-Maria*, Scheinselbstständigkeit – Kriterien und Auswege, Stuttgart 2000 (zit.: *Bauer/Baeck/Schuster*)

*Becker, Friedrich/Wulfgramm, Jörg*, Arbeitnehmerüberlassungsgesetz, Kommentar, 3. Aufl., Neuwied 1985 (zit.: *Becker/Wulfgramm*)

*Boemke, Burkhard/Lembke, Mark*, Arbeitnehmerüberlassungsgesetz, Kommentar, 3. Aufl., Frankfurt am Main 2013 (zit.: Boemke/Lembke/*Bearbeiter*)

*Brand, Jürgen*, SGB III – Sozialgesetzbuch Arbeitsförderung, Kommentar, 6. Aufl., München 2012 (zit.: Brand/*Bearbeiter*)

*Bunjes, Johann*, Umsatzsteuergesetz, Kommentar, 12. Aufl., München 2013 (zit.: Bunjes/*Bearbeiter*)

*Eichenhofer, Eberhard/Wenner, Ulrich*, Sozialgesetzbuch I, IV, X, Kommentar, Köln 2012 (zit.: Eichenhofer/Wenner/*Bearbeiter*)

Erfurter Kommentar zum Arbeitsrecht, 14. Aufl., München 2014 (zit.: ErfK/*Bearbeiter*)

*Fischer, Thomas*, Strafgesetzbuch, Kommentar, 61. Aufl., München 2014 (zit.: *Fischer*)

*Gagel, Alexander*, SGB II/SGB III, Kommentar, Stand: 52. Ergänzungslieferung, München 2014 (zit.: Gagel/*Bearbeiter*)

Kasseler Kommentar Sozialversicherungsrecht, Loseblatt, München, Stand: 80. Ergänzungslieferung 2014 (zit.: Kasseler Kommentar zum Sozialversicherungsrecht/*Bearbeiter*)

*Klebe, Thomas/Wedde, Peter/Däubler, Wolfgang*, Recht und soziale Arbeitswelt, Festschrift für Wolfang Däubler zum 60. Geburtstag, Frankfurt am Main 1999 (zit.: *Bearbeiter* in: FS Däubler)

*Konzen, Horst/Krebber, Sebastian/Raab, Thomas/Veit, Barbara/Waas, Bernd*, Festschrift für Rolf Birk zum 70. Geburtstag, Tübingen 2008 (zit.: *Bearbeiter* in: FS Birk)

*Kreikebohm, Ralf*, SGB IV, Kommentar, München 2008 (zit.: Kreikebohm/*Bearbeiter*)

*Marschall, Dieter*, Bekämpfung illegaler Beschäftigung, 3. Aufl., München 2003 (zit.: *Marschall*)

*Meyer-Ladewig, Jens/Keller, Wolfgang/Leitherer, Stephan*, Sozialgerichtsgesetz, Kommentar, 10. Aufl., München 2012 (zit.: Meyer-Ladewig/Keller/Leitherer/*Bearbeiter*)

Münchener Anwaltshandbuch Sozialrecht, 4. Aufl., München 2013 (zit.: Münchener Anwaltshandbuch Sozialrecht/*Bearbeiter*)

*Reiserer, Kerstin/Freckmann, Anke*, Freie Mitarbeit und Mini-Jobs nach der Hartz-Reform, München 2003 (zit.: *Reiserer/Freckmann*)

*Reiserer, Kerstin/Freckmann, Anke/Träumer, Stefan*, Scheinselbständigkeit, geringfügige Beschäftigung, München 2002 (zit.: *Reiserer/Freckmann/Träumer*)

*Richardi, Reinhard*, Betriebsverfassungsgesetz, Kommentar, 13. Aufl., München 2012 (zit.: Richardi/*Bearbeiter*)

*Schüren, Peter/Hamann, Wolfgang*, Arbeitnehmerüberlassungsgesetz, Kommentar, 4. Aufl., München 2010 (zit.: Schüren/Hamann/*Bearbeiter*)

*Thüsing, Gregor*, Arbeitnehmerüberlassungsgesetz, Kommentar, 3. Aufl., München 2012 (zit.: Thüsing/*Bearbeiter*)

*Tschöpe, Ulrich*, Anwaltshandbuch Arbeitsrecht, 8. Aufl., Köln 2013 (zit.: Tschöpe/*Bearbeiter*)

*Ulber, Jürgen*, Arbeitnehmerüberlassungsgesetz, Kommentar, 4. Aufl., Frankfurt am Main 2011 (zit.: Ulber/*Bearbeiter*)

*von Wulffen, Matthias/Schütze, Bernd*, Sozialgesetzbuch X, Kommentar, 8. Aufl., München 2014 (zit.: von Wulffen/*Bearbeiter*)

*Wank, Rolf*, Arbeitnehmer und Selbständige, München 1988 (zit.: *Wank*)

# Kapitel 1
# Einführung

## A. Trend zur Reduzierung der Stammbelegschaft

In der deutschen Wirtschaft hat seit Längerem ein Trend zur Reduzierung der Stammbelegschaft eingesetzt. Während sich die Verschlankung zunächst noch auf Sekundärfunktionen wie Reinigung, Security, Catering, Lagerhaltung, Transport oder Wartung und Instandsetzung beschränkte, wird Fremdpersonal inzwischen auch im Kerngeschäft zur Erledigung innerbetrieblicher Daueraufgaben eingesetzt. Aufsehen haben zunächst Presseberichte erregt, wonach auch große und etablierte Firmen Fremdpersonal auf **Werkvertragsbasis im Kerngeschäft** einsetzen und dabei zum Teil ein Lohnniveau von unter 50% der Stammbelegschaft erreichen. So räumt Fremdpersonal heute nicht nur in Supermärkten Regale ein, schlachtet Schweine und liefert Pakete aus, sondern auch Teilaufgaben des Fahrzeugbaus werden zwischenzeitlich von Werkvertragstrupps übernommen. 1

Das Interesse der Unternehmen, neben den Stammbeschäftigten fremdes Personal einzusetzen, beruht in der Praxis auf unterschiedlichen Erwägungen. 2

### I. Flexibilisierung

Der Aufbau der Stammbelegschaft und die Einstellung von neuem eigenem Personal führen für das Unternehmen dazu, dass arbeitsrechtliche Bindungen entstehen. Dauert das Arbeitsverhältnis länger als 6 Monate, ist die einseitige Trennung vom Arbeitnehmer durch Kündigung nur noch unter Beachtung der strengen Regeln des allgemeinen Kündigungsschutzes (Kündigungsschutzgesetz) möglich. Auch die Möglichkeit, Arbeitnehmer befristet zu beschäftigen, ist durch die zwingenden Bestimmungen des Teilzeit- und Befristungsgesetzes eingeschränkt. Richtig aufwendig wird es für Unternehmen bzw. Arbeitgeber, wenn sie dem Arbeitnehmer im Rahmen einer arbeitsgerichtlichen Auseinandersetzung gegenübertreten. Die Prozesse sind aus Sicht der Arbeitgeber in der Regel **aufwendig und sehr langwierig** und beinhalten oftmals große Nachzahlungsrisiken. Denn wehrt sich etwa der Arbeitnehmer gegen die Wirksamkeit einer Kündigung oder auch die Wirksamkeit eines befristen Arbeitsvertrags, und kommt das Arbeitsgericht oder gar das Landesarbeitsgericht nach ein- bis zweijähriger Verfahrensdauer zu dem Ergebnis, dass der Arbeitnehmer Recht bekommt, ist die Rechtsfolge für den Arbeitgeber hart: Er muss den Arbeitnehmer wieder in das Unternehmen integrieren und darf gleichzeitig die seit Kündigungsausspruch offenen Gehälter nachbezahlen. Um dieses **Kostenrisiko** auszuschließen, sind viele Arbeitgeber bereit, tief in die Schatulle zu greifen, um Abfindungen für eine vergleichsweise Beendigung des Arbeitsverhältnisses zu ge- 3 währen. Dauert die Betriebszugehörigkeit des Arbeitnehmers länger an, entstehen weitere mögliche Belastungen im Fall der Trennung durch die erweiterten Kündigungsfristen des § 622 BGB. Für erkrankte Mitarbeiter ist Entgeltfortzahlung zu gewähren und auch für die Dauer der urlaubsbedingten Abwesenheit muss das Gehalt fortgezahlt werden. All diese Belastungen, die mancher Unternehmer als sehr bedrückend empfindet, bestehen nicht, wenn statt fest angestellter Arbeitnehmer freie Mitarbeiter, Leiharbeitnehmer oder Werkverträgler beschäftigt werden. Gleichgültig, welche Vertragsform gewählt wird: Bei kurzfristigen Auftragsrückgängen kann das Fremdpersonal unter Beachtung kurzer Kündigungsfristen verabschiedet werden und die Zahlungspflichten entfallen.

## II. Kostenreduzierung

4 Viele Unternehmen verfolgen mit dem Einsatz von Fremdpersonal daneben auch das Ziel, die **Personalkosten zu senken**. Im Bereich der Arbeitnehmerüberlassung oder auch der Werkverträge werden oftmals günstigere Zeitarbeits-Tarifverträge zur Anwendung kommen als die für die Unternehmen sonst üblichen Industrietarife. Aber auch der Eindruck, Sozialabgaben sparen zu können – jedenfalls unmittelbar – erscheint vielen Unternehmen vorteilhaft.

## III. Spezialisierung

5 Zum Teil fallen in den Bereich des Fremdpersonals allerdings auch Spezialisten, die der Unternehmer nicht ständig vorhalten möchte und deren **Leistung** er **nur bei Bedarf** zukauft. Da dieser Bereich eher die höherpreisige Dienstleistung betrifft, ist hier der Widerstand in der öffentlichen Diskussion bisher nicht zu spüren.

## IV. Sonstige Überlegungen

6 Schließlich kann es auch weitere Erwägungen geben, die für Unternehmen bei der Frage, Fremdpersonal statt Stammbelegschaft einzusetzen, im Vordergrund stehen. Insbesondere bei internationalen Konzernen bzw. deutschen Tochtergesellschaften internationaler Konzerne ist zu beobachten, dass der **sog. Headcount**, also die Zahl der auf der Gehaltsliste stehenden Vollzeitkräfte für die Unternehmensbewertung, eine maßgebliche Kennzahl darstellt.[1] Durch den Einsatz freier Mitarbeiter, Werk-

1 Vgl. hierzu *Lembke*, NZA 2013, 1312.

vertragsbeschäftigter oder auch Leiharbeitnehmer wird die Anzahl der eigenen Belegschaft reduziert, um die Erfolgsparameter und damit ggf. auch die Bemessungsgrundlage für den Bonus der Führungskräfte anzuheben.

In der öffentlichen Diskussion wird das Thema Fremdpersonal statt eigener Stammbelegschaft derzeit vor allem unter dem Titel „Lohndumping durch Werkverträge" diskutiert, obwohl das Thema letztlich vielschichtiger ist. Es geht zum einen um den **Einsatz von Gruppen von Arbeitnehmern** als Fremdpersonal im Unternehmen, wobei die gewählte Vertragsart unbeachtlich ist. Die Thematik tritt also nicht nur bei Werkverträgen, sondern auch bei Dienstverträgen oder Geschäftsbesorgungsverträgen auf. Daneben geht es aber auch um den **Einsatz von freien Mitarbeitern** oder Solo-Selbstständigen, die neben der Festbelegschaft Aufgaben übernehmen, ohne in die Lohnstruktur der Stammbelegschaft integriert zu sein und ohne Teilnahme am Sozialversicherungssystem. 7

## B. Werkvertrag und selbstständige Tätigkeit im Überblick

Das Wesen des Werkvertrags liegt darin, dass der Unternehmer dem Besteller eine erfolgsbezogene Dienstleistung schuldet, also ein Werken und nicht nur ein Wirken, einen Erfolg und nicht nur ein tätiges sich Bemühen.[2] Ein wichtiger Bestandteil des Werkvertrags ist die **Gewährleistung**. Danach ist der Werkunternehmer immer dann, wenn das Werk mangelhaft ist, dem Besteller zur Nachbesserung verpflichtet. Weiteres Kriterium des Vertrags ist der Umstand, dass in der Regel für den **Werkerfolg** bezahlt wird und nicht für die Arbeitszeit. Und die Mitarbeiter, die der Werkunternehmer in den Bestellerbetrieb schickt, sind seine **Erfüllungsgehilfen**. Sie unterliegen nur seinem Weisungsrecht und sind bei ihm in der Regel als Arbeitnehmer tätig. Diese Grundkriterien unterscheiden den Werkvertrag vom Arbeitnehmerüberlassungsvertrag. Denn dort verpflichtet sich der Verleiher, dem Entleiher seine Arbeitnehmer zur Verfügung zu stellen, die dieser dann wie eigene, d.h. bei ihm angestellte Arbeitnehmer einsetzen darf. Der Verleiher überträgt also für die Dauer des Einsatzes sein Weisungsrecht aus dem Arbeitsvertrag an den Entleiher. 8

Die Leiharbeit hat erst in den letzten Jahrzenten Stück für Stück an Bedeutung gewonnen. 9

Das eigentliche Potenzial der sog. Leiharbeit lag nach der Vorstellung des Gesetzgebers in dem **kurzfristigen Ersatz** ausgefallenen Personals und der flexiblen Möglichkeit zur **Überbrückung von Produktionsspitzen**. In diesem Sinne war die Arbeitnehmerüberlassung durch das Gesetz zur Regelung der gewerbsmäßigen Arbeitnehmerüberlassung (AÜG) somit früher zahlreichen Beschränkungen unterwor- 10

2 Ständige Rechtsprechung, vgl. BGH NJW 2002, 3323.

fen. Erst mit Inkrafttreten des ersten Gesetzes für moderne Dienstleistungen am Arbeitsmarkt vom 23.12.2002[3] im Rahmen der sog. Hartz-Reformen wurde das Arbeitnehmerüberlassungsgesetz grundlegend und wiederholt reformiert.

11 Bis dahin bestehende inhaltliche Beschränkungen, wie etwa das Verbot wiederholter Befristungen oder das Wiedereinstellungsverbot, wurden aufgehoben, wobei von besonderer Bedeutung vor allem die **Abschaffung der Überlassungshöchstdauer** war. Leiharbeitnehmer konnten von da an also ohne zeitliche Grenze ausgeliehen werden und so im Einsatzbetrieb auf Dauer die Funktionen des Stammpersonals übernehmen. Der Gesetzgeber hatte zwar als Gegenstück den **Grundsatz des „Equal Pay"** eingeführt, wonach die Leiharbeitnehmer letztlich dieselben Arbeitsbedingungen und vor allem dasselbe Gehalt wie die Stammbelegschaft zu erhalten haben: Dieses Gebot war jedoch tarifdispositiv. Einen Tarifvertrag für Leiharbeitnehmer mit abweichenden Regelungen für Entgelt und Nebenleistungen konnte also das „Equal Pay"-Gebot verdrängen. Und schnell hatten sich nach der Umsetzung der Hartz-Reformen im Bereich der Leiharbeit Gewerkschaften gebildet, die Arbeitsbedingungen im Niedriglohnbereich ausgehandelt haben. Das Bundesarbeitsgericht hat in den viel beachteten Entscheidungen zu den christlichen Gewerkschaften nun diese Tarifverträge als Dumpingtarifverträge für von Anfang an unwirksam erklärt.[4] Des Weiteren hat der Gesetzgeber nochmals eingegriffen und 2012 die gesetzliche Bestimmung des § 1 Abs. 1 AÜG geändert, wonach der Einsatz von Leiharbeitnehmern nur noch „vorübergehend" erlaubt ist. Der dauerhafte Einsatz von Leiharbeitnehmern als Ersatz für die Stammbelegschaft ist damit zu einem unkalkulierbaren Risiko geworden. Berücksichtigt man ferner, dass schließlich auch noch ein **gesetzlicher Mindestlohn** im Bereich der Leiharbeit eingeführt wurde, wird deutlich, dass die Leiharbeit heute keine langfristig nutzbare Alternative mehr zum „Normalarbeitsverhältnis" ist. Denn die Zeiten, in denen Leiharbeitnehmer weniger als 5 oder 6 € pro Stunde bekamen, sind vorbei.[5] Hinzu kommt zudem, dass Leiharbeitnehmer seit 2012 auch einen Anspruch darauf haben, betriebliche Sozialeinrichtungen genau wie das Stammpersonal zu nutzen und dass der Betriebsrat verstärkt auch für Leiharbeitnehmer zuständig ist.

12 Viele Unternehmen sind dazu übergegangen, die neuen und alten „Nachteile" der üblichen Leiharbeit zu vermeiden, indem statt Arbeitnehmerüberlassung Fremdpersonal im Rahmen von Werk- oder Dienstverträgen in den Betrieb geholt wird. Rechtliche Probleme treten dann auf, wenn nur der **Titel des Vertrags** als Werkvertrag benannt wird, sich an den Arbeitsabläufen aber wenig ändert. Denn Charakteristikum der Leiharbeit ist, dass die Arbeitskräfte des Verleihers in den Betrieb des

3 BGBl. I 2002 S. 4607.

4 BAG, Urt. v. 13.3.2013 – 5 AZR 954/11 – DB 2013, 1361.

5 Lohnuntergrenze gem. § 3a AÜG und das System der Branchenzuschläge, vgl. *Schüren*, AuR 2008, 239.

Entleihers voll eingegliedert werden und damit die Führungsstrukturen unverändert bleiben können. Die Leiharbeitnehmer führen ihre Arbeiten also nach den Anweisungen der Führungskräfte in dem Entleiherbetrieb aus. Die Tätigkeit eines Unternehmens im Rahmen eines Werk- oder Dienstvertrags ist hiervon deutlich zu unterscheiden. Denn hier unterliegen die eingesetzten Arbeitnehmer des Werkunternehmers ausschließlich der Weisung ihres Arbeitgebers, also des Werkunternehmers. Man könnte es auch anders ausdrücken: Der echte Werkunternehmer überlässt seine Leute nicht, er unterhält in einem fremden Unternehmen, auf fremdem Betriebsgelände, mit eigenen Leuten einen eigenen Betrieb. Ob die „Flucht in den Werkvertrag", von der zurzeit so häufig die Rede ist, rechtlich zulässig und damit durchführbar ist, hängt letztlich entscheidend davon ab, ob der Wechsel von der reinen Leiharbeit hin zum echten Werkvertrag tatsächlich durchgeführt wird.

Inzwischen ist die öffentliche Diskussion hierzu soweit angeschwollen, dass 13
erste **Gesetzesvorlagen** dem Deutschen Bundestag vorgelegt worden sind. Der erste Antrag erfolgte bereits am 29.9.2011 durch die Fraktion Die Linke, gefolgt vom Antrag der Fraktion Bündnis 90/Die Grünen vom 26.10.2011 und dem Antrag der Fraktion der SPD vom 19.2.2013. Alle drei Anträge wurden nach den Beschlussempfehlungen des Ausschusses für Arbeit und Soziales am 27.6.2013 abgelehnt. Der nächste Versuch für eine neue gesetzliche Regelung kam vonseiten des Bundesrats schon am 20.9.2013 mit dem Ziel, nicht nur Scheinwerkverträge zu bekämpfen, sondern auch das AÜG flankierend zu ändern. Eine Entscheidung über diesen Gesetzesentwurf, die nun der neuen Bundesregierung obliegt, steht noch aus.

Mittlerweile hat allerdings die Große Koalition zwischen CDU, CSU und SPD ihre 14
Arbeit aufgenommen und das Thema bereits im Rahmen des **Koalitionsvertrags** aufgegriffen mit dem Ziel, den Missbrauch von Werkverträgen und Leiharbeit zu verhindern.

Neben der ganzen öffentlichen Diskussion um die Werkverträge als Umge- 15
hungsinstrument zur Leiharbeit ist das Thema der **sog. Scheinselbstständigkeit** im Moment ein wenig ins Hintertreffen geraten. Nachdem die freie Mitarbeit über Jahrzehnte im Wesentlichen gleichberechtigt neben dem Arbeitsverhältnis gestanden hatte, begann es Ende der 1990er-Jahre turbulent zu werden. Unter dem Begriff der „Scheinselbstständigkeit" wurden die freien Mitarbeiter und vor allem deren Auftraggeber plötzlich der „Hetzjagd" ausgesetzt. Mit dem Argument, die freie Mitarbeit sei lediglich eine Flucht aus den Sozialkassen, wurde das Gesetz zur Bekämpfung der Scheinselbstständigkeit eingeführt und die freie Mitarbeit auf ein Minimum reduziert. Nach heftigen Reaktionen der betroffenen Wirtschaft und der Verbände hat der Gesetzgeber allerdings schnell eingelenkt und schon 1999 das Gesetz zur Förderung der Selbstständigkeit eingeführt und mit einer weiteren gesetzlichen Neuregelung im Jahre 2001 den Weg in die freie Mitarbeit grundsätzlich wieder freigegeben. Freie Mitarbeit ist heute also wieder eine echte Alternative zum Arbeitsverhältnis, wobei auch hier, ähnlich wie beim Werkvertrag als Alternative zur Leiharbeit, grundlegende Regeln einzuhalten sind. Denn auf die Frage eines Arbeitgebers „Ist

es denn nicht möglich, die hohen Sozialabgaben für die Mitarbeiter zu sparen, in dem nur noch freie Mitarbeiterverhältnisse begründet werden?" lautet die Antwort hierauf sowohl ja als auch nein:

- „Nein, Sie können die Abgaben zur Sozialversicherung für Ihren Arbeitnehmer nicht dadurch einsparen, dass Sie den Arbeitsvertrag in einen freien Mitarbeitervertrag umformulieren und den Mitarbeiter sodann von der Sozialversicherung abmelden."
- „Ja, Sie können die gewünschten Arbeiten auch durch freie Mitarbeiter erbringen lassen, wenn die Grundlage der Zusammenarbeit unter Beachtung dieser unternehmerischen Selbstständigkeit des freien Mitarbeiters vereinbart wird."

16 Man könnte es auch anders ausdrücken: Der Arbeitgeber hat bei einer Vielzahl von Tätigkeiten, die in seinem Unternehmen anfallen, die Wahl, ob er diese durch fest angestellte Arbeitnehmer oder durch freie, selbstständige Mitarbeiter erbringen lassen möchte.

## C. Risiken der Parteien – ein erster Überblick

17 Wird ein freies Mitarbeiterverhältnis in der Praxis nicht als solches geführt und abgewickelt, sondern überwiegen die Kriterien eines Arbeitsverhältnisses, liegt der Fall einer **sog. Scheinselbstständigkeit** vor. Scheinselbstständigkeit ist damit ein Phänomen, das es rechtlich bzw. als Rechtsbegriff gar nicht gibt. Arbeitsrechtlich ist vielmehr der scheinselbstständige Arbeitnehmer nicht freier Mitarbeiter. Gleiches gilt für das Sozialversicherungs- und Steuerrecht.

18 Beauftragt der Unternehmer einen Werkunternehmer, bestimmte Tätigkeiten in seinem Unternehmen auf Werkvertragsbasis abzuwickeln, werden die dann geschickten Personen aber letztlich doch wie eigene Arbeitnehmer unter Führung der Vorgesetzten des Unternehmers eingesetzt, spricht man vom **Scheinwerkvertrag**. Die Rechtsfolge ist, dass eben kein Werkvertrag vorliegt, sondern vielmehr Arbeitnehmerüberlassung. Da der Werkunternehmer in der Regel über keine Arbeitnehmerüberlassungserlaubnis verfügt, handelt es sich letztlich um eine unerlaubte Arbeitnehmerüberlassung mit der für das Unternehmen unangenehmen Rechtsfolge, dass die Arbeitnehmer des Werkunternehmers im Wege gesetzlicher Fiktion seine neuen Arbeitnehmer werden – mit allen Rechten und Pflichten.

### I. Die Rechtsfolgen der Scheinselbstständigkeit im Überblick

19 Die jedenfalls auf den ersten Blick wichtigste Konsequenz im Bereich der Scheinselbstständigkeit ist der Umstand, dass sich der vermeintlich freie Mitarbeiter – der Scheinselbstständige – in vollem Umfang auf die **Schutzbestimmungen des Ar-**

**beitsrechts** berufen kann. Er genießt den allgemeinen Kündigungsschutz nach den Bestimmungen des Kündigungsschutzgesetzes. Er kann sich auf besondere Kündigungsschutzbestimmungen nach dem MuSchG, dem TzBfG oder auf den Kündigungsschutz für Schwerbehinderte und Gleichgestellte berufen.

Auch kann er eine eventuell bereits ausgesprochene Kündigung wegen un- 20
terlassener Anhörung des Betriebsrats nach § 102 BetrVG für unwirksam erklären lassen. Daneben hat der Scheinselbstständige Entgeltfortzahlungsansprüche im Krankheitsfall und kann Urlaubsansprüche nach den Bestimmungen des Bundesurlaubsgesetzes geltend machen. Auch Altersversorgungsansprüche, die sich aus den betrieblichen Rentensystemen ergeben, kann der Scheinselbstständige beanspruchen.

Noch einschneidender als die arbeitsrechtlichen Konsequenzen sind die Ver- 21
pflichtungen für den Unternehmer im Sozialversicherungsrecht. Denn nach § 28b Abs. 1 SGB IV schuldet der Arbeitgeber für den zurückliegenden Zeitraum, für den ein sozialversicherungspflichtiges Beschäftigungsverhältnis festgestellt worden ist, die angefallenen **Gesamtsozialversicherungsbeiträge**. Dieser Nachentrichtungsanspruch bezieht sich auf alle Bereiche der Sozialversicherung, sowohl auf den Arbeitgeber- als auch auf den Arbeitnehmeranteil. Damit haftet der Arbeitgeber gegenüber den Sozialversicherungsträgern für die Gesamtsozialversicherungsbeiträge allein. Der Scheinselbstständige kann nicht – bzw. fast nicht – in Regress genommen werden.

Schließlich kann auch in strafrechtlicher Hinsicht die fehlerhafte Einordnung 22
des Scheinselbstständigen erhebliche Sanktionen nach sich ziehen. Durch die Scheinselbstständigkeit werden Sozialversicherungsbeiträge für den vermeintlich freien Mitarbeiter vorenthalten, was nach § 266a StGB mit **Freiheitsstrafe bis zu 5 Jahren** oder mit **Geldstrafe** bestraft werden kann. Im Risiko stehen hier die gesetzlichen Vertreter des Arbeitgebers, bei der GmbH also alle Geschäftsführer, bei der Aktiengesellschaft die Mitglieder des Vorstands.

## II. Die unerlaubte Arbeitnehmerüberlassung bei Scheinwerkverträgen

Wird die Arbeitnehmerüberlassung nur unter dem Deckmantel eines Werkvertrags 23
betrieben, ohne dass eine Arbeitnehmerüberlassungserlaubnis vorliegt, liegt **sog. illegale Arbeitnehmerüberlassung** vor. Die Konsequenzen, die das Arbeitnehmerüberlassungsgesetz hier regelt, sind ebenso hart wie einfach. Der **Scheinwerkvertrag ist nichtig**, der Arbeitsvertrag zwischen Verleiher und überlassenem Arbeitnehmer – Leiharbeitnehmer – ebenfalls. Als Ausgleich wird zwischen dem überlassenen Arbeitnehmer – Leiharbeitnehmer – und dem Entleiher ein Arbeitsverhältnis mit allen daraus resultierenden Ansprüchen gesetzlich fingiert.

Bei erheblichen Lohndifferenzen kommen zusätzliche **strafrechtliche Risi-** 24
**ken** dazu, denn der Entleiher, der über den Scheinwerkvertrag zum Arbeitgeber der

betroffenen Beschäftigten wird, hat nun in jedem Fall die Vergütung der Stammbelegschaft auch diesem Beschäftigungskreis zu bezahlen und die vollen Arbeitgeberpflichten einschließlich der Abführung von Sozialversicherungsbeiträgen zu erfüllen. Er setzt sich damit auch dem Risiko der Beitragshinterziehung zur Sozialversicherung gem. § 266a StGB aus. Diese Bedrohung haben Unternehmen bis heute dadurch abgewendet, dass der Scheinwerkunternehmer eine Überlassungserlaubnis bei der Agentur für Arbeit erwirkt und nur für den Fall des Scheinwerkvertrags quasi als doppeltes Netz auf die Arbeitnehmerüberlassung zurückgreift. Von Experten wird dieser Sicherungsanker häufig als „Reservefallschirm“ bezeichnet.[6] Dieser Schutz wird aber in Zukunft nicht mehr in gleicher Weise greifen können. Bereits mit der gesetzlichen Neuregelung, wonach Arbeitnehmerüberlassungen nur noch „vorübergehend“ erfolgen dürfen, besteht jedenfalls immer dann, wenn der Werkvertrag auf unbefristete oder jedenfalls längere Zeit angelegt ist, das Problem, dass auch der Rückzug im Fall des Scheinwerkvertrags in die legale Arbeitnehmerüberlassung nicht mehr möglich ist. Darüber hinaus ist aufgrund der politischen Ausrichtung und der Vorgaben im Koalitionsvertrag sowie den bereits vorliegenden Gesetzesentwürfen damit zu rechnen, dass diese Schutzmöglichkeit in Zukunft für die Scheinwerkunternehmer nicht mehr in Betracht kommen wird.

6 So etwa *Schüren*, NZA 2013, 76, 177.

# Kapitel 2
# Scheinselbstständigkeit

## A. Eingeschränktes Wahlrecht

### I. Bezeichnung des Vertrags

Ein ganz überwiegender Anteil der Tätigkeit in deutschen Unternehmen wird regelmäßig von Arbeitnehmern erbracht. Dazu zählen vor allem Verwaltungstätigkeiten und Sekretariatsaufgaben, aber auch die Mitarbeiter in der Produktion, an Bändern oder Fertigungsanlagen werden regelmäßig im Rahmen eines Arbeitsverhältnisses eingestellt und beschäftigt. Somit ist es selbstverständlich, dass der Arbeitgeber seine Pflicht gegenüber dem Finanzamt und den Sozialversicherungsträgern übernimmt und die entsprechenden Beiträge abführt. Auch steht es außer Frage, dass die Schutzbestimmungen des Arbeitsrechts, allen voran der allgemeine Kündigungsschutz zur Anwendung kommt, sollte es sich nicht ausnahmsweise um einen Kleinbetrieb handeln. 1

Es gibt aber auch Tätigkeitsbereiche, in denen Unternehmen gerne zur Rekrutierung zu freien Mitarbeitern oder sog. Selbstständigen greifen. Zu denken ist hier etwa an die EDV-Administratoren, technische Spezialkräfte, die nur tageweise im Einsatz sind, oder auch Vertriebsmitarbeiter, die mit Handelsvertreterverträgen für das Unternehmen auf Kundensuche gehen. Bei diesen Mitarbeitergruppen kommt es zum einen auf die Unternehmenskultur an, ob zum klassischen Arbeitsverhältnis oder zum freien Mitarbeiterverhältnis gegriffen wird. Und manchmal ist es einfach nur der von beiden Seiten getragene Wunsch, Sozialversicherungsbeiträge sparen zu können oder gegenüber dem Finanzamt bei der Nutzung von Pkw oder auch Arbeitszimmern mehr Gestaltungsspielraum zu haben. Damit entsteht aber bereits das erste richtige Grundproblem im Bereich der Beschäftigung von Selbstständigen in der arbeitsrechtlichen Praxis. Denn die wohl wichtigste Kernaussage im Bereich der Abgrenzung von Arbeitsverhältnissen einerseits und selbstständigen Tätigkeiten insbesondere freien Mitarbeitern andererseits ist der Satz: Es besteht **kein Wahlrecht**! Bei der Frage, ob die Vertragspartner ein freies Mitarbeiterverhältnis abschließen oder eben ein Arbeitsverhältnis, kommt es auf die Bezeichnung des Vertrags oder den Titel des Vertragsverhältnisses nicht an. Vielmehr entscheidet über die rechtliche Einordnung des Rechtsverhältnisses ausschließlich der **Geschäftsinhalt** und nicht die gewünschte Rechtsfolge oder eine Bezeichnung des Vertrags. Dies gilt jedenfalls dann, wenn der Titel des Vertrags dem Geschäftsinhalt tatsächlich nicht entspricht. Zur Begründung eines freien Mitarbeiterverhältnisses reicht es somit regelmäßig nicht, einen schriftlichen Vertrag über freie Mitarbeit zu fertigen und zu unterschreiben. 2

**Praxishinweis**
Bei der Frage, ob der Unternehmer und der Mitarbeiter ein freies Mitarbeiterverhältnis oder ein Arbeitsverhältnis abschließen, kommt es auf die Bezeichnung des Vertrags oder den Titel des Vertragsverhältnisses nicht an. Über die rechtliche Einordnung des Rechtsverhältnisses entscheidet vielmehr ausschließlich der Geschäftsinhalt und nicht die gewünschte Rechtsfolge oder gar die Bezeichnung des Vertrags.

3 Damit folgt im zweiten Schritt bereits die zweite wichtige Kernaussage im Bereich der Abgrenzung von Arbeitsverhältnissen einerseits und selbstständigen Tätigkeiten insbesondere freien Mitarbeiterverhältnissen andererseits: Die Vertragsparteien haben aber ein **inhaltliches Entscheidungsrecht**! Es steht ihnen also frei, den tatsächlichen Geschäftsinhalt des Vertrags einvernehmlich festzulegen. Überwiegen die Einzelpunkte, die auf eine im Wesentlichen unabhängige Tätigkeit des freien Mitarbeiters hinweisen, dann kann von einem freien Mitarbeiterverhältnis ausgegangen werden. Legt also der Auftraggeber keinen Wert auf enge zeitliche Vorgaben und auf eine Einbindung des Mitarbeiters in seinen Betriebsablauf, um an dieser Stelle nur zwei der wesentlichen Abgrenzungskriterien kurz anzusprechen, kann der Vertrag als freies Mitarbeiterverhältnis gestaltet werden. Hat der Auftraggeber dagegen ein Interesse daran, den Mitarbeiter zeitlich und örtlich eng zu führen sowie in bestehende Mitarbeiterstrukturen zu integrieren, kommt regelmäßig nur ein Arbeitsverhältnis in Betracht.[1]

**Praxishinweis**
Die Vertragsparteien haben ein inhaltliches Entscheidungsrecht! Sie können den tatsächlichen Geschäftsinhalt des Vertrags einvernehmlich festlegen. Wenn der Auftraggeber auf enge zeitliche Vorgaben und eine Einbindung des Mitarbeiters in seinen Betriebsablauf verzichtet, kann der Vertrag als freies Mitarbeiterverhältnis gestaltet werden.

## II. Tatsächliche Vertragsabwicklung

4 Ist ein Beschäftigungsverhältnis als freies Mitarbeiterverhältnis bezeichnet, so ergeben sich aus diesem Titel und dem Inhalt des Vertragstextes aber zunächst erste Indizien für die Vorlage eines freien Mitarbeiterverhältnisses. Wird das Vertragsverhältnis dagegen genauer untersucht, sei es von Behörden wie von den Sozialversicherungsträgern oder dem Finanzamt oder aber vom Arbeitsgericht etwa im Rahmen von Kündigungsstreitigkeiten, kommt es letztlich auf die **praktische Durchführung des Vertrags** an. Denn sollten sich im Einzelfall die getroffenen

1 BGH, Urt. v. 2.12.2008 – 1 StR 416/08 – NJW 2009, 528, 530; BAG, Urt. v. 14.3.2007 – 5 AZR 499/06 – NZA-RR 2007, 424; BAG, Urt. v. 12.12.2001 – 5 AZR 253/00 – NZA 2002, 787.

Vereinbarungen und die praktische Durchführung des Vertrags widersprechen, so ist stets Letztere, also die **tatsächliche Vertragsabwicklung** von Bedeutung.[2] Immer dann, wenn sich die tatsächliche Vertragsabwicklung und die Inhalte des schriftlichen Vertrags nicht entsprechen, sind somit die tatsächlichen Umstände, unter denen die Dienstleistung zu erbringen ist, maßgeblich.[3]

**Praxishinweis** !
Wenn sich der Inhalt der schriftlichen Vereinbarung und die praktische Durchführung des Vertrags widersprechen, so ist stets Letztere, also die tatsächliche Vertragsabwicklung, maßgeblich.

Was **Geschäftsinhalt** ist, ergibt sich vor allem aus der tatsächlichen Durchführung 5
des Vertrags. Dies gilt nicht nur für die Behauptung, bei einem Vertragsverhältnis handele es sich um ein freies Mitarbeiterverhältnis. Auch der Einwand, ein schriftlich abgeschlossener Arbeitsvertrag sei nicht abredegemäß durchgeführt worden, der Mitarbeiter sei vielmehr als freier Mitarbeiter und nicht als Arbeitnehmer beschäftigt worden, kann geltend gemacht werden. Ein Arbeitnehmer wird allerdings nicht allein deshalb zu einem freien Mitarbeiter, weil der Arbeitgeber sein Weisungsrecht über Jahre nicht ausgeübt hat.[4]

Die Darlegungs- und Beweislast für die Behauptung, bei einem schriftlichen Ar- 6
beitsvertrag handele es sich um ein **Scheingeschäft** i.S.v. § 117 Abs. 1 BGB, liegt bei demjenigen, der sich auf die Nichtigkeit des Vertrags nach § 117 Abs. 1 BGB beruft.[5] Virulent könnte dieser Streit dann werden, wenn zwischen Mitarbeiter und Firma ein schriftlicher Arbeitsvertrag geschlossen wurde, in der Folge aber die Beschäftigung als freies Mitarbeiterverhältnis geführt wird und der freie Mitarbeiter sich im Falle der Kündigung dann auf den Kündigungsschutz des § 1 KSchG beruft.

In der Regel liegt aber bei einer Scheinselbstständigkeit kein Scheingeschäft 7
i.S.d. § 117 BGB vor, da der Erklärende hier nicht lediglich im Einverständnis mit dem Erklärungsempfänger nur den äußeren Schein einer Willenserklärung hervorruft, ohne die mit ihr verbundenen Rechtswirkungen eintreten lassen zu wollen. Es ist vielmehr bei der Scheinselbstständigkeit so, dass beide – oder zumindest eine der beiden Vertragsparteien – das vereinbarte Rechtsgeschäft auch tatsächlich wollen.

---

2 BAG, Urt. v. 22.4.1998 – 5 AZR 342/97 – NZA 1998, 1336, 1339; BAG, Urt. v. 20.7.1994 – 5 AZR 627/93 – EzA § 611 BGB Arbeitnehmerbegriff Nr. 54.

3 BAG, Urt. v. 20.5.2009 – 5 AZR 31/08 – NZA-RR 2010, 172; BAG, Beschl. v. 25.1.2007 – 5 AZB 49/06 – NZA 2007, 580.

4 BAG, Beschl. v. 25.1.2007 – 5 AZB 49/06 – NZA 2007, 580.

5 BAG, Urt. v. 13.2.2003 – 8 AZR 59/02 – NZA 2003, 854; a.A. LAG Köln, Urt. v. 19.7.2002 – 11 Sa 1147/01 – NZA-RR 2003, 259, wonach ein Vertragsverhältnis, dass von den Parteien ausdrücklich als Arbeitsverhältnis gewollt wurde und wird, grundsätzlich der gerichtlichen Statuskontrolle nicht zugänglich ist mit dem Ziel, eine andere rechtliche Einordnung vorzunehmen.

### III. Umstellung in freie Mitarbeiterverträge

8 Dass die Vertragsparteien in ihrem inhaltlichen Entscheidungsrecht nicht eingeschränkt sind, wird besonders bei dem **Austausch von Vertragsgrundlagen** deutlich. So steht es den Vertragsparteien nach Auffassung des BAG frei, bei einer entsprechenden Umgestaltung des Geschäftsinhaltes auch ein bisher bestehendes Arbeitsverhältnis in ein freies Mitarbeiterverhältnis umzustellen.[6]

9 Gegenstand der Entscheidung des BAG war eine betriebsbedingte Kündigung, die eine Gruppenleiterin eines Dienstleistungsunternehmens erhalten hatte. Die Beklagte bietet gruppendynamische Trainingsprogramme zur kontrollierten Gewichtsabnahme an. Das Trainingsprogramm war in der Vergangenheit bundesweit von etwa 400 bei der Beklagten beschäftigten Gruppenleiterinnen in Gruppenveranstaltungen durchgeführt worden. Dabei hatte die Beklagte das Bundesgebiet verwaltungsgemäß in zwei Regionen mit insgesamt 18 Gebieten unterteilt, wobei für diese Gebiete insgesamt 10 Gebietsleiterinnen eingesetzt waren; deren Aufgabe bestand darin, den Einsatz der Gruppenleiterinnen zu steuern und anfallende Verwaltungsaufgaben zu erledigen. Die Beklagte hatte sich dann im Mai 1993 entschlossen, das Ernährungs- und Verhaltensprogramm in Zukunft auf der Basis von sog. **Partnerverträgen** durch selbstständig tätige Mitarbeiter (Unternehmer) am Markt anzubieten. Allen angestellten Gruppenleiterinnen wurde daher im Laufe des Jahres 1993 zum nächst zulässigen Termin ordentlich gekündigt. Wegen der Einführung des Partnerkonzepts war mit dem Gesamtbetriebsrat ein Interessenausgleich und Sozialplan abgeschlossen worden. In dem Sozialplan war im Wesentlichen vorgesehen, dass denjenigen gekündigten Gruppenleiterinnen, die das Angebot einer Tätigkeit als Partnerin abgelehnt hatten, Abfindungen zu zahlen sind. Die Klägerin hatte auch ein Angebot erhalten, einen Partnervertrag abzuschließen, diesen aber abgelehnt und in der Folge gegen ihre betriebsbedingte Kündigung geklagt.

10 Das BAG hat die oben beschriebene Umstellung des Vertragssystems auf ein freies Partnermodell als wirksam angesehen und dies damit begründet, dass die Umstrukturierung letztlich zum Wegfall von Arbeitsplätzen geführt hat. Das Gericht hat in diesem Zusammenhang allerdings ausführlich geprüft, ob die innerbetriebliche Entscheidung tatsächlich durchgeführt worden ist und ob tatsächlich Arbeitsverhältnisse aufgegeben und freie Unternehmerverträge abgeschlossen wurden. Dabei hat das BAG ausdrücklich anerkannt, dass die Umstellung von abhängig beschäftigten Arbeitnehmern auf ein Partnerkonzept mit freien Mitarbeitern als freie Unternehmerentscheidung in der Regel nicht offensichtlich unsachlich oder willkürlich ist. Allerdings setzt dies stets voraus, dass die Dienstleistung, um die es im

6 BAG, Urt. v. 9.5.1996 – 2 AZR 438/95 – WiB 1996, 1176 m. Anm. *Reiserer*.

Einzelfall geht, auch in geeigneter Weise in einer freien Unternehmerstellung erbracht werden kann. Denn sollte es sich bei der Umstellung auf freie Mitarbeiterverträge nur um verschleierte Arbeitsverhältnisse handeln, wären die Beendigungskündigungen unzulässig.

**Praxishinweis** !
Ein bisher bestehendes Arbeitsverhältnis kann bei einer **entsprechenden Umgestaltung des Geschäftsinhalts** in ein zukünftiges freies Mitarbeiterverhältnis umgestellt werden.

Zwölf Jahre nach der aufsehenerregenden **Weight Watchers-Entscheidung** bestätigte das BAG mit dem sog. **Moskito-Urteil**[7] seine Rechtsprechung. Ein Unternehmen hatte Mitarbeiter in der Funktion eines sog. Moskito-Anschlägers zunächst über Jahre als Arbeitnehmer beschäftigt. Die Aufgabe eines „Moskito-Anschlägers" besteht im Anbringen von Werbeplakaten an Schaltschränken. Dabei werden die Plakate in Wechselrahmen eingespannt. Mitte 2004 schloss der Arbeitgeber mit dem bei ihm bestehenden Betriebsrat einen Interessenausgleich mit dem Inhalt, sämtliche gewerbliche Tätigkeiten, insbesondere die Plakatierung aufzugeben und den gewerblichen Mitarbeitern in diesem Bereich anzubieten, zukünftig für den Konzern als selbstständige Unternehmer die Plakatierungstätigkeit auszuüben. 11

Das BAG bestätige abermals, dass die konsequent umgesetzte Unternehmerentscheidung, bestimmte Aufgaben nicht mehr durch Arbeitnehmer, sondern durch Selbstständige ausführen zu lassen, zum Wegfall der entsprechenden Arbeitsplätze führt und damit betriebsbedingte Kündigungen rechtfertigt. Allerdings betonte das BAG auch anlässlich dieser Entscheidung, dass ein solches Konzept letztlich damit steht und fällt, dass es sich bei den Selbstständigen nach der Vertragsgestaltung und tatsächlichen Vertragsdurchführung nicht in Wirklichkeit um Arbeitnehmer („**Scheinselbstständige**") handelt, da anderenfalls eine unzulässige Austauschkündigung vorliegt. 12

Im Rahmen der maßgeblichen BAG-Entscheidungen ist allerdings die umstrittene Frage nicht behandelt worden, ob der Unternehmer bei der Umstellung auf freie Mitarbeiterverhältnisse verpflichtet ist, den zu kündigenden Arbeitnehmern anzubieten, ihre bisherigen Aufgaben künftig als Selbstständige fortzusetzen. Einigkeit besteht, dass der Unternehmer nicht verpflichtet ist, im Wege einer **Änderungskündigung** die Fortsetzung des Beschäftigungsverhältnisses auf selbstständiger Basis anzubieten. Denn das KSchG regelt nur die Weiterbeschäftigung unter „geänderten Arbeitsbedingungen" und beschränkt damit den Regelungsbereich auf den **Bestands- und Inhaltsschutz von Arbeitsverhältnissen**. Jedoch wird zu gro- 13

7 BAG, Urt. v. 13.3.2008 – 2 AZR 1037/06 – NZA 2008, 878.

ßen Teilen in der Literatur die Auffassung vertreten, dass jedenfalls aufgrund des Ultima-Ratio-Prinzips das Angebot an den bisherigen Arbeitnehmer erforderlich ist, künftig als freier Mitarbeiter tätig zu werden.[8]

## IV. Rechtliche Unterschiede zwischen Arbeitsverhältnis und freier Mitarbeit

14 Neben der Bewertung der tatsächlichen Vertragsgrundlagen spielt für die Vertragsparteien auch die **rechtliche Einordnung** eine wesentliche Rolle. Vereinbaren Auftraggeber und Mitarbeiter den Abschluss eines Arbeitsverhältnisses, gelten für dieses Vertragsverhältnis die umfangreichen zwingenden Bestimmungen des Arbeitsrechts. Gestalten die Vertragsparteien das Vertragsverhältnis dagegen als freies Mitarbeiterverhältnis, kommt das allgemeine Vertragsrecht mit Besonderheiten aus dem Dienstvertrags- bzw. Werkvertragsrecht zur Anwendung. Die Schutzvorschriften des Arbeitsrechts sind dann ausgeschlossen.

### 1. Zwingende Bestimmungen des Arbeitsrechts

15 Der Abschluss eines Arbeitsverhältnisses führt stets zur Anwendung zwingender arbeitsrechtlicher Bestimmungen. Obwohl in Deutschland zum Arbeitsrecht bis heute keine geschlossene Kodifikation vorliegt, sind **arbeitsrechtliche Schutzbestimmungen** in einer Vielzahl von Gesetzen fixiert. Das Arbeitsrecht gilt heute als das Sonderrecht zum Schutz der unselbstständigen Arbeitnehmer. In der betrieblichen Praxis haben arbeitsrechtliche Schutzbestimmungen insbesondere in folgenden Bereichen große Bedeutung:

- Achtung bestimmter Formvorschriften (Nachweisgesetz) beim Abschluss eines Arbeitsvertrags;
- Schriftformerfordernis für Kündigung und Aufhebungsvertrag nach § 623 BGB;
- Geltung des allgemeinen Kündigungsschutzes, wonach die Kündigung nur in sehr engen Grenzen möglich ist;
- Anwendbarkeit der zwingenden Bestimmungen des Teilzeit- und Befristungsgesetzes;
- verlängerte Kündigungsfristen für Arbeitnehmer nach § 622 BGB bei längerer Betriebszugehörigkeit;
- Entgeltfortzahlungspflicht im Krankheitsfall;
- Pflicht zur Gewährung von Erholungsurlaub;
- Pflichten des Arbeitgebers in Zeiten des Mutterschutzes und in der Elternzeit;

8 So etwa Ascheid/Preis/Schmidt/*Kiel*, § 1 KSchG Rn 526.

- Einhaltung des besonderen Kündigungsschutzes bei Schwangerschaft, nach der Geburt, in der Elternzeit, bei Schwerbehinderung und für Betriebsratsmitglieder;
- Beachtung der Normen des ggf. anzuwendenden Tarifvertrags;
- Einhaltung der betrieblichen Mitbestimmungsrechte nach dem Betriebsverfassungsgesetz;
- Beachtung der Haftungsbeschränkungen bei Pflichtverletzungen des Arbeitnehmers;
- Einschränkungen bei der Vereinbarung eines nachvertraglichen Wettbewerbsverbots;
- enge Grenzen bei der Überlassung von Mitarbeitern nach dem Arbeitnehmerüberlassungsgesetz;
- erhebliche finanzielle Mehrbelastung durch Lohnnebenkosten im Zusammenhang mit der gesetzlichen Sozialversicherung sowie Meldepflichten gegenüber den Beitragseinzugsstellen;
- Anspruch des Arbeitnehmers auf Erstellung eines qualifizierten Arbeitszeugnisses nach § 630 BGB bei Ausscheiden aus dem Arbeitsverhältnis;
- Schutz der Rechte der Arbeitnehmerschaft nach Sonderregelungen der Insolvenzordnung im Fall der Insolvenz des Arbeitgebers.

Diesen arbeitsrechtlichen Gesichtspunkten und Schutzregelungen stehen aus Sicht 16
des Auftraggebers bei Abschluss eines Arbeitsvertrags aber auch **Vorteile** gegenüber. Im Rahmen seines **Weisungsrechts** kann der Arbeitgeber dem Arbeitnehmer in vielerlei Hinsicht einseitig Weisungen erteilen und damit Art und Inhalt der übertragenen Tätigkeit ganz maßgeblich bestimmen. Dies wird an folgenden Stichpunkten deutlich:
- Der Arbeitgeber kann (muss nicht) fachliche Weisungen erteilen.
- Der Arbeitgeber gibt regelmäßig feste Arbeitszeiten und Einsatzorte vor.
- Der Arbeitgeber kann den Arbeitnehmer in sein betriebliches System eingliedern und Hierarchien einseitig festlegen.
- Der Arbeitgeber kann das Auftreten des Arbeitnehmers bei Kunden oder Wettbewerbern festlegen bzw. stark einengen.
- Auf Arbeitnehmer sind die Vorschriften des Arbeitnehmererfindungsgesetzes anwendbar, wonach Erfindungen und technische Verbesserungsvorschläge des Arbeitnehmers weitgehend dem Arbeitgeber zugeschrieben sind.
- Der Arbeitnehmer unterliegt während des Arbeitsverhältnisses einem gesetzlichen Wettbewerbsverbot.

**Praxishinweis**

!

Wenn die Vertragsparteien das Vertragsverhältnis als **freies Mitarbeiterverhältnis** gestalten, verzichtet der freie Mitarbeiter auf die umfangreichen Schutzvorschriften des Arbeitsrechts. Im Fall der Kündigung durch den Auftraggeber kann er sich nicht auf Kündigungsschutz berufen, im Fall der Krankheit nicht auf den Anspruch auf Entgeltfortzahlung etc.

#### 2. Freier Dienst- oder Werkvertrag

17 Anstelle des Arbeitsverhältnisses steht es den Vertragsparteien aufgrund der in § 305 BGB garantierten Vertragsfreiheit frei, einen anderen Vertragstyp zu wählen. In Betracht kommt dabei in erster Linie der **Abschluss eines Dienstvertrags**, bei welchem sich der Dienstnehmer gegenüber dem Dienstgeber verpflichtet, die Dienste gegen Entgelt zu leisten (§§ 611ff. BGB). Daneben kommt auch der **Abschluss eines Werkvertrags** in Betracht, bei welchem sich der Werkunternehmer zur Erstellung bzw. Herstellung eines Werks, also eines bestimmten Arbeitsergebnisses als Erfolg, verpflichtet (§ 631 BGB). Schließlich steht es den Vertragsparteien auch frei, Verträge eigener Art zu schließen, in welchen die Vertragstypen des BGB kombiniert werden. Hier ist insbesondere der **sog. Subunternehmervertrag** zu erwähnen, eine besondere Form des Werkvertrags. Anders als beim direkten Werkvertrag wird beim Subunternehmervertrag die Tätigkeit nicht durch eigene Angestellte des Werkunternehmers ausgeführt. Dieser schaltet vielmehr eine selbstständige weitere Person ein, nämlich den Subunternehmer, um den Arbeitserfolg zu erzielen.

18 Sämtlichen freien Vertragsformen ist in Abgrenzung zum Arbeitsvertrag gemeinsam, dass die arbeitsrechtlichen Schutzbestimmungen nicht zur Anwendung kommen.

## B. Der Arbeitnehmerbegriff

### I. Gleichlauf von Arbeits-, Sozialversicherungs- und Steuerrecht

#### 1. Arbeitsrecht – Sozialversicherungsrecht

19 Bis zur Neueinführung der gesetzlichen Bestimmungen im SGB zum 1.1.1999 galt es als unbestritten, dass die **Abgrenzungskriterien** zwischen Arbeitsverhältnis einerseits und selbstständiger Tätigkeit andererseits im Arbeitsrecht und im Sozialversicherungsrecht **im Wesentlichen identisch** sind. Die Abgrenzungskriterien, die für die Bestimmung der Arbeitnehmereigenschaft regelmäßig herangezogen wurden, waren im Wesentlichen in der arbeitsgerichtlichen Rechtsprechung entwickelt worden. Die Sozialgerichte und insbesondere das BSG hatten sich in ihren Wertungen für den Bereich der Sozialversicherung diesen Kriterien grundsätzlich angeschlossen mit allenfalls geringfügigen Modifikationen. Zwar kam es nach § 7 SGB IV a.F. für die Frage der Sozialversicherungspflicht auf die Beschäftigteneigenschaft an. Diese Beschäftigung definierte das SGB aber als „nicht selbstständige Arbeit, insbesondere in einem Arbeitsverhältnis". Aus der Gesetzesformulierung wurde somit bereits deutlich, dass neben Arbeitnehmern auch andere Personen von der sozialversicherungsrechtlichen Beschäftigteneigenschaft erfasst sind. Hierbei handelt es sich vor allem um arbeitnehmerähnliche Personen sowie um GmbH-Geschäftsführer.

20 Mit dem Gesetz zur Bekämpfung der Scheinselbstständigkeit aus dem Spätjahr 1998 kam es zunächst zu einem **Auseinanderfallen** zwischen sozialversicherungs-

rechtlich abhängiger Beschäftigung und dem arbeitsrechtlichen Arbeitsverhältnis. Denn die Neuregelungen, insbesondere die Aufnahme des 4-Punkte-Katalogs beschränkten sich ausdrücklich auf den Bereich des Sozialversicherungsrechts. Trotz dieser klaren Trennung kam mit der Neueinführung des Punktekatalogs im Rahmen des Gesetzes zur Bekämpfung der Scheinselbstständigkeit ab 1.1.1999 sehr schnell die Frage auf, ob diese neuen Abgrenzungskriterien nun auch für das Arbeitsrecht gelten. In ersten Kommentierungen – insbesondere aus der Wissenschaft – wurde dieser Gleichlauf zwischen Sozialversicherungsrecht und Arbeitsrecht zwar strikt abgelehnt.[9] Die Befürchtung, dass die Praxis, insbesondere auch die Spruchpraxis der Arbeitsgerichte, von dieser dogmatischen Trennung abweichen und in Zukunft doch auf den Punktekatalog mit Beweislastumkehr zurückgreifen würde, war dagegen groß.

Das Auseinanderfallen von Arbeitsrecht und Sozialversicherungsrecht endete 21
mit der Neufassung des Gesetzes im Januar 2000, die rückwirkend in Form des Gesetzes zur Förderung der Selbstständigkeit zum 1.1.1999 wirksam wurde. Wichtigste Kernaussage dieses neuen Gesetzes im Recht der Sozialversicherung ist der Satz, dass die **klassischen Kriterien** zur Abgrenzung von Arbeitsverhältnissen einerseits und selbstständigen Tätigkeiten andererseits, welche die Rechtsprechung der arbeitsrechtlichen und sozialversicherungsrechtlichen Obergerichte entwickelt hat, **unverändert fortgelten** sollen. Nach den Irritationen, die im Zusammenhang mit dem Korrekturgesetz zur Bekämpfung der Scheinselbstständigkeit Ende 1998 aufgetreten waren, besteht seit der Neufassung des Gesetzes im Januar 2000 somit grundsätzlich wieder Übereinstimmung. Der Gleichlauf von Arbeits- und Sozialversicherungsrecht ist damit im Wesentlichen wieder hergestellt.

**Praxishinweis** !
Die klassischen Kriterien zur Abgrenzung von Arbeitsverhältnissen einerseits und selbstständigen Tätigkeiten andererseits wurden in der Rechtsprechung der arbeitsrechtlichen und sozialversicherungsrechtlichen Obergerichte entwickelt und gelten einheitlich sowohl für das Arbeits- als auch für das Sozialversicherungsrecht.

## 2. Steuerrecht

Erfolgt sowohl im Arbeitsrecht als auch im Sozialversicherungsrecht die Qualifizie- 22
rung eines Beschäftigungsverhältnisses als nicht selbstständige Tätigkeit, so ist dies nach Auffassung des BFH **regelmäßig als Indiz**[10] für das Vorliegen eines auch im steuerrechtlichen Sinne nicht selbstständigen Arbeits- oder Beschäftigungsverhältnisses anzusehen.[11]

9 So etwa *Löwisch*, BB 1999, 102, 106.
10 BFH, Urt. v. 2.12.1998 – X R 83/96 – DB 1999, 1044, 1046.
11 Vgl. hierzu im Einzelnen Rn 135.

### 3. Keine Bindungswirkung

23 Obwohl die Abgrenzungskriterien zwischen Arbeitsverhältnis einerseits und selbstständiger Tätigkeit andererseits im Arbeitsrecht, im Sozialversicherungsrecht und im Steuerrecht im Wesentlichen vergleichbar sind, gibt es **keine rechtliche Bindungswirkung** zwischen den verschiedenen Rechtsgebieten. Entscheidungen der Arbeitsgerichte haben somit für die Rechtsprechung der Sozialgerichte und der Finanzverwaltung **allenfalls präjudizielle Wirkung**. Sollte das Arbeitsgericht im Rahmen einer Vergütungsstreitigkeit oder eines Kündigungsschutzprozesses somit das Bestehen eines Arbeitsverhältnisses verneinen, würde dies das Vorliegen eines sozialversicherungspflichtigen Beschäftigungsverhältnisses bzw. eines steuerrechtlichen Beschäftigungsverhältnisses nicht ausschließen. Besondere Vorsicht ist in diesem Zusammenhang auch beim Abschluss von Vergleichen im Rahmen arbeitsgerichtlicher Auseinandersetzungen anzuraten. Wenn die Parteien im Rahmen einer vergleichsweisen Beendigung einer Kündigungsrechtsstreitigkeit übereinstimmend festlegen, dass zwischen ihnen kein Arbeitsverhältnis bestanden hat, bindet dieser Vergleich weder die Sozialgerichte noch die Finanzverwaltung bzw. die Finanzgerichte.

---

! **Praxishinweis**
Bei dem Abschluss von Vergleichen im Rahmen arbeitsgerichtlicher Auseinandersetzungen ist besondere Vorsicht angeraten: Ein Vergleich, wonach zwischen Auftraggeber und Mitarbeiter kein Arbeitsverhältnis bestanden hat, bindet weder die Sozialgerichte noch die Finanzverwaltung. Beitragsnachforderungen zur Sozialversicherung oder zur Einkommensteuer sind mit einem solchen Vergleich nicht auszuschließen.

---

## II. Abgrenzungsmerkmale

### 1. Der Begriff „Arbeitnehmer“

24 Die Auseinandersetzung um die Scheinselbstständigkeit wird vor allem über den Begriff des Arbeitnehmers geführt. Trotz dieser Bedeutung des Arbeitnehmerbegriffs für die Abgrenzung zwischen Arbeitnehmer und Selbstständigem gibt es für das Arbeitsrecht keine gesetzlichen Begriffsbestimmungen. Neben dem **klassischen**, vom Reichsarbeitsgericht und BAG sowie der herrschenden Lehre vertretenen Arbeitnehmerbegriff sind vielfach **Versuche** in der Rechtsprechung und Lehre hinzugekommen, den **Arbeitnehmerbegriff neu** zu definieren:

#### a) Der klassische Arbeitnehmerbegriff

25 Nach dem klassischen Arbeitnehmerbegriff ist das ausschlaggebende Kriterium die **persönliche Abhängigkeit**. Arbeitnehmer ist demnach, wer aufgrund eines privatrechtlichen Vertrags über entgeltliche Dienste für einen anderen in persönlicher

Abhängigkeit tätig ist.[12] Gestützt wird diese Ansicht auf die gesetzliche Regelung des **§ 84 Abs. 1 S. 2 HGB.** Obwohl diese Norm unmittelbar nur für die Abgrenzung des selbstständigen Handelsvertreters vom abhängig beschäftigten kaufmännischen Angestellten gilt, enthält sie darüber hinaus eine **allgemeine gesetzgeberische Wertung,** die auch bei der Abgrenzung des Dienstvertrags vom Arbeitsvertrag zu beachten ist.[13]

Zur weiteren Konkretisierung der persönlichen Abhängigkeit wird eine Vielzahl 26
von Einzelmerkmalen geprüft, die im Folgenden näher dargestellt werden.

### b) Auffassung von Wank

Besondere Bedeutung im Recht der Scheinselbstständigkeit hat die Auffassung von 27
*Wank*[14] erworben. Nach *Wank* ist der Arbeitnehmer nicht durch Weisungsabhängigkeit gekennzeichnet, sondern in erster Linie durch **auf Dauer angelegte Arbeit für einen Auftraggeber** in eigener Person ohne Mitarbeiter und im Wesentlichen **ohne eigenes Kapital** und **ohne eigene Organisation.** Selbstständigkeit soll somit vorliegen bei freiwilliger Übernahme von Unternehmerrisiko, Auftreten am Markt und Ausgewogenheit im Hinblick auf unternehmerische Chancen und Risiken. Obwohl die Auffassung von *Wank* in der wissenschaftlichen Auseinandersetzung kontrovers diskutiert wird, hat sie zum Teil in der Praxis bereits Befürworter gefunden. Einige Landesarbeitsgerichte haben sich der Theorie von *Wank* angeschlossen.[15] Auch die ersten Gesetzesentwürfe zur Bekämpfung der Scheinselbstständigkeit orientierten sich an der These von *Wank,* indem den Kriterien „Beschäftigung eigener Mitarbeiter" sowie „mehrere Auftraggeber" nach der Vorstellung des Gesetzgebers im Rahmen des Gesetzes zur Bekämpfung der Scheinselbstständigkeit große Bedeutung zukommen sollte.

## 2. Hauptkriterium: „persönliche Abhängigkeit"

Das BAG hat in den zurückliegenden Jahren im Rahmen von Statusprozessen zur 28
Abgrenzung eines Arbeitsverhältnisses von dem Rechtsverhältnis eines freien Mitarbeiters den Grundsatz aufgestellt, dass sich beide durch den Grad der persönlichen Abhängigkeit, in der sich der zur Dienstleistung Verpflichtete befindet, un-

---

12 BAG, Urt. v. 15.3.1978 – 5 AZR 818/76 –; BAG, Urt. v. 15.3.1978 – 5 AZR 819/76 – EzA Nr. 16, 17 zu § 611 BGB Arbeitnehmerbegriff; BAG, Urt. v. 20.1.2010 – 5 AZR 99/09 – DB 2010, 788.

13 BAG, Urt. v. 21.2.1990 – 5 AZR 162/89 – EzA Nr. 32 zu § 611 BGB Arbeitnehmerbegriff.

14 *Wank*, S. 1 ff.; *Wank*, DB 1992, 90.

15 LAG Köln, Urt. v. 30.6.1995 – 4 Sa 63/95 – AuR 1996, 413; LAG Nürnberg, Urt. v. 25.2.1998 – 4 Sa 670/97 – LAGE Nr. 34 zu § 611 Arbeitnehmerbegriff; LAG Niedersachsen, Urt. v. 7.9.1990 – 3 (2) Sa 1791/89 – LAGE Nr. 24 zu § 611 BGB Arbeitnehmerbegriff.

terscheiden. Dabei misst das BAG neben dem eigentlichen Weisungsrecht in Bezug auf Ort, Zeit und Fachanweisungen der betrieblichen Eingliederung in den Betrieb sowie der Eigenart der jeweiligen Tätigkeit **große Bedeutung** bei. Schriftlich fixiert hat der 5. Senat des BAG diese Grundsätze in einer wichtigen Entscheidung vom 19.1.2000 zum arbeitsrechtlichen Status eines Rundfunkmitarbeiters:[16]

---

**!** **Praxishinweis**
Der freie Mitarbeiter unterscheidet sich vom fest angestellten Arbeitnehmer durch den Grad der persönlichen Abhängigkeit. Dabei erfolgt die Prüfung, ob der erforderliche Grad der persönlichen Abhängigkeit tatsächlich besteht, nach einer Vielzahl von materiellen und ergänzenden formellen Abgrenzungskriterien.

---

### 3. Zusammenstellung der echten Abgrenzungsmerkmale

29 Für die Prüfung, ob der erforderliche Grad der persönlichen Abhängigkeit besteht, wurden von der Rechtsprechung eine ganze Reihe von **materiellen Abgrenzungskriterien** erarbeitet, anhand derer der Status des Vertrags überprüft wird:

#### a) Weisungsrecht des Arbeitgebers hinsichtlich des Arbeitsortes

30 Die Arbeitsgerichte prüfen bei diesem Kriterium insbesondere die Frage, ob der Mitarbeiter zum regelmäßigen Erscheinen am Arbeitsort bzw. in den Betriebsräumen verpflichtet ist.

#### b) Zeitliche Weisungsgebundenheit

31 Freie Arbeitszeit wird regelmäßig bejaht, wenn keine festen Dienststunden bestehen, also Anfang und Ende der Arbeitszeit frei regelbar sind. Ferner ist grundsätzlich von Bedeutung, dass die Vertragsparteien keinen zeitlich festgelegten Mindestumfang der Tätigkeit festlegen bzw. keine Vorgaben bestehen, zu welcher Zeit bestimmte Arbeitsvorgänge abgeschlossen sein müssen.

#### c) Fachliche Weisungsgebundenheit

32 Dieses Kriterium wird inzwischen nur noch eingeschränkt als geeignetes Abgrenzungskriterium angesehen. Dies gilt jedenfalls für Führungskräfte und höhere Tätigkeiten, denn dort erfolgen zwar weniger Fachanweisungen, es kann sich aber trotzdem um einen Arbeitnehmer handeln. Als Beispiel wird von der Rechtspre-

---

16 BAG, Urt. v. 19.1.2000 – 5 AZR 644/98 – NZA 2000, 1102.

chung diesbezüglich regelmäßig der Chefarzt einer Klinik herangezogen, der trotz Arbeitnehmerstellung keinen fachlichen Weisungen unterliegt bzw. unterliegen kann.

### d) Eingliederung in den Betrieb

Die Eingliederung des Mitarbeiters in den Betrieb des Auftraggebers ist ein wichti- 33
ges Kriterium für die Annahme der Arbeitnehmerstellung. Bei der Frage der Eingliederung in den Betrieb wird zum einen überprüft, ob und inwieweit der Mitarbeiter in eine fremdbestimmte Arbeitsorganisation eingebunden ist und dabei betriebliche Einrichtungen (Arbeitsgeräte) benutzt. An dieser Stelle spielt auch die Zuweisung eines Büros bzw. Arbeitszimmers in den Betriebsräumen des Auftraggebers eine große Rolle.

Ferner wird unter dem Kriterium „Eingliederung in den Betrieb" die Frage der 34
Stellung des Mitarbeiters in der Organisation und Hierarchie beim Auftraggeber überprüft. Ist der Mitarbeiter anderen im Dienste des Auftraggebers stehenden Personen übergeordnet oder untergeordnet, spricht dieser Umstand für ein Arbeitsverhältnis. Gleiches gilt, sofern der Mitarbeiter die Pflicht hat, Vertretungen zu übernehmen.

**Praxishinweis** !
Die „Eingliederung in den Betrieb" ist ein sehr wichtiges Kriterium für die Abgrenzung zwischen freier Mitarbeit und Arbeitnehmerstellung. Dabei geht es insbesondere um die Stellung im Verhältnis zu anderen fest angestellten Arbeitnehmern.

### e) Leistungserbringung nur in eigener Person

In jüngerer Vergangenheit prüft das BAG regelmäßig, ob der Mitarbeiter verpflichtet 35
ist, die Leistung persönlich zu erbringen oder ob er hierzu Dritte einschalten darf und auch tatsächlich einschaltet. Schaltet der Mitarbeiter Dritte tatsächlich zur Leistungserbringung ein – nicht nur ausnahmsweise –, schließt dies nach Auffassung des BAG im Regelfall von vornherein ein Arbeitsverhältnis aus.[17] Enthält der Freie-Mitarbeiter-Vertrag die Befugnis zum Einsatz von Hilfspersonen, nutzt der freie Mitarbeiter aber die vertraglich eingeräumte Berechtigung nicht oder nur ausnahmsweise und leistet persönlich, stellt die Möglichkeit, Dritte einzuschalten, dagegen nur eines von mehreren im Rahmen der Gesamtabwägung zu beachtenden Kriterien dar.[18]

---

**17** BAG, Urt. v. 16.7.1997 – 5 AZR 312/96 – AP Nr. 4 zu § 611 BGB Zeitungsausträger; BAG, Urt. v. 20.1.2010 – 5 AZR 99/09 – DB 2010, 788.

**18** BAG, Urt. v. 19.11.1997 – 5 AZR 653/96 – AP Nr. 90 zu § 611 BGB Abhängigkeit; LAG Schleswig-Holstein, Urt. v. 13.12.2005 – 5 Sa 322/05 – BeckRS 2006, 40253.

### f) Verpflichtung, angebotene Aufträge anzunehmen

36 Als weiteres Kriterium wird im Rahmen der Abgrenzung überprüft, ob der Mitarbeiter verpflichtet ist, ihm angebotene Aufträge anzunehmen. Wenn die Vertragsparteien eine solche Verpflichtung in dem Vertragswerk aufgenommen haben, spricht dies für das Bestehen einer Arbeitnehmerstellung. Bei diesem Kriterium erlangt regelmäßig die tatsächliche Handhabung besondere Bedeutung. Denn wenn ein Mitarbeiter, der ihm angebotene Aufträge abgelehnt hat, in Zukunft nicht mehr zu dem potenziellen Vertragspartnerkreis gezählt wird, spricht viel dafür, dass jedenfalls eine faktische Verpflichtung zur Übernahme angebotener Aufträge besteht.[19]

### g) Unternehmerisches Auftreten am Markt

37 Das Abgrenzungskriterium „unternehmerisches Auftreten am Markt“ stellt insbesondere auf Verhaltensformen des Mitarbeiters ab. Im Einzelfall wird unter diesem Gesichtspunkt die Gestaltung der Visitenkarten des Mitarbeiters oder auch sein Auftreten in Abgrenzung zu fest angestellten Vertriebsmitarbeitern des Auftraggebers von Bedeutung sein.

### h) Einheitliche Behandlung von freien Mitarbeitern und Arbeitnehmern

38 Das Abgrenzungskriterium „einheitliche Behandlung von Arbeitnehmern“, die mit gleichartigen Aufgaben betraut sind, spielt dann eine große Rolle, wenn der Auftraggeber unterschiedliche Personengruppen mit gleichartigen Aufgaben betraut. Diese grundsätzlich zulässige Möglichkeit ist denkbar z.B. im Vertrieb, wenn ein Teil der Vertriebsaufgaben mit fest angestellten Vertriebsmitarbeitern, der verbleibende Bereich des Vertriebes dagegen mit freien Handelsvertretern gestaltet wird. Auch bei beratenden Berufen ist es im Einzelfall vorstellbar, das z.B. neben fest angestellten Rechtsanwälten auch selbstständige Rechtsanwälte Anwaltsaufgaben übernehmen, ohne mit dem Auftraggeber gesellschaftsrechtlich in einer Sozietät verbunden zu sein. In diesen Sonderfällen ist von besonderer Bedeutung, dass der Umgang mit den fest angestellten Mitarbeitern gänzlich anders gestaltet ist als die Zusammenarbeit mit den selbstständigen Mitarbeitern. Diese Abgrenzungsverpflichtung bezieht sich dabei auf sämtliche Einzelkriterien, sodass eine gegenüberstellende Gesamtschau nach den wesentlichen Abgrenzungskriterien zu erstellen ist.

19 BAG, Beschl. v. 16.6.1998 – 5 AZN 154/98 – AP Nr. 101 zu § 611 BGB Abhängigkeit.

#### i) Aufnahme in einen Dienstplan

Die Aufnahme in einen Dienstplan ist ein wichtiges Kriterium für das Bestehen eines Arbeitsverhältnisses. Allerdings sind Dienstpläne nach Auffassung des BAG nur solche, die den Mitarbeiter einseitig zu bestimmten Zeiten in einem bestimmten Umfang und zu bestimmten Tätigkeiten heranziehen. Unschädlich ist dagegen die Aufnahme in Dispositions- und Raumbelegungspläne bzw. sonstige Organisationspläne, die bei einem begrenzten Angebot von benötigten technischen Einrichtungen auch für freie Mitarbeiter unumgänglich sind.[20] 39

#### j) Berichterstattungspflichten

Die Herstellung von Manuskripten für die Präsentation übernommener Aufträge schließt wegen des werkvertraglichen Charakters ein freies Mitarbeiterverhältnis nicht aus. 40

#### k) Gesamte Arbeitskraft

Allein der Umstand, dass der Mitarbeiter wöchentlich 42 Stunden für einen Auftraggeber tätig ist, führt nicht zur Bejahung eines Arbeitsverhältnisses.[21] 41

#### l) Dauerrechtsverhältnis

Der Umstand, dass es sich bei den Rechtsbeziehungen zwischen den Vertragsparteien um ein einheitliches Dauerrechtsverhältnis von über zehn Jahren gehandelt hat, führt für sich nicht zur Bejahung eines Arbeitsverhältnisses.[22] 42

#### m) Konkurrenzverbot

Die Vereinbarung eines Konkurrenzverbots führt nicht ohne Weiteres zur Verneinung des freien Mitarbeiterverhältnisses. 43

### 4. Ergänzende formelle Abgrenzungskriterien

Es entspricht der ständigen Rechtsprechung des BAG, dass für die Abgrenzung in erster Linie die Umstände der Dienstleistung entscheidend sind, nicht aber die Modalitäten der Vertragsabwicklung.[23] Dennoch können auch formelle Kriterien als 44

---

20 BAG, Urt. v. 19.1.2000 – 5 AZR 644/98 – NZA 2000, 1102.
21 BAG, Urt. v. 19.1.2000 – 5 AZR 644/98 – NZA 2000, 1102.
22 BAG, Urt. v. 19.1.2000 – 5 AZR 644/98 – NZA 2000, 1102.
23 BAG, Urt. v. 9.6.1993 – 5 AZR 123/92 – NZA 1994, 169.

Indiz herangezogen werden und damit für die Beurteilung der persönlichen Abhängigkeit des Dienstleistenden mit entscheidend sein. Zu beachten ist allerdings, dass solchen Indizien bzw. formellen Kriterien **nur eine Hilfsfunktion** zukommen darf und die Entscheidung nicht ausschließlich auf diesen Bereich gestützt werden kann. Als formelle Abgrenzungskriterien kommen folgende Gesichtspunkte in Betracht:
- die Modalitäten in der Entgeltzahlung (Festvergütung), insbesondere das (über einen längeren Zeitraum) erfolgte Ausweisen von Mehrwertsteuer durch den Beschäftigten;
- das Abführen von Lohnsteuer und Sozialversicherungsbeiträgen;
- die Führung von Personalakten;
- die Weiterbezahlung des Entgelts im Krankheitsfall;
- die antragsgemäße Gewährung von Urlaub und Weiterbezahlung des Entgelts im Urlaubsfall;
- die Anmeldung eines Gewerbes.

---

! **Praxishinweis**
Formelle Modalitäten der Vertragsabwicklung, wie Entgeltzahlung, Abführen von Lohnsteuer und Sozialversicherungsbeiträge sowie Anmeldung eines Gewerbes spielen für die Frage der Abgrenzung zwischen freiem Mitarbeiter und Arbeitnehmerstellung nur eine untergeordnete Rolle.

---

## III. Gesamtbetrachtung und Umstände des Einzelfalls

45 Für die Bestimmungen der Arbeitnehmereigenschaft werden regelmäßig zahlreiche Einzelmerkmale verwendet, die zur Feststellung der persönlichen Abhängigkeit herangezogen werden. Denn wie bereits ausgeführt wird darin nach wie vor das wesentliche Merkmal des Arbeitsverhältnisses gesehen. Die wirtschaftliche Abhängigkeit ist dagegen weder erforderlich noch ausreichend.[24] Sie hat für die Abgrenzung zwischen Arbeitnehmer und Selbstständigen eher indizielle Bedeutung.

### 1. Gesamtbetrachtung

46 Das BAG stellt in seinen Entscheidungen immer wieder klar, dass es für die Abgrenzung von freien Mitarbeitern und Arbeitnehmern **kein Einzelmerkmal** gibt, welches aus der Vielzahl möglicher Kriterien unverzichtbar vorliegen muss. Nur im Rahmen einer wertenden Gesamtschau und einer **Überprüfung vieler in Betracht**

24 Ständige Rechtsprechung des BAG, vgl. etwa BAG, Urt. v. 8.6.1967 – 5 AZR 461/66 – NJW 1976, 1982; BAG, Beschl. v. 30.10.1991 – 7 ABR 19/91 – NZA 1992, 407 m.w.N.

**kommender Abgrenzungskriterien** kann entschieden werden, ob das zwischen zwei Parteien bestehende Vertragsverhältnis ein Arbeitsverhältnis oder ein freies Mitarbeiterverhältnis darstellt. Denn ob jemand abhängig beschäftigt oder selbstständig tätig ist, hängt davon ab, welche Merkmale überwiegen.[25] In ständiger Rechtsprechung betonte das BAG sogar, dass abstrakte, für alle Arbeitsverhältnisse geltende Kriterien sich nicht aufstellen lassen. Vielmehr hängt es von der Eigenart der jeweiligen Tätigkeit ab. Es ist deshalb aus Gründen der Praktikabilität und der Rechtssicherheit in jedem Einzelfall unvermeidlich, die unselbstständige Tätigkeit typologisch abzugrenzen. Da es keine abstrakten, für alle Arbeitnehmer gleichermaßen geltenden Kriterien gibt, sind bei der Einzelfallabwägung vor allem auch die Eigenarten der jeweiligen Tätigkeiten zu berücksichtigen. Bei der Abgrenzung abhängiger Beschäftigung von freier Mitarbeit sind somit die das jeweilige Rechtsverhältnis prägenden charakteristischen Merkmale gegeneinander abzuwägen, wie sie sich aus dem Inhalt des Beschäftigungsvertrags sowie insbesondere der praktischen Durchführung und Gestaltung der Vertragsbeziehung ergeben.

**Praxishinweis** !
Die Abgrenzung von freien Mitarbeitern zu Arbeitnehmern erfolgt im Rahmen einer Gesamtbetrachtung. Dabei gibt es kein Einzelkriterium, das für die Feststellung der freien Mitarbeit unverzichtbar vorliegen muss.

### 2. Umstände des Einzelfalls

Die Vielzahl und Vielschichtigkeit der Abgrenzungskriterien zeigt aber auch, dass 47
im **Einzelfall** ein **großer Spielraum** für das zur Entscheidung berufene **Gericht** besteht. Es kann zum einen bereits durch die Auswahl der Einzelkriterien bzw. das Weglassen einzelner Gesichtspunkte eine Wertung vornehmen. Daneben besteht der eigentliche Spielraum, wenn es um die **Gewichtung des einzelnen Merkmals** geht. So ist es zwar für die Betroffenen ärgerlich, aber nicht verwunderlich, dass vergleichbare Sachverhalte von unterschiedlichen Gerichten teilweise abweichend beurteilt werden.

## IV. Beweismöglichkeiten in der Praxis

Häufig ist es in der Praxis schwierig, die Einhaltung des freien Mitarbeitervertrags 48
bzw. auch die konkrete Ausgestaltung der Tätigkeit nach dem freien Mitarbeitervertrag zu prüfen und im Ernstfall auch zu beweisen. Aus diesem Grund hat es sich

25 Ständige Rechtsprechung des BAG, vgl. etwa BAG, Urt. v. 29.8.2012 – 10 AZR 499/11 – NZA 2012, 1433; BAG, Urt. v. 15.2.2012 – 10 AZR 301/10 – NZA 2012, 731.

– auch unter **Aufwendung gewisser „Bürokratie“** – bewährt, ein gewisses Dokumentationsformular zu führen und bestimmte Dinge zu dokumentieren, sei es durch Unterschrift oder auf andere Art und Weise. Die entsprechende Dokumentation sollte bei längeren Tätigkeiten in gewissen regelmäßigen Abständen auch wiederholt werden. Dies ist insbesondere für eine möglicherweise erforderlich werdende juristische Auseinandersetzung zu Beweiszwecken von erheblicher Bedeutung. In dem Dokumentationsformular sollten so viele Kriterien wie möglich aufgelistet sein, an die sich der freie Mitarbeiter bzw. auch der Auftraggeber zu halten hat. Dadurch soll gewährleistet werden, dass die maßgebenden Kriterien für die Selbstständigkeit, die bereits im Vertragstext festgehalten sind, auch im tatsächlichen Ablauf eingehalten und auch entsprechend dokumentiert werden.

---

! **Praxishinweis**

Auch wenn ein Dokumentenformular gewissen Aufwand erfordert und im Einzelfall auch als „umständlich“ empfunden wird, so kann es zu Beweiszwecken in der Praxis doch wichtig sein.

Bei der Entscheidung, in welcher Weise die Beweise erbracht werden können, sind der Phantasie des Verwenders keine Grenzen gesetzt. Die einzelnen Punkte hängen wesentlich auch von der Art der entsprechenden Tätigkeit ab.

---

49 Nachfolgend sind einige Kriterien aufgelistet, die bei einer Vielzahl von Tätigkeiten verwendet werden können. Die Erfüllung dieser Kriterien kann durch **Unterzeichnung der jeweiligen Personen** dokumentiert werden oder aber ggf. auch durch anderweitige Dokumentation (wie etwa Internetauszug, Fotografien oder Ähnliches).

---

! **Checkliste**

1. **Auftreten als externer Dienstleister**
   - Der freie Mitarbeiter verwendet gut sichtbar ein Namensschild, das ihn als externen Dienstleister ausweist (insbesondere, wenn er Dritten gegenüber auftritt).
     → bestätigt mit Datum und Unterschrift des freien Mitarbeiters sowie des Auftraggebers; Namensschild als Beweis
   - Der freie Mitarbeiter verwendet eigene Visitenkarten, die ihn als externen Dienstleister ausweisen (das Logo des Auftraggebers wird nicht verwendet!).
     → bestätigt mit Datum und Unterschrift; ggf. Vorlage Visitenkarte
   - Der freie Mitarbeiter wird nicht auf der Homepage des Auftraggebers ausgewiesen bzw. wird dort ausdrücklich als externer Dienstleister genannt (ggf. sogar mit Link auf die eigene Homepage des freien Mitarbeiters, mindestens aber deutlich getrennt von den eigenen Mitarbeitern).
     → bestätigt durch Unterschrift bzw. Auszug Homepage
   - Der freie Mitarbeiter unterhält eine eigene Homepage; Hinweis auf der Seite des Auftraggebers.
     → Beweismöglichkeit: Auszug der Homepage oder Unterschrift
   - Der freie Mitarbeiter wird den Kunden sowie auch den Mitarbeitern des Auftraggebers ausdrücklich als externer Dienstleister vorgestellt.
     → bestätigt durch Datum und Unterschrift

**2. Eigene Arbeits- und Betriebsmittel**
- Der freie Mitarbeiter verwendet eigene Arbeits- und Betriebsmittel (insbesondere Werkzeuge, Kleidung für die Ausübung seiner Tätigkeit, die sich bestenfalls von der Kleidung der Mitarbeiter des Auftraggebers sichtbar unterscheidet).
  → Beweismöglichkeit durch Unterschrift oder Fotografie; Arbeitsmittel
- ggf. Arbeits- und Betriebsmittel entsprechend der Tätigkeit im Einzelnen aufführen (insbesondere die tätigkeitsspezifischen!)
  → Liste der Arbeitsmittel

**3. Auftragsvergabe**
- ggf. schriftliche Dokumentationspflicht der Auftragsvergabe und -annahme, sodass ersichtlich wird, dass es dem Auftragnehmer freisteht, ob er einen Auftrag annimmt oder ablehnt
- ggf. auch bei Raumbelegungs- bzw. Organisationsplänen: schriftliche Mitteilung, wann freier Mitarbeiter tätig werden will; erst dann Eintragung in den Plan; oder
- kurze Notiz zur Vereinbarung über zeitlichen Einsatz, dann Eintragung in den Plan

---

**Praxishinweis** !

Selbstverständlich kann auch eine solche Dokumentation **keine Garantie** dafür sein, dass in einem etwaigen Prozess die Rechtslage für die Selbstständigkeit spricht.
Gleichwohl bietet eine solche Checkliste die **Möglichkeit**, dem Gericht die **Praxis aufzuzeigen**. Darüber hinaus ruft es auch bei langjähriger Tätigkeit beiden Vertragsteilen die entscheidenden Kriterien, die es auch in der Umsetzung unbedingt einzuhalten gilt, nach gewissen zeitlichen Abständen immer wieder erneut ins Gedächtnis.

---

## V. Checkliste

50

**Checkliste zur Überprüfung der Abgrenzungskriterien** !

| Arbeitsverhältnis | Freies Mitarbeiterverhältnis |
|---|---|
| ☐ Weisungsrecht des Arbeitgebers hinsichtlich<br>– Arbeitsort<br>– Arbeitszeit<br>– Fachlich (eingeschränkt) | ☐ Kein Weisungsrecht des Auftraggebers |
| ☐ Eingliederung in den Betrieb<br>– Zuweisung eines Büros<br>– Überlassung von Arbeitsgeräten<br>– Gewährung von Darlehen für Anschaffung von Produktionsmitteln<br>– Einordnung in Organisation und Hierarchie beim Arbeitgeber<br>– Pflicht zur Vertretung von Kollegen | ☐ Keine Eingliederung<br>– Eigene Betriebsstätte<br>– Eigene Betriebsmittel<br>– Einsatz eigenen Kapitals |
| ☐ Leistungserbringung in eigener Person | ☐ Tatsächliche Beschäftigung von Mitarbeitern<br>☐ Vertraglich festgelegte Befugnis zum Einsatz von Hilfspersonen |

| | |
|---|---|
| ☐ Verpflichtung, angebotene Aufträge anzunehmen | ☐ Unternehmerisches Auftreten am Markt<br>– Eigene Werbemaßnahmen und Kundenakquisitionen<br>– Unternehmerisches Risiko |
| ☐ Aufnahme in einen Dienstplan<br>– Festlegung von echten Dienstplänen | |
| ☐ Einheitliche Behandlung von freien Mitarbeitern und Arbeitnehmern<br>– Wichtig bei Beauftragung unterschiedlicher Personengruppen mit gleichartigen Aufgaben | |
| ☐ Berichterstattungspflichten | |
| ☐ Gesamte Arbeitskraft geschuldet | |
| ☐ Dauerrechtsverhältnis | |
| ☐ Konkurrenzverbot | |
| ☐ Festvergütung | ☐ Projektbezogene Vergütung |
| | ☐ Stundenhonorar |
| | ☐ Ausweisen von Mehrwertsteuer |
| ☐ Abführen von Lohnsteuer und Sozialversicherungsbeiträgen (durch den Arbeitgeber) | |
| ☐ Führung von Personalakten | |
| ☐ Entgeltfortzahlung im Krankheitsfall | |
| ☐ Gewährung von Urlaub | |
| ☐ Entgeltfortzahlung im Urlaub | |
| | ☐ Anmeldung eines Gewerbes |

## C. Fallgruppen und besondere Beispiele aus der Rechtsprechung

51 Im Folgenden sollen in der Praxis besonders relevante Fallgruppen dargestellt und mit Beispielen aus der Rechtsprechung untermauert werden. Ungeachtet dessen ist bei jeder Beurteilung der Tätigkeit zu berücksichtigen, dass die Eigenart der jeweiligen Tätigkeit bei der Bestimmung des Vertragsstatus eine wichtige Rolle spielt und insbesondere in jedem Einzelfall eine Gesamtschau anhand des Einzelfalls erforderlich ist. Insoweit sind mit einer entsprechenden berufsgruppenspezifischen **Auflistung nur erste Anhaltspunkte** gegeben, eine letzte abschließende Beurteilung im entsprechenden Einzelfall ist jedoch unerlässlich.

### I. Medizinischer Bereich

52 Gerade im medizinischen Bereich spielt die Problematik der Scheinselbstständigkeit in den letzten Jahren eine größere Rolle. Dies zeigen nicht zuletzt auch die zahlreichen Entscheidungen der Gerichte, die jüngst hierzu ergangen sind. Höchstrichter-

liche Entscheidungen existieren allerdings bislang noch nicht. Aus diesem Grund kommt es häufig zu **teils auch divergierenden Entscheidungen**. Ausschlaggebend für den vermehrten Einsatz der Honorarkräfte in diesem Bereich ist hauptsächlich der bestehende Fachkräftemangel – auch im Bereich der Pflege –, und darüber hinaus bei den Honorarärzten auch die von den Ärzten selbst beabsichtigte Möglichkeit der Flexibilisierung bzw. der Verhandlung entsprechender Honorare.

Gleichwohl ist die Tätigkeit der Honorarkräfte in diesem Bereich in der Praxis 53
sehr umstritten, sodass das Thema der Scheinselbstständigkeit bei jedem Einsatz infrage steht.

### 1. Ärzte

Im Gegensatz zur früheren Rechtsprechung der Sozialgerichte ergehen heute immer 54
mehr Entscheidungen dahingehend, dass eine abhängige Beschäftigung auch bei Honorarärzten angenommen wird. Unter **Honorarärzten** versteht man im Wesentlichen solche Ärzte, die ohne vertragsärztliche Zulassung oder eigene Praxis, sowie ohne einem gleichzeitig bestehenden Angestelltenverhältnis nachzugehen, gegen ein vereinbartes Honorar in der stationären und/oder ambulanten Versorgung tätig sind.[26] Honorarärzte finden sich somit in Kliniken, Praxen/medizinischen Versorgungszentren sowie auch Forschungseinrichtungen, Institutionen bzw. bei Rettungsdienstorganisationen. Der Einsatz ist häufig projektbezogen und oft zeitlich begrenzt. Es kann sich aber auch um Kooperationen zwischen Krankenhäusern und niedergelassenen Ärzten handeln.[27]

#### a) Gemeinschaftspraxis

Das BSG hatte sich in einer jüngeren Entscheidung[28] bei einem in einer Gemein- 55
schaftspraxis tätigen Vertragsarzt beispielsweise dahingehend ausgesprochen, dass hier eine **abhängige Beschäftigung**, nicht hingegen aber eine selbstständige Tätigkeit vorliegt. Der Kooperationsvertrag zur Regelung der Gemeinschaftspraxis sah vor, dass der Vertragsarzt ein wöchentliches Festgehalt erhielt und von allen Honorarkürzungs- und Regressansprüchen der Patienten freigestellt wurde. Er trug damit

---

**26** Definition des Bundesverbands der Honorarärzte e.V., abrufbar unter http://www.bv-honoraraerzte.de.

**27** Siehe dazu etwa *Altendorfer/Heppekausen*, NZS 2011, 493; *Clemens*, MedR 2011, 770; zur Zulässigkeit des Einsatzes nicht fest angestellter Ärzte insbesondere bei ambulanten Operationen s. BSG, Urt. v. 23.3.2011 – B 6 KA 11/10 R – BSGE 108, 35 sowie die geplanten Änderungen des KHEntgG, BT-Drucks. 17/9992, S. 10 und 29 f.; s. dazu auch *Meißner*, Deutsches Ärzteblatt 2012, Heft 15, A-739; vgl. auch *Powietzka/Bölz*, KrV 4/12, 137.

**28** BSG, Urt. v. 23.6.2010 – B 6 Ka 7/09 R – BSGE 106, 222.

nach den Feststellungen des BSG kein wirtschaftliches Risiko und wurde an dem wirtschaftlichen Erfolg der Praxis nicht beteiligt. Das BSG sah es demnach als gegeben an, dass der Kooperationsvertrag ein abhängiges Beschäftigungsverhältnis begründete und somit auch die Sozialversicherungspflicht des Arztes bestand.

### b) Tätigkeit in Kliniken

56 Hinsichtlich der Tätigkeit von Honorarärzten in Kliniken, wie sie derzeit in vielen Konstellationen vorgefunden wird, liegt noch **keine höchstrichterliche Entscheidung** vor. Es finden sich hingegen zahlreiche – auch divergierende – Entscheidungen von Instanzgerichten, die es der Praxis derzeit nicht einfacher macht, einen entsprechenden rechtssicheren Einsatz vorzunehmen.

57 Ein besonders eindrucksvolles Beispiel **divergierender Entscheidungen** von Instanzgerichten liefern das SG Berlin mit dem Urteil vom 10.2.2012[29] und das LSG Baden-Württemberg in der Entscheidung vom 17.4.2013.[30] In beiden Entscheidungen ging es um die Tätigkeit eines Anästhesisten, welche vom SG Berlin als selbstständig und vom LSG Baden-Württemberg als abhängig beschäftigt eingestuft wurde.

---

**!** **Praxishinweis**
Die Problematik der Scheinselbstständigkeit hat im Bereich von Honorarärzten in den letzten Jahren an Brisanz zugenommen. So liegen mehr und mehr Entscheidungen von Landessozialgerichten vor, die sog. Honorarärzte als abhängig Beschäftigte einstufen.

---

#### aa) Urteil des SG Berlin zu Anästhesisten

58 In dem der Entscheidung des SG Berlin zugrunde liegenden Sachverhalt ging es um die Tätigkeit eines Anästhesisten als Honorararzt. Der Kläger war im vorliegenden Fall ein Facharzt für Anästhesie, der im Übrigen auch eine Ärztevermittlungsagentur betreibt und von der Klinik eine Vergütung auf Stundenbasis erhielt. Er nutzte – mit Ausnahme der OP-Kleidung und eines Stethoskops – im Wesentlichen die Betriebsmittel der Klinik. Ihm wurden insbesondere die Narkosemittel zur Verfügung gestellt. Das SG Berlin erkannte hier zwar wesentliche Indizien für eine abhängige Beschäftigung, nahm insgesamt jedoch ein **Überwiegen der Merkmale einer selbstständigen Tätigkeit** an. So war es für das SG Berlin insbesondere entscheidend, dass der Kläger zu Beginn eines Einsatztages den OP-Saal auswählen konnte, während hingegen den angestellten Anästhesisten die übrigen OP-Säle zugewiesen wurden. Der Kläger übernahm im vorliegenden Fall auch nur die vertraglich über-

---

29 SG Berlin, Urt. v. 10.2.2012 – S 208 KR 102/09 – NZS 2012, 627; auch SG Berlin, Urt. v. 26.2.2014 – S 208 KR 2118/12 – juris.

30 LSG Baden-Württemberg, Urt. v. 17.4.2013 – L 5 R 3755, 11 – NZS 2013, 501.

nommenen Anästhesiedienstleistungen, nicht hingegen weitere Aufgaben oder Positionen im Krankenhaus. Die Bezahlung erfolgte auch ausschließlich nach den tatsächlich geleisteten Arbeitsstunden, der Kläger unterhielt darüber hinaus auch auf eigene Kosten eine Berufshaftpflichtversicherung. Dem Umstand, dass der Kläger keine eigene Praxis hatte und damit nicht als niedergelassener Arzt galt, maß das SG Berlin keine größere Bedeutung zu. Vielmehr waren die hier skizzierten Kriterien für das SG Berlin ausschlaggebend, um eine selbstständige Tätigkeit des Klägers anzunehmen.

#### bb) Urteil des SG Mannheim, LSG Baden-Württemberg zu Anästhesisten

Auch das SG Mannheim sowie nachfolgend das LSG Baden-Württemberg hatten 59 über die Tätigkeit eines Anästhesisten zu befinden.[31] In dem dieser Entscheidung zugrunde liegenden Fall war der eingesetzte Honorararzt ein nicht niedergelassener Arzt, der im Krankenhaus Anästhesieleistungen erbrachte. Die vertragliche Regelung war so ausgestaltet, dass der Anästhesist anästhesiologische Leistungen bei OPs, intensivmedizinische Leistungen im Rahmen von Tagesdiensten sowie Bereitschafts- oder Rufdienste als Krankheits- und Urlaubsvertretung übernahm. Das SG Mannheim hat sich mit den einzelnen Abgrenzungskriterien ausführlich auseinandergesetzt und die Annahme einer **abhängigen Beschäftigung** insbesondere damit begründet, dass der Kläger ausschließlich in den Räumlichkeiten der Klinik tätig und damit in eine fremde Unternehmensorganisation eingebunden war. Aus Sicht des SG Mannheim sei es für einen Selbstständigen üblich, eine eigene Betriebsstätte zu haben. Auch ein unternehmerisches Risiko hat das SG Mannheim nicht erkannt und hierzu insbesondere ausgeführt, dass der Kläger kein eigenes Kapital einsetze und damit keine Möglichkeit habe, den Patientenstrom zu steuern. Darüber hinaus wäre für die Patienten nicht erkennbar gewesen, dass der Kläger nicht Angestellter des Krankenhauses sei, sondern als externer Dienstleister tätig werde. Gleichwohl hat das SG Mannheim ebenso Indizien für die Selbstständigkeit hervorgehoben, insbesondere den Umstand, dass die Tätigkeit des Honorararztes sich deutlich von der der angestellten Anästhesisten unterscheide. In diesem Zusammenhang wurde auch die Berechtigung zur Ablehnung entsprechender Dienste als Indiz für die Selbstständigkeit gewertet.

Das LSG Baden-Württemberg hat sich im Rahmen des Berufungsverfahrens 60 überraschenderweise gar nicht mit den einzelnen Abgrenzungskriterien auseinandergesetzt, sondern ausschließlich auf den Umstand abgestellt, dass die Klinik aufgrund der gesetzlichen Vorgaben gar nicht berechtigt gewesen wäre, Anästhesietätigkeiten einem **nicht niedergelassenen Arzt** im Rahmen einer freien Honorar-

31 SG Mannheim, Urt. v. 16.6.2011 – S 15 R 2545/09 – KH 2012, 616; nachfolgende Instanz LSG Baden-Württemberg, Urt. v. 17.4.2013 – L 5 R 3755/11 – NZS 2013, 501.

arzttätigkeit zu übertragen. Dabei stützt sich das LSG Baden-Württemberg auf den erst Anfang 2013 geänderten § 2 KHEntgG und begründet ausführlich, dass trotz der gesetzlichen Neuregelung weiterhin die Tätigkeit von Honorarärzten nicht erlaubt sei.

61 Diese Auslegung des § 2 KHEntgG durch das LSG Baden-Württemberg hat bei Honorarärzten und entsprechenden Verbänden zu einer **weitreichenden Kritik** geführt.[32] Im Ergebnis hatten die Verbände und die Honorarärzte gehofft, dass die Entscheidung weiter vor dem BSG verhandelt und dort einer entsprechenden Überprüfung unterzogen wird. Es wurde allerdings keine Revision eingelegt, sodass die Entscheidung des LSG Baden-Württemberg rechtskräftig und damit von der Praxis derzeit auch zu berücksichtigen ist.

62 Ein späteres Urteil des OVG Lüneburg vom 12.6.2013[33] führte allerdings aus, dass Leistungen eines niedergelassenen Honorararztes **vergütungsfähige allgemeine Krankenhausleistungen** nach § 2 Abs. 1 S. 1 KHEntgG sind. Es widerspricht somit in weiten Teilen der Auffassung des LSG Baden-Württemberg, gestützt auf die gesetzliche Grundlage einschließlich der Gesetzesbegründung, in der als Beispiel ausdrücklich der niedergelassene Honorararzt erwähnt wird. Allerdings war hier – anders als in der Entscheidung des LSG Baden-Württemberg – nicht über einen nicht niedergelassenen Honorararzt zu entscheiden.

#### cc) Auffassung anderer Gerichte

63 Auch andere Gerichte hatten sich bislang mit den Abgrenzungsfragen der selbstständigen Tätigkeit zur abhängigen Beschäftigung eines Honorararztes zu beschäftigen. So hatten bereits das SG Dortmund[34] und auch das LSG Nordrhein-Westfalen[35] im Jahr 2006 einen Fall zu entscheiden, der einen Facharzt für Neurologie und Psychiatrie betraf, der drei Tage wöchentlich in einer Reha-Klinik tätig war und hierfür eine monatliche Honorarzahlung auf Stundenbasis erhielt. Die Tätigkeit wurde in beiden Instanzen als **abhängige Beschäftigung** eingestuft, wobei zur Begründung ausgeführt wurde, dass der Arzt hinsichtlich der ihm zugewiesenen Patienten weisungsgebunden war (sowohl in zeitlicher wie auch in örtlicher Hinsicht). Insofern liege auch eine Eingliederung in den Klinikbetrieb vor. Die Gerichte verneinten hier ebenfalls das für eine selbstständige Tätigkeit charakteristische Unternehmerrisiko, da alle geleisteten Arbeitsstunden vergütet worden seien, unabhängig davon, ob tatsächlich in dieser Zeit Patienten behandelt worden sind.

---

32 Vgl. insbesondere die Stellungnahme des Bundesverbandes der Honorarärzte e.V.; vgl. auch Ärztezeitung v. 10.6.2013, abrufbar unter http://www.aerztezeitung.de.

33 OVG Lüneburg, Urt. v. 12.6.2013 – 13 LC 173/10 – BeckRS 2013, 52627.

34 SG Dortmund, Urt. v. 12.1.2006 – S 10 RJ 307/03 – juris.

35 LSG Nordrhein-Westfalen, Urt. v. 29.11.2006 – L 11 (8) R 50/06 – juris.

Demgegenüber steht z.B. die Entscheidung des LAG Rheinland-Pfalz,[36] wonach bei einem Arzt mit eigener Praxis, der Bereitschaftsdienste in der Klinik erbringt, eine **selbstständige Tätigkeit** angenommen wurde. Entscheidend für das LAG war hier, dass der Arzt sowohl hinsichtlich der Arbeitszeit als auch hinsichtlich der Arbeitsgestaltung völlig frei und er im Übrigen auch nicht verpflichtet war, die Tätigkeit persönlich zu erbringen. 64

Beachtung hat auch die Entscheidung des LAG Thüringen vom 29.4.2010[37] gefunden. Anders als bei den Entscheidungen der Sozialgerichte ging es hier nicht um die sozialversicherungsrechtliche Einordnung, sondern eine Auseinandersetzung zum Kündigungsschutz. Die Klinik hatte das freie Honorararztverhältnis ordentlich gekündigt, wogegen sich der Arzt mit Kündigungsschutzklage zum Arbeitsgericht unter Hinweis auf seine Arbeitnehmerstellung zur Wehr gesetzt hat. Das LAG hat in seiner Entscheidung ausdrücklich festgelegt, dass eine ärztliche Tätigkeit **sowohl** im Rahmen einer **abhängigen Beschäftigung als auch** als **Selbstständiger** möglich ist. Die Abgrenzung erfolgt nach den bekannten Kriterien im Einzelfall. 65

**Praxishinweis**

! Die Einordnung der Tätigkeit eines Honorararztes ist jeweils im Einzelfall vorzunehmen unter Berücksichtigung der bekannten Abgrenzungskriterien. Da bis heute keine höchstrichterliche Klärung des Status des Honorararztes erfolgt ist und im Bereich der Instanzgerichte divergierende Entscheidungen vorliegen, ist es derzeit in der Praxis schwierig, eine rechtssichere Ausgestaltung der selbstständigen Tätigkeit der Honorarärzte sicherzustellen. Besondere Vorsicht ist geboten im Nachgang zu der Entscheidung des LSG Baden-Württemberg im Hinblick auf nicht niedergelassene Ärzte, auch wenn das zeitlich nachfolgende Urteil des OVG Lüneburg in anderer Sache die Abrechenbarkeit der Leistungen eines niedergelassenen Honorararztes bejaht.

### dd) Auffassung der Deutschen Rentenversicherung zu Honorarärzten

Auch die Deutsche Rentenversicherung Bund hat eine sozialversicherungsrechtliche Beurteilung der honorarärztlichen Tätigkeit vorgenommen und vertritt die Auffassung, dass die honorarärztliche Tätigkeit **in der Regel** nur im Rahmen einer **abhängigen Beschäftigung** möglich ist, insbesondere weil eine Eingliederung in eine fremdbestimmte Arbeitsorganisation vorliegt und somit auch unter Berücksichtigung der Gesamtumstände von einer abhängigen Beschäftigung auszugehen ist.[38] Für die Deutsche Rentenversicherung Bund spielt es bei Honorarärzten deshalb eine große Rolle, ob die Honorarärzte in die fremde Arbeitsorganisation ein- 66

36 Vgl. LAG Rheinland-Pfalz, Beschl. v. 3.5.2010 – 11 Ta 163/09 – juris.

37 Vgl. LAG Thüringen, Beschl. v. 29.4.2010 – 1 Ta 29/10 – juris.

38 Summa Summarum, 4-2012, S. 6ff., abrufbar unter http://www.deutsche-rentenversicherung.de/cae/servlet/contentblob/263602/publicationFile/45824/2012_4_zeitschrift.pdf.

gegliedert sind, weil die Tätigkeit des Arztes an sich sehr frei gestaltbar ist, da der Arzt lediglich den Regeln der ärztlichen Kunst unterworfen ist und somit auch eine große Freiheit aus der Tätigkeit an sich besitzt. Die Deutsche Rentenversicherung Bund sieht insbesondere die in der Praxis häufige Fallkonstellation als abhängige Beschäftigung an, wenn die Ärzte als Vertretung bzw. Urlaubs- oder Krankheitsvertretung zum Einsatz kommen. Sie führen aus, dass lediglich ausnahmsweise eine selbstständige Tätigkeit vorliegen kann, falls die Gesamtwürdigung aller Umstände ergibt, dass keine arbeitsorganisatorische Eingliederung besteht. Für die Deutsche Rentenversicherung Bund kann dies nur Tätigkeiten in einem in sich abgeschlossenen Bereich betreffen, der nicht mit dem üblichen Krankenhausbetrieb verzahnt ist. Aus diesem Grund ist in der Praxis höchste Vorsicht geboten.

---

! **Tendenz Deutsche Rentenversicherung Bund**
Nach Auffassung der Deutschen Rentenversicherung Bund sind Honorarärzte nur in sehr engen Grenzen selbstständig tätig. Die Tendenz der Deutschen Rentenversicherung geht somit derzeit dahin, dass die Honorarärzte in der Regel abhängig Beschäftigte sind.

---

#### c) Tätigkeit der Notärzte

67 Bei Notärzten hingegen wird **vereinzelt** eine **selbstständige Tätigkeit** angenommen.[39]

---

! **Praxishinweis**
Bei Notärzten, die für verschiedene Kliniken tätig sind, ist es typisch, dass diese nach ihren Wünschen in einen Dienstplan eingeteilt werden und so die entsprechende Tätigkeit übernehmen. Dies spricht für eine selbstständige Tätigkeit.

---

### 2. Pflegekräfte

68 Im medizinischen Bereich geht es neben den Honorarärzten in letzter Zeit zunehmend auch um den Einsatz selbstständiger Honorarpflegekräfte. Bei dieser Tätigkeitsform droht in noch größerem Maße die Gefahr der Scheinselbstständigkeit, da bei Pflegekräften anders als bei Ärzten die Tätigkeit in ihrer Struktur im Wesentlichen vorgegeben ist und im Übrigen eine Eingliederung in betriebliche Strukturen und ein betriebliches Hierarchiesystem regelmäßig vorliegen dürften.

---

39 Vgl. SG Detmold, Urt. v. 17.11.2009 – S 8 (2) R 219/06 – NZS 2010, 339.

### a) Rechtsprechung zum Bereich der Pflegekräfte

Folgerichtig gelangen die Gerichte im Bereich der Honorarpflegekräfte in der Regel zu dem Ergebnis, dass eine abhängige Beschäftigung vorliegt. Dies gilt jedenfalls dann, wenn die Tätigkeit im Rahmen einer möglichen Klinikstruktur erbracht wird. 69

#### aa) Urteil des LSG Baden-Württemberg zu Pflegekräften als Nachtwachen

So entschied etwa das LSG Baden-Württemberg,[40] dass Honorarkräfte, die im Pflegeheim neben angestellten Mitarbeitern in Nachtwachen tätig sind, **abhängig beschäftigt** sind. In dem Fall ging es um eine Nachtwache, bei der kein Unterschied zur Tätigkeit der abhängig beschäftigten Pflegekräfte zu erkennen war. Die Nachtwachen in selbstständiger Tätigkeit übernahmen darüber hinaus auch kein Unternehmensrisiko, insbesondere weil sämtliche Arbeitsmittel gestellt wurden, und es bestand keine Möglichkeit der Übertragung auf Dritte. Das LSG Baden-Württemberg war darüber hinaus der Meinung, dass sich eine Eingliederung in den Betrieb bereits aus gesetzlichen Regelungen, insbesondere den §§ 71ff. SGB XI ergebe. Danach wird eine Tätigkeit vorgegeben und die Ausübung dieser Tätigkeit steht unter ständiger Verantwortung einer ausgebildeten Pflegekraft. Es besteht demnach die Rechtsmacht, die Tätigkeit im Einzelnen vorzugeben, sodass sich daraus bereits die Eingliederung ergebe. Daneben traten die Nachtwachen auch wie Arbeitnehmer gegenüber den Patienten auf, sodass insgesamt eine abhängige Beschäftigung angenommen wurde. 70

#### bb) Urteil des LSG Hamburg zu Pflegekräften als Nachtwachen

Auch das LSG Hamburg[41] nahm bei einer Nachtwache als Kranken-/Altenpfleger eine **abhängige Beschäftigung** an. Das LSG Hamburg lässt anders als das LSG Baden-Württemberg aber offen, ob eine Pflegetätigkeit in stationärer Einrichtung überhaupt in Form einer selbstständigen Tätigkeit erbracht werden kann. Es ist der Auffassung, dass die Eigenart einer solchen Tätigkeit regelmäßig dazu führt, dass eine abhängige Beschäftigung vorliegt, weil Zeit, Ort und Inhalt von weisungsberechtigten Pflegeeinrichtungen vorgegeben wären. In dem der Entscheidung zugrunde liegenden Fall war insbesondere auch der Nachtwacheplan genau vorgegeben. Es war im Einzelnen detailliert beschrieben, bei wem welche Tätigkeiten zu erledigen sind, insbesondere wer wann zu Bett gebracht werden muss, welche Nachtmedikation wem zu geben ist usw. Hier war nach Ansicht des LSG Hamburg kein Spielraum mehr für eine selbstständige Tätigkeit. 71

---

**40** LSG Baden-Württemberg, Urt. v. 19.10.2012 – L 4 R 761/11 – PflR 2013, 224.
**41** LSG Hamburg, Urt. v. 10.12.2012 – L 2 R 13/09 – PflR 2013, 299.

#### cc) Urteil des LSG Bayern zum ambulanten Pflegedienst

72 Anders hingegen sieht es das LSG Bayern:[42] In diesen Fällen ging es um einen ambulanten Pflegedienst, insbesondere um eine Krankenschwester bzw. einen Kranken- und Altenpfleger. Das LSG Bayern folgt nicht der Rechtsprechung zahlreicher Sozialgerichte, dass eine Pflegetätigkeit generell nur in abhängiger Beschäftigung möglich ist. Es ist vielmehr der Auffassung, dass auch im Pflegebereich **Möglichkeiten einer selbstständigen Tätigkeit** verbleiben, insbesondere dann, wenn – wie im vorliegenden Fall – eine eigenständige Bestimmung des Zeitraums des Tätigwerdens möglich ist und keine zeitlichen Vorgaben bestehen. Verbleiben bei Ausführung der Tätigkeit hinsichtlich Ort sowie Art und Weise keinerlei Spielräume mehr, so liegt es an den Erfordernissen der Intensivpflege und steht einer selbstständigen Tätigkeit nicht entgegen. Die vorliegend Tätigen hatten insbesondere auch mehrere Auftraggeber und es wurde ein unternehmerisches Tätigwerden gesehen, da die Pflegekräfte insbesondere eigene Betriebsmittel in Form von Dienstkleidung hatten oder auch den eigenen Pkw und ein eigenes Büro unterhielten. Die fest Angestellten unterhielten hingegen kein eigenes Büro. Der Selbstständigkeit stand es nach Auffassung des LSG Bayern nicht entgegen, dass die Pflegepersonen kein medizinisches Material zur Verfügung stellten. Eine Eingliederung in die fremdbestimmte Arbeitsorganisation wurde vom LSG Bayern abgelehnt, da insbesondere keine Verpflichtung zur Teilnahme an Dienstbesprechungen sowie auch keine Abstimmung mit anderen erforderlich war. Schließlich unterhielten die Pflegekräfte auch eine eigene Berufshaftpflichtversicherung, was vom Gericht ebenfalls als Indiz für die Selbstständigkeit gewertet wurde.

---

! **Praxishinweis**
Im Bereich der Pflegekräfte geht die Tendenz der Gerichte dahin, dass diese in der Regel eine abhängige Beschäftigung ausüben. Nur in seltenen Ausnahmefällen, insbesondere beim ambulanten Pflegedienst, wurde bislang eine selbstständige Tätigkeit bejaht.

---

### b) Auffassung der Deutschen Rentenversicherung Bund

73 Die Deutsche Rentenversicherung Bund geht in ihrer Grundsatzstellungnahme davon aus, dass im Bereich der **Pflegekräfte grundsätzlich** eine **abhängige Beschäftigung** anzunehmen ist, da eine Abweichung von dem vertretenen Stammpersonal nicht gegeben sei. Die Deutsche Rentenversicherung Bund führt aus,[43] dass eine abhängige Beschäftigung insbesondere dann vorliegt, wenn anstelle einer abhängig beschäftigten Pflegekraft zeitlich begrenzt eine Ersatzpflegekraft einge-

---

42 LSG Bayern, Urt. v. 22.3.2011 – L 5 R 627/09 – juris; Urt. v. 24.11.2009 – L 5 R 867/08 – juris.
43 Summa Summarum, 4/2012, S. 6 ff., abrufbar unter http://www.deutsche-rentenversicherung.de/cae/servlet/contentblob/263602/publicationFile/45824/2012_4_zeitschrift.pdf.

setzt wird und diese Ersatzkraft in das Gesamtgefüge ebenfalls so eingegliedert ist. Ihre Arbeitsleistung unterscheide sich dann nicht von der der abhängig beschäftigten Festangestellten, sie arbeiten hingegen häufig Hand in Hand mit diesen zusammen. Darüber hinaus nimmt die Deutsche Rentenversicherung Bund auch eine Weisungsgebundenheit hinsichtlich Arbeitszeit, -ort, -dauer und Arbeitsausführung an, da sich die Pflegekräfte besonders an die Gepflogenheiten anpassen und den Weisungen der jeweiligen Leitungen Folge leisten müssen. Allein die Möglichkeit der Honorarkraft, ein konkretes Angebot ablehnen zu können, mache diese nicht zur selbstständig tätigen Person, wenn sie nach Annahme des Angebots weisungsgebunden in die Organisation der Einrichtung eingebunden ist. Sie tragen kein typisches Unternehmerrisiko, da lediglich die Vergütung ausfallen kann.

**Tendenz Deutsche Rentenversicherung Bund** !
Auch bei den Honorarpflegekräften nimmt die Deutsche Rentenversicherung Bund in der Regel ein abhängiges Beschäftigungsverhältnis an und begründet dies vor allem damit, dass diese in den Betrieb eingegliedert sind und die Tätigkeit im Wesentlichen vorgegeben wird.

## II. Handelsvertreter/Vertrieb

Der Bereich Vertrieb ist ein Unternehmensfeld, in dem klassischerweise **zwei Strukturen denkbar** sind: Der Unternehmer entscheidet sich, seine Produkte über fest angestellte Vertriebsmitarbeiter zu vertreiben, was ihm die Möglichkeit eröffnet, seine Vertriebsmitarbeiter eng zu führen. Die andere Alternative besteht darin, den Vertrieb über freie Handelsvertreter zu organisieren. Deren Aufgabe beschränkt sich auf die Vermittlung von Verkaufsgeschäften, ohne dass sie in das Unternehmen näher eingegliedert wären. Beide Vertriebsstrukturen können zulässigerweise gestaltet werden, wobei letztlich nicht der Text des Vertrags, sondern die tatsächliche Zusammenarbeit maßgeblich ist.[44] 74

Die **selbstständigen Handelsvertreter** sind in § 84 Abs. 1 S. 1 HGB gesetzlich geregelt. Danach ist Handelsvertreter, wer als selbstständiger Gewerbetreibender ständig damit betraut ist, für einen anderen Unternehmer Geschäfte zu vermitteln oder in dessen Namen abzuschließen. Aus der gesetzlichen Regelung des § 84 HGB ergibt sich weiterhin auch, dass entscheidendes Abgrenzungsmerkmal zum **Außendienstmitarbeiter** als abhängig beschäftigt Tätiger die Selbstständigkeit ist. Es ist in § 84 Abs. 1 S. 2 HGB ausgeführt, dass selbstständig derjenige ist, der im Wesentlichen frei seine Tätigkeit gestalten und seine Arbeitszeit bestimmen kann. Inso- 75

44 Ausführlich hierzu oben Rn 4 ff.

fern sind nach dem Gesetz bereits einige relevante und entscheidende Merkmale für den Handelsvertreter in Abgrenzung zum angestellten Außendienstmitarbeiter gegeben.

### 1. Rechtsprechung

76 Seitdem die Diskussion um die Abgrenzung von Arbeitsverhältnissen zu freien Mitarbeiterverhältnissen und damit um die Scheinselbstständigkeit entbrannt war, musste zunächst auch die Wirtschaft um die Wirksamkeit ihrer freien Handelsvertreterverträge oder Versicherungsverträge fürchten. Das **LAG Nürnberg** hatte etwa in einer viel beachteten Entscheidung vom 25.2.1998[45] entschieden, dass Versicherungsvertreter **generell als Arbeitnehmer** einzustufen seien. Da den Versicherungsvertretern u.a. untersagt war, auch für andere Versicherungsunternehmen zu arbeiten, hatte sie das LAG damals zu Arbeitnehmern erklärt.

77 Das BAG hat diese Rechtsprechung aber aufgehoben und u.a. am 15.12.1999[46] gleich in mehreren Fällen wieder auf die Regelungen im Rahmen der gesetzlichen Vertragstypik zurückgegriffen. Ob ein Handelsvertreter oder Versicherungsvertreter (Einfirmenvertreter) Arbeitnehmer oder Selbstständiger ist, bestimmt sich seitdem wieder **ausschließlich nach § 84 Abs. 1 S. 2 HGB**. Danach ist selbstständig, wer im Wesentlichen seine Arbeitszeit frei bestimmen und seine Tätigkeit frei gestalten kann.

78 Diese beiden gesetzlichen Kriterien „im Wesentlichen freie Bestimmung über die Arbeitszeit“ und „freie Gestaltung der Tätigkeit“ sind nach der überwiegenden Auffassung in der arbeitsrechtlichen Auseinandersetzung allein nicht geeignet, eine zuverlässige Abgrenzung zwischen dem selbstständigen Handelsvertreter und dem angestellten Außendienstmitarbeiter zu gewährleisten. Vielmehr gibt es eine **Vielzahl von Einzelfaktoren**, anhand derer diese beiden gesetzlichen Merkmale des § 84 Abs. 1 S. 2 HGB geprüft bzw. konkretisiert werden.

79 Insofern wird auch beim Handelsvertreter und der Statusbestimmung auf weitere Merkmalsfaktoren zurückgegriffen. Es sind – wie auch sonst – alle Umstände des Einzelfalls in Betracht zu ziehen und in einer Gesamtschau zu werten, um den jeweiligen Status der Tätigkeit zu bestimmen. Die heranzuziehenden Anknüpfungspunkte müssen schlussendlich aber den beiden gesetzlichen Unterscheidungsmerkmalen zugeordnet werden können.[47]

80 **Freie Arbeitszeit** bejaht der 5. Senat des BAG besonders, wenn keine festen Dienststunden bestehen, also Anfang und Ende der Arbeitszeit frei regelbar sind. Wichtig ist ferner, dass kein zeitlich festgelegter Mindestumfang besteht und keine

45 LAG Nürnberg, Urt. v. 25.2.1998 – 4 Sa 670/97 – AuA 1998, 210.
46 BAG, Urt. v. 15.12.1999 – 5 AZR 566/98 – NZA 2000, 447.
47 BAG, Urt. v. 9.6.2010 – 5 AZR 332/09 – NZA 2010, 877.

genauen Tourenpläne vorliegen; alles im Wesentlichen Selbstverständlichkeiten für Handels- und Versicherungsvertreter.

Die **freie Gestaltbarkeit** der Tätigkeit wird bejaht, wenn kein fester Arbeitsort 81 vorgegeben ist, wobei die Zuweisung eines Arbeitsbezirkes sowie produktionsbezogene Vorgaben unschädlich sind.

Die Zuweisung eines bestimmten Bezirks oder eines bestimmten Kundenkreises 82 ist nach Auffassung des BAG mit dem Status eines selbstständigen Handelsvertreters vereinbar. Dies ergebe sich bereits auch aus § 87 Abs. 2 HGB, in dem eine solche Abrede vorausgesetzt wird.[48] Das BAG geht auch davon aus, dass bestehende Berichtspflichten in gewissem Umfang die Freiheit bei der Gestaltung der Tätigkeit nicht so sehr beeinträchtigen, dass der selbstständige Status in Abrede gestellt werden könnte. Auch hierzu zieht das BAG die Vorschrift des § 86 Abs. 2 HGB heran, wonach der Handelsvertreter dem Unternehmer die erforderlichen Nachrichten zu geben hat, namentlich ihm von jeder Geschäftsvermittlung und von jedem Geschäftsabschluss unverzüglich Mitteilung zu machen hat. Sofern die Berichtspflichten eines selbstständigen Handelsvertreters in diesem Maße nicht darüber hinausgehen, steht es der Selbstständigkeit nicht entgegen.

Besonders interessant ist an dieser Stelle die Aussage, dass die Vereinbarung 83 eines **Konkurrenzverbots** und sogar eines (praktisch) vollständigen Nebentätigkeitsverbots sowie das Fehlen eines kaufmännischen Betriebs unschädlich seien, da alle drei Faktoren nicht „die Gestaltung der geschuldeten Tätigkeit, sondern das sonstige Verhalten des Mitarbeiters" regeln.

Letztlich hat das BAG zum Bereich der Handelsvertreter klar herausgearbeitet, 84 dass die Tätigkeit eines Handels- und Versicherungsvertreters **sowohl selbstständig als auch** im Rahmen eines **Arbeitsverhältnisses** erbracht werden kann, weswegen bei der Gesamtwürdigung auch die Vertragstypenwahl der Parteien zu berücksichtigen sei. Wenn die tatsächliche Handhabung nicht zwingend für ein Arbeitsverhältnis spräche, müssten sich die Parteien an dem von ihnen gewählten Vertragstypus festhalten lassen. Etwas anderes würde nur dann gelten, wenn eine oder beide Parteien im Geschäftsverkehr gänzlich unerfahren seien.

**Praxishinweis** !

Im Bereich der Vertriebstätigkeit besteht nach der Vorstellung des BAG je nach Ausgestaltung der Tätigkeit die Möglichkeit der Vereinbarung einer selbstständigen Tätigkeit als Handelsvertreter oder die Vereinbarung von Arbeitsverhältnissen mit fest angestellten Außendienstmitarbeitern. Bei der Beurteilung der Selbstständigkeit im Bereich der Vertriebsmitarbeit und Handelsvertreter kommt es ausgehend von der gesetzlichen Regelung in § 84 Abs. 2 HGB darauf an, ob der Handelsvertreter in der Gestaltung seiner Arbeitszeit einerseits und der Tätigkeit im Übrigen andererseits im Wesentlichen frei ist und keinen maßgeblichen Regularien unterliegt.

---

48 BAG, Urt. v. 9.6.2010 – 5 AZR 332/09 – NZA 2010, 877.

## 2. Auffassung der Deutschen Rentenversicherung Bund

85 Auch die Deutsche Rentenversicherung Bund hat in ihrem Rundschreiben aus dem Jahr 2010 in Anlage 2[49] ausgeführt, dass es bei der Beurteilung, ob ein Handelsvertreter dem beauftragten Unternehmer gegenüber die Rechtsstellung eines selbstständigen Gewerbetreibenden einnimmt, ebenfalls auf die **Gesamtumstände des Einzelfalls** ankommt, d.h. es ist festzustellen, ob die Merkmale, die für eine abhängige Beschäftigung oder eine selbstständige Tätigkeit sprechen, überwiegen.

86 Die Deutsche Rentenversicherung Bund hat in ihrer Anlage zum gemeinsamen Rundschreiben aus dem Jahr 2010 auch bestimmte Merkmale aufgeführt, die für die Annahme eines Beschäftigungsverhältnisses sprechen, darüber hinaus Merkmale, die für die selbstständige Tätigkeit sprechen und schließlich auch Merkmale, die für die Statusfeststellung unerheblich bzw. neutral sind.

---

**!** **Praxishinweis**

Einordnung der Merkmale durch die Deutsche Rentenversicherung Bund

- Starke Merkmale für die Annahme eines Beschäftigungsverhältnisses:
  - Verpflichtung, allen Weisungen des Auftraggebers Folge zu leisten;
  - Verpflichtung, in Räumen des Auftraggebers zu arbeiten;
  - Verpflichtung, eine bestimmte Hard- und Software zu benutzen, sofern damit insbesondere Kontrollmöglichkeiten des Auftraggebers verbunden sind.
- Merkmale für die Annahme der Selbstständigkeit:
  - Tätigwerden für mehrere Auftraggeber;
  - Beschäftigung von „eigenen" versicherungspflichtigen Arbeitnehmern.
- Merkmale ohne oder mit sehr geringem Gewicht:
  - vertragliche Vereinbarung oder erstmalige Zuweisung eines festen Bezirks;
  - fehlende Befugnis, das vermittelte Produkt bzw. die Produktpalette zu gestalten;
  - Vereinbarung eines Konkurrenzverbots.

---

87 Zu beachten ist hierbei allerdings, dass die Einordnung anhand der Merkmale der Deutschen Rentenversicherung Bund in der Praxis **nicht** ohne Weiteres so **katalogmäßig** vorgenommen werden kann, sondern immer im jeweiligen Einzelfall die Abwägung nach der gesetzlichen Konzeption vorzunehmen ist. Insofern ist der Abgrenzungskatalog der Deutschen Rentenversicherung Bund zwar eine erste Einschätzung, eine rechtlich detaillierte und exakte Prüfung ist jedoch unerlässlich.

## 3. Vertragliche Regelung und gelebte Praxis

88 Gerade auch im Rahmen der Beurteilung des Status eines Handelsvertreters bezog sich die Rechtsprechung darauf, dass der objektive Geschäftsinhalt den ausdrück-

---

49 Anlage 2: Versicherungsrechtliche Beurteilung von Handelsvertretern zum Rundschreiben Statusfeststellung von Erwerbstätigen vom 13.4.2010, abrufbar unter http://www.deutsche-rentenversicherung.de.

lich getroffenen Vereinbarungen und der praktischen Durchführung des Vertrags zu entnehmen ist. Letztlich entscheidet auch das BAG hier danach, dass im Falle des Widerspruchs der Vereinbarungen der tatsächlichen Durchführung Letzteres maßgebend ist, betont allerdings, dass die Vertragstypenwahl der Parteien nicht gänzlich bedeutungslos ist. Insbesondere dann, wenn die vertraglich vereinbarte Tätigkeit typologisch sowohl in einem Arbeitsverhältnis als auch selbstständig erbracht werden kann, ist die Entscheidung der Vertragsparteien für einen bestimmten Vertragstypus im Rahmen der bei jeder Statusbeurteilung erforderlichen Gesamtabwägung aller Umstände des Einzelfalls zu berücksichtigen.[50]

## III. Lehrer/Bildungsbereich

### 1. Grundsätzliches

Bei Lehrern und Lehrkräften ist seit der grundlegenden Entscheidung des BAG vom 89
24.6.1992[51] ausschlaggebend, wie sie in den **Unterrichtsbetrieb eingebunden** sind.

---

**Faustregel** !

Lehrkräfte an allgemeinbildenden Schulen sind in aller Regel Arbeitnehmer, unabhängig davon, ob es sich um eine hauptberufliche oder um eine nebenberufliche Tätigkeit handelt.
Volkshochschuldozenten oder Dozenten an ähnlichen Einrichtungen können hingegen auch freie Mitarbeiter sein.

---

Bei Lehrkräften an **allgemeinbildenden Schulen** wird in der Regel von einer engen 90
Einbindung in das Schulsystem ausgegangen. So müssen sie ein dichtes Regelwerk an Gesetzen, Verordnungen und Richtlinien in Bezug auf die Unterrichtsziele sowie auf die Art und den Umfang des Unterrichts zwingend einhalten. Sie unterstehen dem Lehrauftrag des entsprechenden Landes und müssen neben der reinen Lehrtätigkeit auch weitere Verpflichtungen wie die Teilnahme an Konferenzen, Prüfungen, Dienstbesprechungen und insbesondere Pausenaufsichten übernehmen. Eine **selbstständige Tätigkeit scheidet** deshalb bei Lehrkräften an allgemeinbildenden Schulen **in der Regel aus.**

Bei **Lehrkräften an Volkshochschulen** oder anderen vergleichbaren Einrich- 91
tungen, insbesondere bei Musikschulen ist demgegenüber die Vereinbarung eines **freien Mitarbeiterverhältnisses** grundsätzlich möglich, wobei es im Einzelfall auf den Grad der Abhängigkeit des entsprechenden Mitarbeiters ankommt. Es kommt

---

**50** BAG, Urt. v. 9.6.2010 – 5 AZR 332/09 – NZA 2010, 877.

**51** BAG, Urt. v. 24.6.1992 – 5 AZR 384/91 – AP Nr. 61 zu § 611 BGB Abhängigkeit; bestätigt in BAG, Urt. v. 9.7.2003 – 5 AZR 595/02 – NZA-RR 2004, 9; BAG, Urt. v. 15.2.2012 – 10 AZR 301/10 – JR 2013, 123.

also in diesem Bereich sowohl die Tätigkeit als Arbeitnehmer als auch die Beschäftigung als freier Mitarbeiter in Betracht. Maßgeblich für die Vertragsbestimmung ist in diesem Bereich jeweils der **Grad der persönlichen Abhängigkeit** des Mitarbeiters. Solche Lehrkräfte werden regelmäßig **als Arbeitnehmer eingestuft, wenn**

- der Schulträger einseitig den Unterrichtsgegenstand sowie Zeit und Ort der Tätigkeit vorgibt oder
- der Lehrer außerhalb der Unterrichtszeiten an Konferenzen, Prüfungen, Dienstbesprechungen, Fortbildungsveranstaltungen oder Pausenaufsichten teilnehmen muss.

92 Eine **persönliche Abhängigkeit** der Lehrkräfte an Musikschulen, Volkshochschulen oder in der beruflichen Bildung wird dagegen **verneint, wenn**

- die Schüler keiner Unterrichtspflicht unterliegen, was regelmäßig bei einem fehlenden staatlich anerkannten Schulabschluss bejaht wird,
- nur stundenweise Unterricht erteilt wird,
- keine Vorgaben in methodisch-didaktischer Hinsicht erfolgen,
- die Lehrkraft die zeitliche Lage der Unterrichtsstunden (mit-)gestalten kann,
- und im Wesentlichen keine Nebenpflichten durch Konferenztätigkeit, Dienstbesprechungen, Pausenaufsichten o.ä. bestehen.

93 Unschädlich ist in diesem Zusammenhang allerdings das Vorhandensein von Rahmenlehrplänen, soweit die Lehrkraft in methodisch-didaktischer Hinsicht weitgehende Freiheit genießt.[52]

### 2. Rechtsprechung

94 Diese Grundsätze haben im Bereich des Schul- und Bildungssektors zu folgenden **wesentlichen Entscheidungen** geführt:

- Bei **Lehrkräften in Justizvollzugsanstalten**,[53] die Untersuchungshäftlinge außerhalb der Schulpflicht unterrichten, ist entscheidend,
  - wie intensiv die Lehrkraft in den Unterrichtsbetrieb eingebunden ist,
  - in welchem Umfang sie den Unterrichtsinhalt, die Art und Weise der Unterrichtserteilung, ihre Arbeitszeit und die sonstigen Umstände der Dienstleistung mitgestalten können und
  - inwieweit sie zu Nebenarbeiten herangezogen werden können.[54]

  Sie sind jedenfalls dann **Arbeitnehmer**, wenn sich der Unterrichtseinsatz der Lehrkraft nach dem Stundenplan richtet und diese Arbeitszeit vom Arbeitgeber

---

52 BAG, Urt. v. 26.7.1995 – 5 AZR 22/94 – BB 1996, 60.

53 So BAG, Urt. v. 15.2.2012 – 10 AZR 301/10 – JR 2013, 123.

54 Vgl. auch LAG Düsseldorf, Urt. v. 18.11.2011 – 8 Sa 257/11 – juris.

durch Weisung einseitig festgelegt wird. Zudem spricht für eine Arbeitnehmereigenschaft, wenn die Lehrkraft in den Ferien Unterricht nach Bedarf zu erteilen hat und von der Lehrkraft die ständige Dienstleistungsbereitschaft erwartet wird. Auch ist eine Lehrkraft dann in den Unterrichtsbetrieb eingegliedert, wenn die Schüler ihr zugewiesen werden und sie an die Zielsetzung des Unterrichts durch das Land gebunden ist.

- Bei der **Tätigkeit als Hausaufgabenbetreuung** im offenen Ganztag einer Schule liegt in der Regel dann eine **selbstständige Tätigkeit** vor, wenn die Hausaufgabenbetreuung inhaltlich nicht vorgegeben ist und keine Weisungen hinsichtlich der Arbeitszeit bestehen, sondern diese zuvor konkret zwischen den Parteien vereinbart werden.[55]
- **Volkshochschuldozenten**, die nur Zusatzunterricht erteilen, sind im Gegensatz zu Lehrkräften, die an allgemeinbildenden Schulen nebenberuflich tätig sind, meist **freie Mitarbeiter**. Dies gilt selbst dann, wenn es sich bei dem Unterricht um gegenseitig abgestimmte Kurse mit zuvor festgelegtem Programm handelt. Denn eine stärkere Einbindung von Schülern in ein Schul- oder Ausbildungssystem bedeute auch eine stärkere persönliche Abhängigkeit der Lehrkräfte vom Unterrichtsträger. Ist die Verbindung zwischen Schüler oder Kursteilnehmer zum Unterrichtsträger deutlich lockerer – da etwa keine Schulpflicht besteht –, gibt es auch regelmäßig keine förmlichen Abschlüsse und die Kurse dienen oft nicht der Berufsvorbereitung. Den Lehrkräften kann daher in solchen Kursen mehr Spielraum belassen werden, was für die selbstständige Tätigkeit spricht.[56]

## IV. Rundfunk- und Medienbereich

Auch im Bereich Rundfunk/Fernsehen/Medien hängt nach Auffassung der höchst- 95
richterlichen Rechtsprechung der Grad der persönlichen Abhängigkeit und damit die Abgrenzung des Arbeitsverhältnisses vom freien Mitarbeiterverhältnis von der Eigenart der jeweiligen Tätigkeit ab. Als wichtigste Grundaussage im Bereich Rundfunk und Medien gilt die Leitlinie des BAG, wonach zwischen **programmgestaltenden Tätigkeiten** und solchen, denen der Zusammenhang mit der Programmgestaltung fehlt, also **rundfunktypischen Mitarbeiten** zu unterscheiden ist.[57]

---

55 LAG Düsseldorf, Urt. v. 18.3.2013 – 9 Sa 1746/12 – ZTR 2013, 459 (Revision beim BAG eingelegt unter Az.: 10 AZR 514/13).

56 So LAG Düsseldorf, Urt. v. 18.11.2011 – 8 Sa 257/11 – juris; mit Verweis auf BAG, Urt. v. 9.3.2005 – 5 AZR 493/04 – FA 2005, 248.

57 Grundsatzurteil des BAG, Urt. v. 15.3.1978 – 5 AZR 831/76 – AP Nr. 26 zu § 611 BGB Abhängigkeit.

### 1. Grundsätzliches

96 Nicht programmgestaltende, bloße **rundfunktypische Mitarbeiten** liegen vor bei der Tätigkeit von

- Mitarbeitern in der Verwaltung,
- rein mechanischen Tätigkeiten (Rundfunksprecher, Fernsehansager etc.) sowie
- betriebstechnischem Personal.

Bei diesen Tätigkeiten handelt es sich in der Regel um ein **Arbeitsverhältnis.**

---

! **Faustregel**

Rundfunktypische Mitarbeiter sind regelmäßig im Rahmen eines Arbeitsverhältnisses tätig. Die Tätigkeit eines programmgestaltenden Mitarbeiters kann dagegen auch als freie Mitarbeit erfolgen.

---

97 **Programmgestaltende Tätigkeit** liegt dagegen vor bei den Mitarbeitern, die unmittelbar mit der inhaltlichen Herstellung einzelner Beiträge befasst sind. Dies wird generell bejaht bei

- Regisseuren,
- Kommentatoren sowie
- Moderatoren.

98 In diesem Bereich der programmgestaltenden Tätigkeiten ist **sowohl** die Tätigkeit aufgrund eines **Arbeitsverhältnisses als auch** aufgrund eines **Freien-Mitarbeiter-Vertrags** möglich. Die verfassungsrechtliche Problematik, inwieweit sich der durch Art. 5 Abs. 1 S. 2 GG gewährleistete **verfassungsrechtliche Schutz der Freiheit des Rundfunks** auf das Recht zur Vertragsgestaltung für die Rundfunkanstalten auswirkt, hat das BVerfG in den Grundsatzentscheidungen vom 18.2.2000[58] und 22.8.2000[59] geklärt. Danach verlangt die Rundfunkfreiheit nicht ausdrücklich den Verzicht auf jeden Sozialschutz von programmgestaltenden Mitarbeitern. Vielmehr steht die Rundfunkfreiheit arbeitsrechtlichen Regelungen und einer entsprechenden arbeitsgerichtlichen Rechtsprechung nur entgegen, wenn diese den Rundfunkanstalten die zur Erfüllung ihres Programmauftrags notwendige Freiheit und Flexibilität nehmen würde. Es ist von Verfassung wegen daher nicht ausgeschlossen, auch im Rundfunkbereich von den für das Arbeitsgericht allgemein entwickelten Merkmalen abhängiger Arbeit auszugehen.

99 Für die Abgrenzung zwischen Arbeitsverhältnis einerseits und freier Mitarbeit anderseits bei programmgestaltenden Tätigkeiten werden **im Wesentlichen folgende Gesichtspunkte** berücksichtigt:

---

58 BVerfG, Beschl. v. 18.2.2000 – 1 BvR 491, 562/93 – NZA 2000, 653.

59 BVerfG, Beschl. v. 22.8.2000 – 1 BvR 2121/94 – NZA 2000, 1097.

- Unterliegt der Mitarbeiter **inhaltlichen Weisungen** bei der Gestaltung seiner Programme und/oder der Auswahl seiner Studiogäste?
- Das **Angewiesensein auf technische Einrichtungen** und **Mitarbeiter** der Rundfunkanstalt ist für die Annahme einer freien Mitarbeiterstellung unschädlich.
- Die **Einteilung in Dienstpläne** spricht grundsätzlich für ein Arbeitsverhältnis. Unschädlich für ein freies Mitarbeiterverhältnis ist dagegen die Aufnahme in Dispositions- und Raumbelegungspläne, die bei einem begrenzten Angebot der benötigten technischen Einrichtungen eines Senders auch für freie Mitarbeiter unumgänglich sind.
- Die **fristgerechte Herstellung** eines Manuskripts für die Präsentation und die Realisierung der entsprechenden Sendungen spricht wegen des werkvertraglichen Charakters an sich nicht für ein Arbeitsverhältnis.
- Der **zeitliche Tätigkeitsumfang** eines Mitarbeiters ist für die Bestimmung des Vertragsstatus unbeachtlich.
- Ein freies Mitarbeiterverhältnis kann auch als **Dauerrechtsverhältnis** über 10 Jahre bestehen.[60]

---

**Praxishinweis** **!**
Die höchstrichterliche Rechtsprechung stellt zur Abgrenzung des Arbeitnehmers von Selbstständigen im Bereich des Rundfunks und Fernsehens ebenfalls auf die allgemeinen Abgrenzungsmerkmale ab, jedoch ist hier auch der verfassungsrechtlich gewährleistete Schutz der Rundfunkfreiheit i.S.d. Art. 5 Abs. 1 S. 2 GG zu beachten.

---

## 2. Rechtsprechung

Die oben dargelegten Grundsätze haben in der Rechtsprechung der Arbeitsgerichte **100**
zu folgenden Einzelentscheidungen geführt:
- Mitarbeiter des **fremdsprachlichen Dienstes einer Rundfunkanstalt** sind im Regelfall **Arbeitnehmer.**[61]
- Ein Mitarbeiter, der als **Sprecher**, **Aufnahmeleiter**, **Übersetzer** und **Redakteur/Moderator** eingesetzt wird, gilt als **Arbeitnehmer.**[62]
- Regelmäßig eingesetzte Sprecher und Übersetzer von Nachrichten und Kommentartexten im fremdsprachlichen Dienst von Rundfunkanstalten sind auch dann Arbeitnehmer, wenn ihre wöchentliche Arbeitszeit nur vier Stunden beträgt.[63]

---

**60** Vgl. hierzu insbesondere BAG, Urt. v. 19.1.2000 – 5 AZR 644/98 – NZA 2000, 1102.
**61** BAG, Urt. v. 3.10.1975 – 5 AZR 162/74 – EzA Nr. 1 zu § 611 BGB Arbeitnehmerbegriff.
**62** BAG, Urt. v. 16.2.1994 – 5 AZR 402/93 – NZA 1995, 21.
**63** BAG, Urt. v. 11.3.1998 – 5 AZR 522/96 – BB 1998, 1265 m. Anm. *Reiserer*.

- Ein Hörfunkkorrespondent, dem die regelmäßige Berichterstattung über politische, wirtschaftliche und kulturelle Themen der Landespolitik aus einem abgegrenzten Bereich übertragen ist und von dem die Rundfunkanstalt ständig Dienstbereitschaft erwartet, ist Arbeitnehmer.[64]
- Ein **Reporter/Interviewer** ist **freier Mitarbeiter**, wenn er sich sein Aufgabengebiet mit einem Kollegen teilt und die Aufgabenaufteilung und -abgrenzung der Mitarbeiter untereinander ausschließlich ihnen überlassen bleibt, ohne dass der Auftraggeber darauf einen Einfluss nimmt.[65]
- Ein im Rahmen von Radiosendungen über Sportveranstaltungen beschäftigter **Sportreporter** ist **kein Arbeitnehmer**, selbst wenn er 31 Jahre regelmäßig am Wochenende eingesetzt wird, sofern der jeweilige Einsatz mit ihm abgesprochen ist.[66]
- Ein **Musikmoderator**, der im Wesentlichen zu übertragende Musiktitel auswählt, diese in der Sendung moderiert und dabei die von ihm außerhalb aufgenommenen Interviews einblendet, ist **freier Mitarbeiter.**[67]
- Ein **programmgestaltender Mitarbeiter**, der eine eigene Kinosendung moderiert, Kinofilme eigenständig auswählt und vorstellt sowie Studiogäste auswählt und befragt, ist **freier Mitarbeiter**. Dies gilt unabhängig davon, ob er zur Herstellung seines Beitrags auf technische Einrichtungen und Personal der Rundfunkanstalt angewiesen ist.[68]
- **Kameraassistenten** sind in aller Regel **Arbeitnehmer.**[69]
- **Fernsehansager** und **Fernsehreporter** können **sowohl** als freie Mitarbeiter **als auch** im Rahmen eines Arbeitsverhältnisses tätig werden.[70]

### 3. Aktuelle Rechtsprechung

#### a) Urteile des LSG Baden-Württemberg zum Status von Sprecher und Übersetzer

101 Frischen Wind hat die Rechtsprechung im Bereich des Films und Fernsehens durch zwei neuere Entscheidungen des LSG Baden-Württemberg[71] bekommen, welche zum einen den sozialversicherungsrechtlichen Status eines Sprechers sowie eines Übersetzers betrafen. Das LSG nahm hier jeweils ein **freies Mitarbeiterver-**

64 BAG, Urt. v. 7.5.1980 – 5 AZR 293/78 – AP Nr. 35 zu § 611 BGB Abhängigkeit.

65 LAG Köln, Urt. v. 29.7.1994 – 13 Sa 83/94 – DStR 1995, 578.

66 BAG, Urt. v. 22.4.1998 – 5 AZR 191/97 – NZA 1998, 1275.

67 BAG, Urt. v. 11.12.1985 – 5 AZR 435/84 – juris.

68 BAG, Urt. v. 19.1.2000 – 5 AZR 644/98 – NZA 2000, 1102.

69 BAG, Urt. v. 22.4.1998 – 5 AZR 191/97 – EzA Nr. 69 zu § 611 BGB Arbeitnehmerbegriff.

70 BAG, Urt. v. 14.6.1989 – 5 AZR 346/88 – juris; LAG Düsseldorf, Urt. v. 9.11.1976 – 8 Sa 223/76 – LAGE Nr. 1 zu § 611 BGB Arbeitnehmerbegriff; BAG, Urt. v. 27.2.1991 – 5 AZR 107/90 – EzA Nr. 43 zu § 611 BGB Arbeitnehmerbegriff.

71 Vgl. LSG Baden-Württemberg, Urt. v. 17.1.2012 – L 11 R 5683/09 – ZUM 2012, 618; LSG Baden-Württemberg, Urt. v. 17.1.2012 – L 11 R 5681/09 – ZUM 2012, 612.

**hältnis** an, und zwar **unabhängig davon**, ob die Tätigkeit **als programmgestaltend einzuordnen** ist oder nicht. Diesen Punkt hat es gänzlich offengelassen. Das LSG führte insbesondere aus, dass eine Tätigkeit als Sprecher oder Übersetzer zwar möglicherweise in einer Vielzahl von Fällen im Rahmen einer abhängigen Beschäftigung erfolgt. Jedoch könne allein diese Beurteilung für den vorliegenden Einzelfall nicht maßgeblich sein, da ansonsten außerhalb der klassischen freien Berufe kein Raum mehr für eine freie Mitarbeit verbliebe. Es komme vielmehr auf die konkrete Aufgabenstellung und Tätigkeit der betreffenden Mitarbeiter als Sprecher bzw. Übersetzer an, sodass allein anhand dessen der Status zu bestimmen sei. Die Frage, ob die betreffenden Mitarbeiter als programmgestaltend angesehen werden können, wurde vom LSG völlig offengelassen. Es betonte darüber hinaus auch, dass zwischen arbeitsrechtlichen Weisungen und Vorgaben, die sich aus dem Vertragstext ergeben, strengstens zu differenzieren sei. Selbst wenn etwa ein Mitwirkender Vorgaben des Regisseurs zu beachten hatte, so rechtfertigte dies nicht zwingendermaßen die Annahme einer arbeitsrechtlichen Weisungsbefugnis. Solche Vorgaben können vielmehr auch für eine notwendige Leitungsbefugnis sprechen, die ebenso gegenüber freien Mitarbeitern wie gegenüber Arbeitnehmern bestehen kann.

### b) Neuste Rechtsprechung des BAG zum Status nicht programmgestaltender Mitarbeiter

Auch das BAG hatte in einer jüngsten Entscheidung vom 17.4.2013[72] Gelegenheit, 102
zum Status nicht programmgestaltender Mitarbeiter von Rundfunkanstalten auszuführen. Dabei konstatiert das BAG, dass es generell **an der Unterscheidung** zwischen programmgestaltender und nicht programmgestaltender Tätigkeit **festhalte**. Die Grundaussage, dass nicht programmgestaltende Tätigkeit in Rundfunkanstalten stets nur in einem Arbeitsverhältnis ausführbar sei, hält der Senat dagegen nicht mehr aufrecht, sondern sieht darin lediglich einen Hinweis für einen Erfahrungswert. Nicht programmgestaltende Mitarbeiter werden also häufiger die Kriterien eines Arbeitnehmers erfüllen als programmgestaltende Mitarbeiter. Im Einzelfall kann bei nicht programmgestaltenden Mitarbeitern aber unter Berücksichtigung der allgemeinen Kriterien zwischen Arbeitnehmer einerseits und Selbstständigen anderseits auch eine freie Mitarbeit vorliegen.

---

**Praxishinweis** !

Nach den neusten Entscheidungen in der Rechtsprechung ist im Bereich Rundfunk und Medien in Zukunft im Ausnahmefall auch für nicht programmgestaltende Tätigkeiten die Vereinbarung einer freien Mitarbeit denkbar.

---

72 BAG, Urt. v. 17.4.2013 – 10 AZR 272/12 – MDR 2013, 1048.

## V. Frachtführer/Spediteure

103 Einen weiteren wichtigen Bereich der Berufsgruppen stellen die sog. Frachtführer oder Verkaufsfahrer dar. Hierbei handelt es sich um Einzelpersonen, die regelmäßig ohne weitere Mitarbeiter für eine Spedition oder auch für Bauunternehmer tätig sind. Für die Frage, ob die Frachtführer im Rahmen eines Arbeitsverhältnisses oder eines freien Mitarbeiterverhältnisses tätig sind, stellt die Rechtsprechung im Wesentlichen **auf folgende Kriterien ab:**

- Welchen **organisatorischen** und **inhaltlichen Unterweisungen** unterliegt der Frachtführer bzw. Subunternehmer?
- Hat der Frachtführer bestimmte **Arbeitszeiten** und **Zustellungszeiten** einzuhalten?
- Muss die Frachtleistung höchstpersönlich erbracht werden oder kann die **Arbeit auf Dritte delegiert** werden?
- Wer stellt die Betriebsmittel, insbesondere das Fahrzeug zur Verfügung?

104 Unter Berücksichtigung dieser Grundkriterien für die Abgrenzung zwischen Arbeitnehmerstellung und freier Mitarbeit bzw. Subunternehmerstellung hat die Rechtsprechung der Arbeitsgerichte folgende Einzelfälle entschieden:

- Ein **Frachtführer**, der nur für einen Auftraggeber fährt, ist kein Arbeitnehmer, wenn weder Dauer noch Beginn der täglichen Arbeitszeit vorgeschrieben sind und er die – nicht nur theoretische – Möglichkeit hat, auch Transporte für eigene Kunden auf eigene Rechnung durchzuführen. Ob er diese Möglichkeit auch tatsächlich nutzt, ist unbeachtlich.[73] Eine Einzelperson als Frachtführer im Güternahverkehr, der aufgrund eines Rahmenvertrags nur für einen Spediteur tätig ist und beim Transport ein mit den Farben und dem Firmenzeichen des Spediteurs ausgestattetes Fahrzeug einsetzt, ist dann Arbeitnehmer, wenn seine Tätigkeit durch Weisungsrechte insbesondere zeitlicher Art stärker eingeschränkt wird, als es aufgrund gesetzlicher Regelungen oder versicherungsrechtlicher Obliegenheiten geboten ist.[74] Denn auch der **selbstständige Frachtführer** ist aufgrund der Besonderheiten seines Berufsbildes **in hohem Maße** vom Auftraggeber/Absender, insbesondere bezüglich der Arbeitszeit, **weisungsabhängig.**[75]
- Ein **Transportunternehmer**, der von seinem ehemaligen Arbeitgeber den Lkw, mit dem er bisher gefahren ist, gemietet hat und hierfür eine Miete entrichtet,

---

73 LAG Rheinland-Pfalz, Beschl. v. 19.10.2009 – 8 Ta 222/09 – ArbuR 2010, 174; so auch BAG, Urt. v. 30.9.1998 – 5 AZR 563/97 – BB 1999, 587.

74 BAG, Urt. v. 19.11.1997 – 5 AZR 653/96 – NZA 1998, 364; so auch BSG, Urt. v. 11.3.2009 – B 12 KR 21/07 R – UV-Recht Aktuell 2010, 251; LAG Rheinland-Pfalz, Beschl. v. 5.3.2010 – 10 Ta 10/10 – juris.

75 LAG Schleswig-Holstein, Urt. v. 12.12.2005 – 5 Sa 322/05 – juris; LAG Rheinland-Pfalz, Beschl. v. 5.3.2010 – 10 Ta 10/10 – juris.

die von der pauschalen Vergütung in Abzug gebracht wird, ist als **Arbeitnehmer** einzustufen.[76]
- Ein **Kurierdienstfahrer**, der alleine entscheidet, ob, wann und in welchem Umfang er tätig werden will, und für ausgeführte Frachtaufträge das volle vom Auftraggeber zu leistende Entgelt erhält, ist **kein Arbeitnehmer.**[77]

## VI. Beratende Berufe

Im Bereich der freien Berufe, insbesondere in Rechtsanwalts- und Steuerberater- 105 kanzleien, werden Mitarbeiter wahlweise als Angestellte oder als freie Mitarbeiter beschäftigt. Die dritte Gruppe der Mitarbeiter in Rechtsanwalts- und Steuerberaterkanzleien sind in Form einer Partnerschaft, entweder in der Rechtsform der GbR, der Partnerschaftsgesellschaft oder der GmbH, tätig. Für diese Mitarbeitergruppe scheidet die Abgrenzung nach den Kriterien der Scheinselbstständigkeit aus.

Im Bereich der **nichtgesellschaftsrechtlich verbundenen Mitarbeiter** ist für 106 die Frage, ob der Rechtsanwalt oder Steuerberater im Rahmen eines Angestelltenverhältnisses oder im Rahmen eines freien Mitarbeiterverhältnisses tätig ist, nach folgenden Kriterien[78] zu differenzieren:
- Sind feste **Dienstzeiten** vereinbart?
- Werden zu **bearbeitende Mandate** vom Auftraggeber einseitig zugewiesen?
- Besteht eine **Verpflichtung zur Übernahme** der zugewiesenen Mandanten?
- Ist ein fixes **Gehalt** vereinbart (alternativ: Honorar pro Mandat?)?
- Werden von der Kanzlei **Versicherungsprämien** sowie Beiträge für die Kammer gezahlt?

Wenn die oben genannten Kriterien (überwiegend) vorliegen, ist regelmäßig von 107 einem Arbeitsverhältnis auszugehen. Unter Berücksichtigung der genannten Grundkriterien ergingen in der Rechtsprechung bisher folgende Einzelentscheidungen:
- Ein **Rechtsanwalt**, der während der üblichen Bürozeiten Anwesenheitspflicht hat, dem Einzelmandate zugewiesen werden ohne ein Ablehnungsrecht, der Termine nach Weisung wahrnehmen muss und weder am Gewinn noch am Verlust der Kanzlei beteiligt ist, ist als **Arbeitnehmer** einzustufen.[79]
- Dies gilt auch dann, wenn der Rechtsanwalt keine Kernarbeitszeit einhalten muss, aber von ihm erwartet wird, dass er zeitlich und örtlich überwiegend in den Büroräumen arbeitet. Auch die Erteilung von ablauf- und verfahrensorien-

---

**76** LG München I, Beschl. v. 15.5.1997 – 17 HKO 759/97 – BB 1997, 1762.
**77** BAG, Urt. v. 27.6.2001 – 5 AZR 561/99 – NZA 2002, 742.
**78** Vgl. BAG, Urt. v. 16.8.1990 – 2 AZR 113/90 – EzA § 4 KSchG n.F. Nr. 38.
**79** LAG Berlin, Urt. v. 16.12.1986 – 11 Sa 93/86 – NZA 1987, 488.

tierten Weisungen und die überwiegende Einsetzung als Zuarbeiter sprechen für eine Arbeitnehmereigenschaft.[80]

- Ein **Rechtsanwalt**, der in den Vermögensämtern der neuen Länder eingesetzt ist und der entgegen der schriftlichen Vertragsgestaltung keinerlei Präsenzpflicht hat, ist als **selbstständiger Mitarbeiter** tätig.[81]
- Es liegt kein Arbeitsverhältnis vor, wenn der freie Mitarbeiter ein eigenes Gerichtsfach und eigene Kanzleiräume hat sowie auch andere Mandanten auf eigene Rechnung vertreten darf.[82] Darf der Rechtsanwalt seine Mandanten nicht selbst aussuchen, spricht dies aber nicht zwingend für die Annahme eines Arbeitsverhältnisses, da es auch in einem freien Mitarbeiterverhältnis typischerweise dem Dienstherrn obliegt, zu entscheiden, welche Aufgaben der freie Mitarbeiter übernimmt. Verfügt der Rechtsanwalt über besondere Kompetenzen und ist er daher frei, in welcher Weise und mit welchem Ergebnis er Mandanten berät, spricht dies für ein freies Mitarbeiterverhältnis.[83]
- Wer als **Steuerberater** zu nicht festgelegten Zeiten Steuererklärungen gegen Honorar fertigt, ist **kein Arbeitnehmer.**[84] Auch ein Steuerberater, der bei Erledigung seiner Arbeiten im Wesentlichen frei von fachlichen Weisungen und auch hinsichtlich der Arbeitszeit flexibel ist, ist kein Arbeitnehmer. Hiergegen spricht auch nicht, dass die an einen Mandanten adressierte Post von einem der Geschäftsführer mit unterschrieben wird. Denn maßgeblich ist, ob der Steuerberater gegenüber seinem Auftraggeber die zu erledigenden Arbeiten frei ausführt, nicht aber das völlig selbstständige Auftreten des Steuerberaters gegenüber der Mandantschaft.[85]

## VII. Call-Center

108 In der Vergangenheit waren auch Telefontätigkeiten in sog. Call-Centern eine viel diskutierte Tätigkeit, sodass auch hier der sozialversicherungsrechtliche Status im Streit stand.

109 So war es auch in einem jüngeren Fall des LSG Berlin-Brandenburg vom 26.6.2009,[86] bei dem es um die Statusfeststellung der **Tätigkeit als sog. Call-Agent**

80 LAG Hessen, Teilurt. v. 26.9.2007 – 18/10 Sa 1600/05 – juris.
81 BAG, Urt. v. 3.6.1998 – 5 AZR 656/97 – BB 1998, 2060; a.A. LAG Thüringen, Urt. v. 22.9.1998 – 5 Sa 78/97 – BB 1999, 322.
82 LAG Hessen, Urt. v. 16.3.1990 – 13 Sa 151/89 – BB 1990, 2492.
83 LAG Hessen, Beschl. v. 20.2.2012 – 13 Ta 468/11 – juris.
84 LAG Köln, Urt. v. 23.3.1988 – 7 Sa 1378/87 – DB 1988, 1403.
85 OLG Köln, Beschl. v. 12.3.2001 – 8 W 15/01 – DStR 2003, 1505.
86 Vgl. LSG Berlin-Brandenburg, Urt. v. 26.6.2009 – L 1 KR 156/08 – juris.

ging. Dieser sog. Call-Agent schloss mit der Auftraggeberin einen Rahmenvertrag ab, der gewisse Telefondienste zum Gegenstand hatte. Die jeweiligen Einsätze wurden dann aufgrund bestimmter Einzelvereinbarungen getroffen. Gegenstand der Tätigkeit war die Durchführung von Telefonaten. Die für die Auftraggeberin tätigen Call-Agents riefen Kunden wiederum von Auftraggebern der Auftraggeberin an, die hierdurch eine besondere Betreuung der Kunden sicherstellen wollte. Es wurde also auf einen gewissen Pool dieser Call-Agents zurückgegriffen. Nach Auffassung des LSG war hier von einer **freiberuflichen Tätigkeit** auszugehen, da keine Eingliederung in den Betrieb vorlag und auch im Übrigen die Tätigkeit im Wesentlichen frei ausgeführt werden konnte. Es musste insbesondere keine Anmietung eines Arbeitsplatzes erfolgen, die Tätigkeit hätte auch von Zuhause erledigt werden können. Das LSG entschied hierbei, dass sog. Call-Agents im Einzelfall auch als selbstständig tätige Subunternehmer tätig sein können.

**Praxishinweis** !
Auch im Bereich der Telefondienste kann eine selbstständige Tätigkeit nach der Rechtsprechung angenommen werden, wenn die Tätigkeit im Wesentlichen frei ausgeübt werden kann. In diesem Fall spricht es nicht zwingend für ein Arbeitsverhältnis, wenn die Tätigkeit vor Ort ausgeübt wird.

## VIII. Mitarbeiter des Bundestags

Wie schwierig die Abgrenzung des Selbstständigen vom Arbeitnehmer im Einzelfall 110
ist, zeigen auch die in der politischen Diskussion stehenden Entscheidungen des Bundestags, der selbst gegen Vorschriften verstößt, die er grundsätzlich für alle Unternehmen im Land erlassen hat. Hier wurden Fallgestaltungen öffentlich, wonach die Verwaltung **kostengünstige Scheinselbstständige beschäftigt** hat und der Bundestag nun selbst zu erheblichen Nachzahlungen herangezogen wird.

Zum einen ging es um die **Beschäftigung von Studenten** als selbstständige Be- 111
sucherbetreuer. In dem der Entscheidung des SG Berlin[87] zugrunde liegenden Fall war eine Studentin als selbstständige Besucherbetreuerin für knapp zwei Jahre für den Bundestag tätig. Die Arbeitsbedingungen waren allerdings so eng geschnürt, dass das SG Berlin eine **abhängige Beschäftigung** annahm. Es war insbesondere ein „überwachtes Handlungskorsett" vorgegeben mit entsprechenden Sanktionen. So war nicht nur der Arbeitsort vorgegeben, sondern auch die Kleidung und welches Verhalten angemessen sei. Das SG nahm deshalb eine Eingliederung in die Arbeitsorganisation in hohem Maße an, sodass nach dessen Auffassung von einer abhängigen Beschäftigung auszugehen war.

87 SG Berlin, Urt. v. 26.10.2012 – S 81 KR 2081/10 – ArbuR 2013, 92.

112 Darüber hinaus wurde ein weiterer Fall bekannt, wonach ein **mobiler Öffentlichkeitsarbeiter**, der für den Bundestag durch Deutschland gefahren war, ebenfalls als Selbstständiger tätig war. Er selbst hatte ein Statusfeststellungsverfahren eingeleitet, das mit der Feststellung endete, dass der mobile Öffentlichkeitsarbeiter tatsächlich abhängig Beschäftigter sei. Die mobile Öffentlichkeitsarbeit war so ausgestaltet, dass eine bestimmte Kleiderordnung vorgegeben war, er sowohl mündliche wie auch schriftliche Arbeitsanweisungen erhielt und darüber hinaus auch sämtliches Arbeitsmaterial wie Broschüren, Plakate oder Souvenirs zur Verfügung gestellt bekommen hat. Insofern nahm die Deutsche Rentenversicherung Bund hier eine abhängige Beschäftigung an. Das SG Berlin[88] hingegen, welches die Entscheidung zu prüfen hatte, nahm eine **selbstständige Tätigkeit** des Tätigen in der mobilen Öffentlichkeitsarbeit an und begründete seine Auffassung u.a. damit, dass zum einen die vertragliche Vereinbarung mit dem Bundestag für die Selbstständigkeit spreche und die tatsächlichen Verhältnisse damit überwiegend übereinstimmen würden. Er habe den Einsatz seiner Arbeitskraft tatsächlich selbst steuern können und habe weder ein eigenes Büro noch einen Telefonanschluss oder eine E-Mail-adresse in der Bundestagsverwaltung gehabt. Darüber hinaus habe er inhaltliche Freiheiten genossen, insbesondere bei der Betreuung von Besuchsgruppen. Insofern sei er nicht derart in die Organisation eingebunden gewesen, dass von einer abhängigen Beschäftigung auszugehen sei. Auch die Art der Entlohnung sprach nach Auffassung des SG Berlin für die selbstständige Tätigkeit. Das Urteil ist (noch) nicht rechtskräftig, sodass eine weitergehende Auseinandersetzung, insbesondere mit den von der Rentenversicherung aufgezeigten Kriterien, abzuwarten bleibt.

113 Demgegenüber scheint es der **Bundesrat** besser ausgestaltet zu haben. Das LSG Berlin-Brandenburg[89] entschied hier, dass der **Besucherdienst** des Bundesrats auf **selbstständiger Basis** tätig sei. Grundlage der Tätigkeit war auch hier eine Vereinbarung zwischen der Auftragnehmerin und dem Bundesrat, worin die Aufgaben hinsichtlich der konkreten Tätigkeit, der Umfang der Tätigkeit im Einzelfall sowie die Vergütung geregelt waren. Das LSG begründet seine Entscheidung damit, dass die Festlegung eines Stundensatzes zwar untypisch für eine selbstständige Tätigkeit sei, diese aber nicht ausschließe. Das Gericht erkannte zwar auch weitere Indizien, die für eine abhängige Beschäftigung sprechen, etwa die klaren Vorgaben zum Ort und zur Arbeitszeit sowie die Einbindung in die Organisation des Besucherdienstes. Ausschlaggebend für die Entscheidung des LSG Berlin-Brandenburg zur selbstständigen Tätigkeit war aber der Umstand, dass die Vorgaben der Mitarbeiter im Besucherdienst nicht aufgrund arbeitsrechtlichen Weisungsrechts, sondern aufgrund klarer vertraglicher Regelungen erfolgten. Das Gericht stützte sich insbesondere

88 Vgl. Pressemitteilung SG Berlin v. 14.1.2014 unter I; abrufbar unter http://www.berlin.de/sen/justiz/gerichte/sg/presse/archiv/20140115.1330.393504.html.
89 Vgl. LSG Berlin-Brandenburg, Urt. v. 15.7.2011 – L 1 KR 206/09 – UV-Recht Aktuell 2011, 1220.

darauf, dass die tatsächlichen Verhältnisse in der Vertragsabwicklung nicht im Widerspruch zu der vereinbarten Vertragskonstruktion stünden, sodass Vorgaben zu Ort und Zeit sich nicht aus einem Beschäftigungsverhältnis, sondern aus der Natur der Sache ergeben.

---

**Praxishinweis**

Bei dem Einsatz von Hostessen bzw. Studenten als selbstständige Besucherbetreuer ist große Vorsicht geboten. Nur wenn die Vorgaben im Besucherdienst nicht aufgrund arbeitsrechtlichen Weisungsrechts, sondern aufgrund klarer vertraglicher Regelungen erfolgen, kommt eine freie Mitarbeitertätigkeit in Betracht.

---

## IX. Regaleinräumer

Auch wenn die Regaleinräumer in der Praxis derzeit vor allem in der Diskussion zur 114
Werkvertragsproblematik auftauchen, liegen dazu bislang **in werkvertraglicher Hinsicht noch keine Urteile** vor. Es bestehen hingegen gerichtliche Urteile bezüglich der Regalauffüller im Hinblick auf die Diskussion um die selbstständige Tätigkeit oder gar einer abhängigen Beschäftigung.

So hat etwa das LSG Berlin-Brandenburg[90] entschieden, dass eine Regalauffülle- 115
rin, die in einem Süßwarensupermarkt als Regalauffüllerin bzw. Platziererin tätig war, als **abhängig Beschäftigte** anzusehen ist. Vertraglich war demgegenüber eine selbstständige Tätigkeit vereinbart, gleichwohl sah das Gericht in der tatsächlichen Ausgestaltung der Tätigkeit eine abhängige Beschäftigung. Die Tätigkeit der Regalauffüllerin bestand im Wesentlichen darin, die gesamte gelieferte Ware am Tag der Lieferung oder am Folgetag unter Beachtung eines speziellen Prinzips an die entsprechenden Regale zu platzieren sowie die Pflege vorhandener Kassenplatzierungen. Darüber hinaus musste sie auch die Ordnung und Sauberkeit in den Regalen sicherstellen. Als Vergütung wurden 2,2% vom Nettoumsatz vereinbart sowie eine entsprechende Vergütung etwaiger Sonderleistungen. Die Regalauffüllerin stellte hierzu monatlich Rechnungen und vereinbarte noch mit sechs weiteren Unternehmen solche Service- bzw. Platzierungsverträge. Gleichwohl wurde von der Deutschen Rentenversicherung Bund bei einer Betriebsprüfung sowie auch von den Sozialgerichten festgestellt, dass hier eine abhängige Beschäftigung vorliegt. Maßgebend war für die Gerichte vor allem, dass die Tätigkeit nicht weisungsfrei ausgeübt wurde. Insbesondere handele es sich um eine einfache Tätigkeit, sodass umfangreiche praktische Weisungen nicht erforderlich gewesen seien. Auch wurden die Arbeitsergebnisse von Außendienstmitarbeitern des Unternehmens kontrolliert. Interessant ist, dass das Gericht hier die Ausführung der Tätigkeit durch Dritte,

---

**90** LSG Berlin-Brandenburg, Urt. v. 30.3.2012 – L 1 KR 118/09 – NZS 2012, 795.

also nicht durch die Regalauffüllerin selbst, nicht als Indiz für die Selbstständigkeit angesehen hat. Es führte aus, dass die Befugnis, Arbeiten an andere zu delegieren, nicht zwingend der Annahme eines Beschäftigungsverhältnisses entgegenstehe. So war es nach Auffassung des Gerichts hier nicht entscheidend, dass sich die Regalauffüllerin gelegentlich durch ihren Ehemann oder ihre Kinder helfen ließ. Ein etwaiges relevantes Unternehmerrisiko wurde hier ebenfalls nicht gesehen, sodass insgesamt von einer abhängigen Beschäftigung auszugehen war.

116 Auch das Sächsische LSG hat im Jahr 2011[91] entschieden, dass die Tätigkeit eines externen Regalauffüllers, der in Supermärkten Produkte bestimmter Markenfirmen in Regale einordnet, regelmäßig im Rahmen eines abhängigen Beschäftigungsverhältnisses ausgeübt werde und somit der Sozialversicherungspflicht unterliegt. Insbesondere sei entscheidend, dass sich die Tätigkeit nicht von einer vergleichbaren Arbeitnehmertätigkeit unterscheidet und keine besonderen auf ein Unternehmerrisiko hinweisenden Umstände im Einzelfall erkennbar waren.

! **Praxishinweis**

Der Einsatz von freien Mitarbeitern als Regaleinräumer in Supermärkten wird von der Rechtsprechung der Sozialgerichte nur unter sehr engen Bedingungen akzeptiert und setzt voraus, dass eine klare Trennung zwischen den freischaffenden Regaleinräumern und sonstigen Arbeitnehmern des Supermarktes durchgeführt wird.

## D. Sozialversicherungsrecht

### I. Grundsatz des Gleichlaufs

117 Die Sozialgerichte und insbesondere das BSG schließen sich in ihren Wertungen für den Bereich der Sozialversicherung grundsätzlich den Vorgaben der Arbeitsgerichte an, allenfalls mit geringfügigen Modifikationen. Die abhängige Beschäftigung im Sinne des Sozialversicherungsrechts ist daher **größtenteils identisch** mit der Frage, ob ein Arbeitsverhältnis vorliegt. Dies führt dazu, dass die sozialgerichtliche Rechtsprechung regelmäßig auch auf die im Arbeitsrecht entwickelten Abgrenzungskriterien verweist und umgekehrt.

118 Die traditionelle Zielsetzung der Sozialversicherung besteht darin, der abhängig arbeitenden Bevölkerung, also den unselbstständigen erwerbstätigen Arbeitnehmern, den Schutz der Sozialversicherung zwingend zugutekommen zu lassen. Anders als im Arbeitsrecht definiert **§ 7 Abs. 1 SGB IV** einheitlich den **Begriff der Beschäftigung** als den zentralen Begriff im Sozialversicherungsrecht. Zum Arbeitsrecht klärt § 7 Abs. 1 S. 1 SGB IV die Beziehung in zweifacher Weise: So wird klarge-

91 Vgl. LSG Sachsen, Urt. v. 17.5.2011 – L 5 R 368/09 – juris.

stellt, dass grundsätzlich ein wirksames Arbeitsverhältnis zu sozialversicherungsrechtlicher Beschäftigung führt. Insofern entspricht der Begriff des Beschäftigten grundsätzlich dem Begriff des Arbeitnehmers.[92] Daneben wird die Eigenständigkeit des Sozialversicherungsrechts gegenüber dem Arbeitsrecht aber dadurch deutlich gemacht, dass eine Beschäftigung im Sinne des Sozialversicherungsrechts auch ohne das Vorliegen eines Arbeitsverhältnisses vorliegen kann. Der Begriff des Beschäftigungsverhältnisses ist damit **weitergehender** als der Begriff des Arbeitsverhältnisses. Er erfasst demnach auch Fälle, in denen ein Arbeitsverhältnis nicht vorliegt wie insbesondere bei der arbeitnehmerähnlichen Tätigkeit und der Tätigkeit eines GmbH-Geschäftsführers.

**Praxishinweis** !
Die im Arbeitsrecht entwickelten Abgrenzungskriterien zwischen freier Mitarbeit einerseits und Arbeitsverhältnis anderseits werden von den Sozialgerichten für den Bereich der Sozialversicherung mit geringfügigen Modifikationen übernommen, sodass vom Grundsatz des Gleichlaufs zwischen Arbeitsrecht und Sozialversicherungsrecht auszugehen ist.

## II. Gesetzliche Regelung, § 7 SGB IV

### 1. Das Gesetz zur Förderung der Selbstständigkeit

Das Gesetz zur Bekämpfung der Scheinselbstständigkeit, in Kraft getreten am 119
1.1.1999, wurde mit dem am 17.12.1999 verabschiedeten Korrekturgesetz zur Förderung der Selbstständigkeit[93] rückwirkend zum 1.1.1999 wieder aufgehoben. § 7 Abs. 1 SGB IV definiert seitdem den **Begriff der Beschäftigung** als „nicht selbstständige Arbeit, insbesondere in einem Arbeitsverhältnis“. Dabei wird im Sozialversicherungsrecht die abhängige Beschäftigung von der Tätigkeit eines Selbstständigen – wie auch im Arbeitsrecht – durch die von der Rechtsprechung entwickelten Kriterien abgegrenzt. Danach ist Arbeitnehmer bzw. abhängig Beschäftigter im Sinne des Sozialversicherungsrechts derjenige, der von einem Arbeitgeber persönlich abhängig ist.[94] Nach der Neuregelung des Gesetzgebers mit dem Korrekturgesetz zur Förderung der Selbstständigkeit kann für die Abgrenzungskriterien daher wieder auf die Rechtsprechung der arbeitsrechtlichen und sozialversicherungsrechtlichen Obergerichte der letzten Jahre zurückgegriffen werden, die unverändert fortgelten soll.[95] Wichtig

92 BSG, Urt. v. 18.6.1997 – 5 RJ 66/95 – BSGE 80, 250, 251 f.; BSG, Urt. v. 7.10.2004 – B 13 RJ 59/03 – BSGE 93, 214–226; vgl. auch LSG Nordrhein-Westfalen, Urt. v. 7.5.2007 – L 3 R 240/06 – n.v.

93 BGBl. I 2000 S. 2.

94 BSG, Urt. v. 21.4.1993 – 11 RAr 67/92 – AP Nr. 67 zu § 611 BGB Abhängigkeit; BSG, Urt. v. 22.6.2005 – B 12 KR 28/03 R – NZS 2006, 318.

95 Ausführlich zu den Abgrenzungsfragen zwischen abhängiger Beschäftigung und selbstständiger Tätigkeit im Sozialversicherungsrecht *Reiserer/Freckmann/Träumer*, Teil 1 Rn 125 ff.

ist diese Grundaussage insbesondere auch für das Verhältnis zwischen Arbeitsrecht und Sozialversicherungsrecht bei der Bestimmung des Arbeitnehmers bzw. abhängig Beschäftigten. Nach den Irritationen, die im Zusammenhang mit dem Gesetz zur Bekämpfung der Scheinselbstständigkeit Ende 1998 aufgetreten waren, besteht seit der Neufassung des Gesetzes im Januar 2000 wieder Übereinstimmung. Der Gleichlauf von Arbeits- und Sozialversicherungsrecht ist damit im Wesentlichen wieder hergestellt, woran auch die gesetzlichen Neuregelungen im Rahmen der Umsetzung der Hartz-Konzepte mit Beschluss über das 1. und 2. Gesetz für moderne Dienstleistungen am Arbeitsmarkt nichts ändern.

### 2. Grundsatz der Amtsermittlung

120 Der Amtsermittlungsgrundsatz, der in der Sozialversicherung grundsätzlich zur Anwendung kommt, gilt uneingeschränkt auch im Recht der Scheinselbstständigkeit. Der sozialversicherungsrechtliche Sachverhalt ist **von Amts wegen zu prüfen** und dabei sind alle für den Einzelfall bedeutsamen Umstände zu berücksichtigen (§ 20 Abs. 1, Abs. 2 SGB X). Der Sozialversicherungsträger hat von sich aus die Tatsachen zu ermitteln, die zur Beurteilung der Rechtsfrage, ob eine abhängige oder selbstständige Beschäftigung vorliegt, notwendig sind.

121 Die Bestimmung des § 7 Abs. 4 S. 1 SGB IV, wonach eine sozialversicherungspflichtige Beschäftigung vermutet wurde, sofern der Erwerbstätige seine Mitwirkungspflichten nicht erfüllte und wenn mindestens drei der vom Gesetzgeber fixierten fünf Merkmale vorlagen, wurde mit der gesetzlichen Neuregelung zum 1.1.2003 gestrichen.

## III. Arbeitnehmerähnliche Selbstständige, § 2 Abs. 1 Nr. 9 SGB VI

### 1. Rentenversicherung für Selbstständige

122 Seit dem 1.1.1999 sind arbeitnehmerähnliche Selbstständige in der gesetzlichen Rentenversicherung gem. §2 Abs.1 Nr.9 SGB VI rentenversicherungspflichtig. In allen weiteren Zweigen der Sozialversicherungen bleibt der arbeitnehmerähnliche Selbstständige hingegen versicherungsfrei. Anders als Künstler, Publizisten und Hausgewerbetreibende hat der arbeitnehmerähnliche Selbstständige die Beiträge zur Rentenversicherung in **vollem Umfang selbst zu tragen** (§169 Nr.1 SGB VI). Er trägt somit allein die volle Beitragslast. Der Auftraggeber wird nicht mit diesen Beiträgen belastet.

**!** **Praxishinweis**

Der freie Mitarbeiter, der im Wesentlichen nur einen Auftraggeber hat und keine eigenen sozialversicherungspflichtigen Mitarbeiter beschäftigt, unterliegt der Rentenversicherungspflicht. Die Besonderheit besteht darin, dass die Beitragszahlungen zur Rentenversicherung in diesem Fall allein durch den freien Mitarbeiter zu leisten sind und der Auftraggeber insoweit frei ist.

### 2. Personenkreis

Anders als die früher von § 2 Abs. 1 Nr. 1 bis 8 SGB VI erfassten Selbstständigen, die 123
jeweils bestimmten Berufsgruppen angehörten, bestimmt sich der arbeitnehmerähnliche Selbstständige nach seiner **sozialen Schutzbedürftigkeit**. Diese soziale Schutzbedürftigkeit wird unabhängig davon, ob sie tatsächlich gegeben ist, im Fall des Vorliegens der gesetzlichen Voraussetzungen unterstellt.

Gemeinsam ist dem in § 2 Abs. 1 SGB VI aufgezählten Personenkreis das **Merk-** 124
**mal der Selbstständigkeit**. Daraus folgt, dass vorrangig vor der Feststellung des Status des arbeitnehmerähnlichen Selbstständigen zu ermitteln ist, ob nicht eigentlich eine Beschäftigung gegen Entgelt und demnach eine Versicherungspflicht nach § 7 S. 1 SGB VI vorliegt. Dies führt dazu, dass der freie Mitarbeiter im Sozialversicherungsrecht heute **zwei Hürden** im Rahmen einer bestimmten Prüfungsfolge zu nehmen hat: Zunächst ist zu klären, ob er gem. § 7 Abs. 1 SGB IV als abhängig Beschäftigter in vollem Umfang der Sozialversicherungspflicht unterliegt. Sollte er indes als selbstständig Tätiger eingeordnet werden, ist sodann in einem zweiten Schritt zu ermitteln, ob er ggf. als sog. arbeitnehmerähnlicher Selbstständiger rentenversicherungspflichtig gem. § 2 S. 1 Nr. 9 SGB VI ist.

Arbeitnehmerähnlichkeit wird bejaht, wenn **zwei Voraussetzungen kumula-** 125
**tiv** vorliegen: Zunächst wird vorausgesetzt, dass der Selbstständige im Zusammenhang mit seiner selbstständigen Tätigkeit regelmäßig keinen versicherungspflichtigen Arbeitnehmer beschäftigt. Ferner muss der Selbstständige auf Dauer und im Wesentlichen nur für einen Auftraggeber gem. § 2 S. 1 Nr. 9b SGB VI tätig sein. Diese beiden Voraussetzungen entsprechen dem Wortlaut und seinen Voraussetzungen nach in vollem Umfang den Vermutungsmerkmalen des früheren § 7 Abs. 4 S. 1 Nr. 1 und Nr. 2 SGB IV.

### 3. Befreiungsmöglichkeiten

Arbeitnehmerähnliche Selbstständige i.S.d. § 2 Abs. 1 Nr. 9 SGB VI können sich un- 126
ter bestimmten Voraussetzungen von der gesetzlichen Rentenversicherungspflicht befreien lassen. Die **Befreiungsgründe** sind zusammenfassend und abschließend in § 6 SGB VI geregelt. Die Befreiung erfolgt **nur auf Antrag**, sodass ein solcher zwingend erforderlich ist (§ 6 Abs. 2 SGB VI). Die Deutsche Rentenversicherung Bund entscheidet auf Antrag des Selbstständigen darüber, ob einer der zwei Befreiungsgründe des § 6 Abs. 1a SGB VI vorliegt. Die befristete Befreiungsmöglichkeit nach § 231 Abs. 5 SGB VI galt nur im Rahmen der gesetzlichen Neuregelung als Übergangsregelung und kann von Selbstständigen nicht mehr beansprucht werden.

Existenzgründer können sich gem. § 6 Abs. 1a S. 1 Nr. 1 SGB VI für einen **Zeit-** 127
**raum von drei Jahren** nach erstmaliger Aufnahme ihrer selbstständigen Tätigkeit von der Rentenversicherung befreien lassen. Der dreijährige Befreiungszeitraum kann auch für eine zweite Existenzgründung erneut in Anspruch genommen werden, wobei eine zweite Existenzgründung nicht vorliegt, wenn eine bestehende

selbstständige Existenz lediglich umbenannt oder deren Geschäftszweck gegenüber der vorangegangenen Tätigkeit nicht wesentlich verändert worden ist.

128 Ferner normiert § 6 Abs. 1a Nr. 2 SGB VI eine endgültige Befreiungsmöglichkeit für versicherungspflichtige ältere Selbstständige, die zuvor bereits eine selbstständige Tätigkeit ausgeübt haben und nunmehr durch die gesetzliche Neuregelung erstmals versicherungspflichtig würden. Voraussetzung für diese Befreiungsmöglichkeit ist die Vollendung des 58. Lebensjahres und überdies, dass die Tätigkeit nach einer zuvor ausgeübten Selbstständigkeit nun erstmalig nach § 2 S. 1 Nr. 9 SGB VI rentenversicherungspflichtig geworden ist.

## E. Steuerrecht

### I. Eigener Arbeitnehmerbegriff

#### 1. Negativdefinition

129 Aus steuerrechtlicher Sicht werden Dienstverhältnisse entweder als selbstständige Tätigkeit oder als nicht selbstständige Tätigkeit eingestuft. Eine **gesetzliche Definition** des Begriffs der selbstständigen Tätigkeit oder aber des Begriffs der nicht selbstständigen Tätigkeit **besteht nicht.** Wie im Arbeits- und Sozialversicherungsrecht wird auch im Steuerrecht anhand einer Vielzahl von feststehenden Merkmalen in einer Gesamtschau die Abgrenzung zwischen der Selbstständigkeit und der Nichtselbstständigkeit vorgenommen. Allerdings wird im Bereich des Steuerrechts in Anlehnung an Vorgaben des Gesetzgebers von einer sog. **Negativdefinition** ausgegangen. So ist in § 2 Abs. 2 Nr. 1 UStG eine Negativabgrenzung darüber enthalten, wann jemand nicht selbstständig ist. Danach liegt eine **nicht selbstständige Tätigkeit** dann vor, wenn natürliche Personen einzeln oder zusammengeschlossen in einem Unternehmen so eingegliedert sind, dass sie den Weisungen des Unternehmers zu folgen verpflichtet sind. In § 1 Abs. 3 LStDV ist definiert, dass derjenige, welcher sonstige Leistungen innerhalb der von ihm selbstständig ausgeübten gewerblichen oder beruflichen Tätigkeit gegen Entgelt ausführt, kein Arbeitnehmer ist. Daneben definiert § 1 Abs. 1 LStDV Arbeitnehmer positiv als solche Personen, die im öffentlichen oder privaten Dienst angestellt oder beschäftigt sind bzw. waren und die aus diesem Dienstverhältnis oder einem früheren Dienstverhältnis Arbeitslohn beziehen. Daraus folgt, dass Arbeitnehmer auch etwaige Rechtsnachfolger dieser Personen sein können, soweit sie Arbeitslohn aus früheren Dienstverhältnissen ihres Rechtsvorgängers beziehen.

130 Die Abgrenzung der selbstständigen Tätigkeit gegenüber der nicht selbstständigen Tätigkeit im Steuerrecht ist also im Wesentlichen dadurch **gekennzeichnet, dass der Selbstständige**

- den **Weisungen** Dritter im Gegensatz zum Nichtselbstständigen nicht zu folgen hat,

- er auf eigene **Rechnung** und
- auf eigenes **Risiko** arbeitet.

Demgegenüber ist der **nicht selbstständig Tätige** 131
- in die unternehmerische Organisation des Arbeitgebers eingegliedert und
- hat den Weisungen des Arbeitgebers zu folgen.

Konkretisiert wird die Abgrenzung durch Merkmale, die in den **Lohnsteuerrichtlinien** aufgeführt sind. Hiernach grenzt sich die Arbeitnehmertätigkeit von der Selbstständigkeit im Wesentlichen anhand der nachfolgend aufgeführten Merkmale ab. 132

Merkmale der **nicht selbstständigen Tätigkeit:** 133
- persönliche Abhängigkeit,
- Weisungsgebundenheit in Bezug auf Art, Inhalt und Ort der Tätigkeit sowie des zeitlichen Einsatzes,
- feste Arbeitszeiten,
- Ausübung der Tätigkeit an einem gleich bleibenden, bestimmten Ort,
- grundsätzlich feste Bezüge,
- Urlaubsansprüche,
- Anspruch auf sonstige Sozialleistungen,
- Fortzahlung der Bezüge im Krankheitsfall,
- Überstundenvergütung,
- zeitlicher Umfang der zu erbringenden Dienstleistung,
- Unselbstständigkeit hinsichtlich Organisation und Durchführung der Tätigkeit,
- fehlendes Unternehmerrisiko,
- fehlende Unternehmerinitiative,
- kein Kapitaleinsatz,
- keine Pflicht zur Beschaffung von Arbeitsmitteln,
- Notwendigkeit der ständigen Zusammenarbeit mit anderen Mitarbeitern,
- Eingliederung in den laufenden Betrieb,
- Schulden einer Arbeitsleistung, aber nicht eines Arbeitserfolges,
- Ausführung von einfachen Tätigkeiten, bei denen eine Weisungsabhängigkeit regelmäßig vorliegt.

Merkmale einer **selbstständigen Tätigkeit** sind dagegen: 134
- fehlende Eingliederung des Auftragnehmers in den Betrieb des Auftraggebers aufgrund nur kurzer zeitlicher Dauer des Vertragsverhältnisses,
- nur gelegentliche Tätigkeiten, die zeitlich wiederum begrenzt sind,
- Nichtvorhandensein einer organisatorischen Eingliederung des Beschäftigten in den Geschäftsbetrieb des Auftragsgebers,
- freie Einteilung und Bestimmung der Arbeitszeit,
- der Auftragsnehmer trägt alleine das unternehmerische Risiko,
- geschäftliche Beziehungen zu mehreren Vertragspartnern.

### 2. Indizwirkung von Arbeits- und Sozialversicherungsrecht

135 In seinem Urteil vom 2.12.1998[96] hat der BFH klargestellt, dass die arbeitsrechtliche oder sozialversicherungsrechtliche Einordnung eines Vertragsverhältnisses als selbstständige oder unselbstständige Tätigkeit für die Frage der steuerrechtlichen Einordnung des Vertragsverhältnisses nicht unbedingt ausschlaggebend ist. Sofern sowohl im Arbeitsrecht als auch im Sozialversicherungsrecht die Qualifizierung des Vertragsverhältnisses als nicht selbstständiges Beschäftigungsverhältnis erfolgen sollte, kann dies nach Auffassung des BFH allerdings ein **Indiz** für das Vorliegen eines auch im steuerrechtlichen Sinne nicht selbstständigen Arbeits- oder Beschäftigungsverhältnisses sein.[97] Die Frage einer **Bindung** zwischen der arbeits- und sozialversicherungsrechtlichen Qualifizierung einerseits und der steuerrechtlichen Qualifizierung andererseits wird vom BFH dagegen **abgelehnt**. Aus diesem Grund hatte der BFH es auch abgelehnt, die neuere Entwicklung des Arbeits- und insbesondere des Sozialversicherungsrechts zum Problem der sog. Scheinselbstständigkeit als Präjudiz für die steuerrechtliche Beurteilung heranzuziehen.[98]

## II. Abweichende Merkmale

### 1. Unternehmerrisiko

136 Anders als das Arbeits- und Sozialversicherungsrecht misst die Rechtsprechung des BFH dem Merkmal des Unternehmerrisikos große Bedeutung zu.[99]

### 2. Einfache Tätigkeiten

137 Abweichend vom Arbeits- und Sozialversicherungsrecht geht der BFH auch davon aus, dass die Ausführung von einfachen Tätigkeiten, bei denen eine Weisungsabhängigkeit regelmäßig vorliegt, grundsätzlich als nicht selbstständige Tätigkeit erfolgt.[100]

---

**96** BFH, Urt v. 2.12.1998 – X R 83/96 – DB 1999, 1044; vgl. auch BFH, Beschl. v. 24.1.2008 – VIII B 197/06 – BFH/NV 2008, 1133.

**97** BFH, Urt. v. 2.12.1998 – X R 83/96 – DB 1999, 1044; vgl. auch BFH, Beschl. v. 9.11.2004 – VI B 150/03 – BFH/NV 2005, 347.

**98** BFH, Urt. v. 2.12.1998 – X R 83/96 – DB 1999, 1044; vgl. auch BFH, Beschl. v. 24.10.2006 – III S 4/06 – juris; BFH, Beschl. v. 29.5.2006 – V B 159/05 – juris.

**99** BFH, Urt. v. 2.12.1998 – X R 83/96 – DB 1999, 1044; BFH, Urt. v. 20.2.1979 – VIII R 52/77 – BStBl. II 1979, 414.

**100** BFH, Urt. v. 24.7.1992 – VI R 126/88 – DB 1993, 208; vgl. BFH, Beschl. v. 16.11.2006 – VI B 74/06 – BFH/NV 2007, 235 f.

# F. Rechtsfolgen fehlerhafter Einordnung

Wird ein Vertragsverhältnis fälschlicherweise nicht als Arbeitsverhältnis, sondern als freies Dienstverhältnis geführt und abgewickelt, liegt ein Fall der sog. **Scheinselbstständigkeit** vor. Scheinselbstständigkeit ist damit ein Phänomen, dass es rechtlich bzw. als Rechtsbegriff gar nicht gibt. Arbeitsrechtlich ist vielmehr der Scheinselbstständige eben Arbeitnehmer und nicht freier Mitarbeiter. Gleiches gilt für das Sozialversicherungs- und Steuerrecht. Ist der als freier Mitarbeiter Bezeichnete in Wirklichkeit nicht selbstständig tätig, sondern abhängig beschäftigt, ergeben sich eine Fülle von Konsequenzen, sowohl in arbeitsrechtlicher als auch in sozialversicherungs- und steuerrechtlicher Hinsicht. Diese Rechtsfolgen fehlerhafter Qualifizierung werden regelmäßig unter dem Begriff der „Scheinselbstständigkeit“ zusammengefasst. 138

**Praxishinweis** !
Scheinselbstständigkeit liegt vor, wenn das Vertragsverhältnis als freies Mitarbeiterverhältnis bezeichnet wird, obwohl nach den Kriterien eigentlich ein festes Arbeitsverhältnis vorliegt.

## I. Arbeitsrechtliche Schutzvorschriften

Die jedenfalls auf den ersten Blick wichtigste Konsequenz im Bereich des Arbeitsrechts ist, dass sich der vermeintlich freie Dienstnehmer in vollem Umfang auf die Schutzbestimmungen des Arbeitsrechts berufen kann. Der Arbeitnehmer genießt den **allgemeinen Kündigungsschutz** nach den Bestimmungen des KSchG. Er kann sich auf **besondere Kündigungsschutzbestimmungen** nach dem MuSchG, dem TzBfG oder auf den Kündigungsschutz nach § 85 SGB IX für Schwerbehinderte und Gleichgestellte berufen. Ferner kann eine eventuell bereits ausgesprochene Kündigung wegen unterlassener Anhörung des Betriebsrats nach § 102 BetrVG unwirksam sein. Daneben hat der Arbeitnehmer **Entgeltfortzahlungsansprüche** im Krankheitsfall und kann **Urlaubsansprüche** nach den Bestimmungen des Bundesurlaubsgesetzes geltend machen. Auch **Altersversorgungsansprüche**, die sich aus betrieblichen Rentensystemen ergeben, kann der Mitarbeiter, der seinen Arbeitnehmerstatus feststellen ließ, geltend machen. Dabei kann er sich in vollem Umfang auf die im betrieblichen Alltag wesentlichen Grundprinzipien der sog. betrieblichen Übung sowie des **arbeitsrechtlichen Gleichbehandlungsgrundsatzes** berufen. 139

**Praxishinweis** !
Ein Scheinselbstständiger kann alle Rechte eines Arbeitnehmers in Anspruch nehmen, insbesondere im Falle der Kündigung seines Vertrags Kündigungsschutzklage erheben und eine Abfindung erstreiten.

## II. Anpassung der Arbeitsbedingungen

### 1. Wegfall der Geschäftsgrundlage

140 Haben die Parteien ein Rechtsverhältnis irrtümlich als freies Mitarbeiterverhältnis und nicht als abhängiges Arbeitsverhältnis eingeordnet, so ergeben sich bei der Anpassung der Arbeitsbedingungen und insbesondere der Vergütung Probleme, die nach den Grundsätzen über das Fehlen oder den Wegfall der Geschäftsgrundlage gelöst werden. Die Grundsätze hierzu hat das BAG in einer Entscheidung am 9.7.1986[101] festgelegt:

1. *„Haben sich die Parteien in einem* ***beiderseitigen Rechtsirrtum*** *befunden, als sie ihr Arbeitsverhältnis als freie Mitarbeit angesehen haben, so richtet sich die Anpassung des Vertrages nach den Grundsätzen über den Wegfall der (subjektiven) Geschäftsgrundlage."*
2. *„Eine Anpassung des Vertrages unter den vorgenannten Voraussetzungen wird regelmäßig nur für noch* ***nicht beendete Vertragsverhältnisse*** *für die Zukunft in Betracht kommen."*
3. *„Neben den Grundsätzen über den Wegfall der Geschäftsgrundlage findet* ***§ 812 Abs. 1 S. 2 BGB keine Anwendung*** *..."*

### 2. Vergütungsanpassung

141 Vor dem Hintergrund der ansteigenden Zahl gerichtlicher Auseinandersetzungen um „Scheinselbstständige" hat die Frage der Anpassung des Vertragsverhältnisses für den Fall fehlerhafter rechtlicher Einordnung zunehmend an Bedeutung gewonnen. In diesem Zusammenhang geht es insbesondere um die Frage, wie sich die Vergütungshöhe des ehemals freien Mitarbeiters bemisst.

142 In den ersten gerichtlichen Auseinandersetzungen zu Auswirkungen auf die Vergütungshöhe herrschte in der Rechtsprechung die Auffassung vor, dass der ehemals als freier Mitarbeiter eingestellte Arbeitnehmer nach Feststellung seines Arbeitnehmerverhältnisses unverändert zu dem **früher vereinbarten Honorar** zu beschäftigen ist.[102] Nach dieser Auffassung schuldete der Arbeitgeber seinem „neuen" Arbeitnehmer das bisher vereinbarte freie Mitarbeiterhonorar nun als vertraglich geschuldete Bruttoarbeitsvergütung. Auch Rückforderungsansprüche des Arbeitgebers bezüglich des erheblich über den tarifmäßigen Vergütungen eines Arbeitnehmers liegenden Honorars wurden regelmäßig von den Arbeitsgerichten zurückgewiesen. Andererseits hatte der Arbeitgeber rückwirkend sämtliche Sozialversicherungsbeträge nachzuzahlen, ohne seinerseits die Möglichkeit zu haben, sich wenigstens die Arbeitnehmeranteile bei seinem „frischgebackenen Arbeitneh-

**101** BAG, Urt. v. 9.7.1986 – 5 AZR 44/85 – AP Nr. 7 zu § 242 BGB Geschäftsgrundlage.
**102** LAG Berlin, Urt. v. 8.6.1993 – 15 Sa 31/92 – NZA 1994, 512.

mer" wiederzuholen.[103] Einen Schritt weiter ging das ArbG Karlsruhe in seiner Entscheidung vom 16.9.1999,[104] in dem es die Berechtigung des ehemals freien Mitarbeiters anerkannte, vormals erhaltene Zuschüsse zur Pensionskasse nicht zurückzahlen zu müssen. Dem „neuen" Arbeitgeber verblieb nur die Möglichkeit, mithilfe einer Änderungskündigung den Versuch einer Gehaltsanpassung zu unternehmen. In Anbetracht der sehr restriktiven Rechtsprechung des BAG zur betriebsbedingten Änderungskündigung mit dem Ziel der Gehaltsanpassung führte dieser Weg allerdings selten zum Ziel.

Das LAG Köln ist in seiner Entscheidung vom 10.10.1996[105] erstmals von dieser 143
Rechtsprechung abgewichen und hat dem „neuen" Arbeitnehmer nach erfolgreichem Statusprozess nur noch die **übliche (tarifliche) Vergütung** zugesprochen. In seiner Entscheidung vom 21.1.1998[106] hat sich das BAG nach langen Jahren erstmals wieder mit diesem Streitpunkt befasst. Das BAG hat in dieser Entscheidung, ähnlich wie das LAG Köln die Auffassung vertreten, dass die Anpassung der Vergütung regelmäßig nur für die Zukunft in Betracht komme und dann nach den Grundsätzen über den Wegfall der (subjektiven) Geschäftsgrundlage zu beurteilen sei. Das BAG leitet diesbezüglich aus § 612 Abs. 2 BGB ab, dass der ehemals freie Mitarbeiter und spätere Arbeitnehmer lediglich Anspruch auf Arbeitsentgelt in üblicher Höhe habe. Nur im Ausnahmefall könne der Mitarbeiter, der seine Tätigkeit nunmehr als Arbeitnehmer ausübt, seine bisherigen Honoraransprüche als vertraglich geschuldete Bruttoarbeitsvergütung ansehen. Da in dem vom BAG entschiedenen Fall sowohl ein Tarifvertrag für Arbeitnehmer als auch „Honorarrichtlinien" für freie Mitarbeiter existierten, hat das BAG den klagenden „neuen" Arbeitnehmer im Ergebnis auf die tarifliche Vergütung der Arbeitnehmerschaft verwiesen.

Fehlen im Unternehmen solche Richtlinien für Arbeitnehmer einerseits und 144
freie Mitarbeiter andererseits und scheiden somit Vergleichsmöglichkeiten innerhalb des Unternehmens aus, muss sich die übliche Vergütung nach Vergleichsmaßstäben am gleichen Ort, in gleichen oder ähnlichen Gewerben oder Berufen oder für ähnliche Arbeit unter Berücksichtigung der Verhältnisse des Dienstleistenden beurteilen. Dabei geht das BAG[107] davon aus, dass bei Arbeitnehmern die übliche Vergütung generell der Tariflohn sein kann.

---

**Praxishinweis** !
Ein Scheinselbstständiger, der sicher als freier Mitarbeiter überdurchschnittlich honoriert wurde, kann für die Zukunft als Arbeitnehmer nur die bei anderen Arbeitnehmern übliche Vergütung bean-

---

103 Ausführlich hierzu *Hochrathner*, NZA 2000, 1083.
104 ArbG Karlsruhe, Urt. v. 16.9.1999 – 4 Ca 197/99 – n.v.
105 LAG Köln, Urt. v. 10.10.1996 – 10 Sa 194/96 – LAGE Nr. 7 zu § 611 BGB.
106 BAG, Urt. v. 21.1.1998 – 5 AZR 50/97 – NZA 1998, 594.
107 BAG, Urt. v. 21.11.2001 – 5 AZR 87/00 – EzA Nr. 23 zu § 612 BGB.

sprüchen. Die bisherigen Honoraransprüche als freier Mitarbeiter gelten in der Regel nicht als vertraglich geschuldete Bruttoarbeitsvergütung.

### III. Rückforderungsansprüche

#### 1. Ansprüche des Arbeitgebers

145 Das LAG Köln hat in einem weiteren Urteil vom 10.9.1998[108] erstmals die Möglichkeit für den Arbeitgeber anerkannt, für die Vergangenheit zu viel gezahlte **Vergütung zurückzufordern**. Hierbei stützt sich das LAG auf die Rechtsgrundlage der ungerechtfertigten Bereicherung nach § 812 Abs. 1 S. 1 BGB. In den Fällen, in denen das Vorliegen eines Arbeitsverhältnisses nicht nur für die Zukunft, sondern auch rückwirkend festgestellt wird, hat somit der Arbeitnehmer auch für diesen rückwirkenden Zeitraum nur Anspruch auf die arbeitnehmerübliche Vergütung. Der Arbeitgeber kann grundsätzlich die zu viel gezahlte Vergütung zurückfordern. Das BAG hat zwischenzeitlich die Rechtsauffassung des LAG in der Entscheidung vom 29.5.2002[109] bestätigt.

146 Problematisch sind in diesem Zusammenhang aber häufig anzutreffende (tarifliche) **Ausschlussfristen**, die mit dem Zeitpunkt beginnen, in dem das Bestehen eines Arbeitsverhältnisses feststeht[110] und die oft mit einer kurzen **Dreimonatsfrist** die Geltendmachung von Ansprüchen zwischen den Arbeitsvertragsparteien ausschließen. So scheiterte im entschiedenen Urteil des LAG Köln vom 10.9.1998 der Bereicherungsanspruch des Arbeitgebers an der tarifvertraglichen Ausschlussfrist.[111]

#### 2. Ansprüche des ehemaligen freien Mitarbeiters

147 Das ArbG Düsseldorf hat in seiner Entscheidung vom 17.10.2000[112] den Anspruch eines ursprünglichen Franchise-Vertriebspartners auf Rückzahlung von Franchisegebühren, die er auf Grundlage des Partnerschaftsvertrags bezahlt hatte, abgelehnt. Unter Bezugnahme auf die Rechtsprechung des BAG vom 9.7.1986[113] führt das ArbG Düsseldorf aus, dass eine Rückabwicklung des Vertragsverhältnisses nach den Grundsätzen des Wegfalls der Geschäftsgrundlage ausscheide, da sie ausschließlich

108 LAG Köln, Urt. v. 10.9.1998 – 5 Sa 834/98 – juris.

109 BAG, Urt. v. 29.5.2002 – 5 AZR 680/00 – NZA 2002, 1328; BAG, Urt. v. 9.2.2005 – 5 AZR 175/04 – NZA 2005, 814; BAG, Urt. v. 8.11.2006 – 5 AZR 706/05 – NZA 2007, 321 ff.

110 BAG, Urt. v. 14.3.2001 – 4 AZR 152/00 – NZA 2002, 155; BAG, Urt. v. 29.5.2002 – 5 AZR 680/00 – NZA 2002, 1328.

111 Krit. hierzu *Hochrathner*, NZA 2000, 1083.

112 ArbG Düsseldorf, Urt. v. 17.10.2000 – 11 Ca 3311/00 – NZA-RR 2001, 183.

113 BAG, Urt. v. 9.7.1986 – 5 AZR 44/85 – NZA 1987, 16.

für einen in der Vergangenheit abgeschlossenen Zeitraum vorzunehmen wäre. Das Gericht begründet dies mit einer besonderen Ausprägung des **„Machbarkeitsgedankens“.** Es bedürfe eines ungeheuren Einsatzes an Zeit – wenn überhaupt möglich –, um alle wechselseitigen Leistungen seit Beginn des Vertragsverhältnisses zurückzurechnen und anschließend auf Basis der fiktiven Arbeitsvertragsbedingungen erneut abzurechnen. Das LAG Düsseldorf hat die Entscheidung ohne nähere Auseinandersetzung mit den Gründen bestätigt.

## IV. Sozialversicherungsrecht

### 1. Nachentrichtung der Gesamtsozialversicherungsbeiträge

Nach § 28e Abs. 1 SGB IV schuldet der Arbeitgeber für den zurückliegenden Zeitraum, für den ein sozialversicherungspflichtiges Beschäftigungsverhältnis festgestellt worden ist, die angefallenen Gesamtsozialversicherungsbeiträge. Der Nachentrichtungsanspruch bezieht sich auf **alle Bereiche der Sozialversicherung**, sowohl auf den **Arbeitgeber- als auch auf den Arbeitnehmeranteil.** Damit haftet der Arbeitgeber gegenüber den Sozialversicherungsträgern für die Gesamtsozialversicherungsbeiträge allein. Anders als im Steuerrecht gibt es im Sozialversicherungsrecht keine Gesamtschuldnerhaftung von Arbeitgeber und Arbeitnehmer. 148

**Praxishinweis** !
Steht die Scheinselbstständigkeit fest, schuldet der Arbeitgeber die angefallenen Gesamtsozialversicherungsbeiträge, also sowohl den Arbeitgeber- als auch den Arbeitnehmeranteil.

Die Beitragsansprüche **verjähren grundsätzlich in 4 Jahren** nach Ablauf des Kalenderjahres, in dem sie fällig geworden sind, § 25 Abs. 1 S. 1 SGB IV. Bei vorsätzlichem Verhalten verjähren die Beitragsansprüche erst in 30 Jahren nach Ablauf des Kalenderjahres, in dem sie fällig geworden sind, § 5 Abs. 1 S. 2 SGB IV. Bedingter Vorsatz ist insoweit ausreichend. Dieser wird bereits bejaht, wenn die Beteiligten des Vertragsverhältnisses nur damit rechnen mussten, dass das Vertragsverhältnis ein Arbeitsverhältnis ist, und sie dieses billigend in Kauf nahmen.[114] Die Nachentrichtung der Sozialversicherungsbeiträge kann für den „enttarnten“ Arbeitgeber katastrophale finanzielle Auswirkungen haben. Der Arbeitgeber trägt im Außenverhältnis zu den Sozialversicherungsträgern das finanzielle Risiko der Nachentrichtung allein. Zudem beläuft sich der nachzuentrichtende Betrag im Einzelfall auf beträchtliche Summen, da die kurze Verjährungsfrist im Hinblick auf den weiten Anwendungsbereich des bedingten Vorsatzes nur selten zum Tragen kommt. 149

**114** Kasseler Kommentar zum Sozialversicherungsrecht/*Seewald*, § 25 SGB IV Rn 6.

### 2. Erstattung nach § 28g SGB IV

150 Ein Rückgriff wegen der Arbeitgeberbeiträge beim Arbeitnehmer ist nicht möglich, da diese als Eigenanteil ohnehin vom Arbeitgeber und nicht vom Arbeitnehmer zu tragen sind. Der Rückgriff des Arbeitgebers auf den enttarnten Arbeitnehmer beschränkt sich nach § 28g S. 1 SGB IV auf den **Arbeitnehmeranteil**. Laut § 28g S. 2 SGB IV kann der unterbliebene Abzug des Arbeitnehmeranteils vom Arbeitgeber ferner nur zeitlich befristet, und zwar bei den nächsten drei Lohn- oder Gehaltszahlungen nachgeholt werden, § 28g S. 3 SGB IV.

! **Praxishinweis**
Ein Rückgriff des Arbeitgebers beim Arbeitnehmer wegen der Arbeitnehmerbeiträge ist regelmäßig – bis auf den sehr kleinen Bereich des Lohnabzugsverfahrens – ausgeschlossen mit der Folge, dass der Arbeitgeber die Gesamtlast nach Entrichtung zur Sozialversicherung trägt.

151 Nach Ablauf der 3-Monats-Frist ist ein Abzug vom Entgelt nur noch dann möglich, wenn der Abzug **ohne Verschulden des Arbeitgebers** unterblieben war. Schuldlos ist der Abzug, wenn er aufgrund einer unzutreffenden Auskunft der zuständigen Stelle i.S.d. § 28h Abs. 2 SGB IV unterblieben ist.[115] Zuständig für eine verbindliche Auskunft ist die Einzugsstelle, § 28h Abs. 2 SGB IV, §§ 14, 15 SGB I. Unterlässt der Arbeitgeber die vom Gesetzgeber vorgesehene Auskunftseinholung, gilt ein entsprechender Rechtsirrtum grundsätzlich als verschuldet mit der Folge, dass der Rückgriff nur auf die 3-Monats-Frist begrenzt ist.[116] Bei dem Abzugsverfahren hat der Arbeitgeber ferner die Pfändungsfreigrenzen der §§ 850 ff. ZPO zu beachten. Dies gilt sowohl für den zeitlich befristeten Abzug bei den nächsten drei Entgeltzahlungen als auch für den zeitlich unbegrenzten Erstattungsanspruch nach § 28h Abs. 2 SGB IV.

### 3. Abweichende Vereinbarung

152 Die Durchführung des Lohnabzugsverfahrens gewährt dem Arbeitgeber in der Regel keine nennenswerte finanzielle Entlastung. Wie oben ausgeführt, ist sie in der Regel auf einen 3-Monats-Zeitraum befristet. Im Übrigen **scheidet** die Durchführung des **Lohnabzugsverfahrens** gänzlich **aus**, wenn das Beschäftigungsverhältnis zum Zeitpunkt des Nachforderungsbescheids bereits beendet ist.

153 Angesichts der engen gesetzlichen Regressmöglichkeiten ist vielfach der Versuch unternommen worden, **abweichende Vertragsvereinbarungen** mit dem Beschäftigten zu treffen, um die finanziellen Folgen für den Arbeitgeber zu mindern.

---

115 Kasseler Kommentar zum Sozialversicherungsrecht/*Seewald*, § 28g SGB IV Rn 11.

116 LAG Bremen, Urt. v. 2.11.1966 – 1 Sa 105/66 – DB 1967, 1771; LAG Köln, Urt. v. 21.2.2006 – 9 Sa 1164/05 – AR Blattei ES 1400 Nr. 77.

Vereinbarungen zwischen Auftraggeber und freiem Mitarbeiter, worin sich der freie Mitarbeiter verpflichtet, im Fall der Beitragsnachentrichtung dem Arbeitgeber die Gesamtsozialversicherungsbeiträge zeitlich unbegrenzt zu erstatten, verstoßen gegen § 32 SGB I und sind nichtig. Eine Regelung der Erstattungspflicht des Arbeitnehmers zugunsten des Arbeitgebers kann damit nicht abweichend von § 28g SGB IV getroffen werden.

**Praxishinweis**

Die Vereinbarung zwischen freiem Mitarbeiter und Auftraggeber, wonach für den Fall der Scheinselbstständigkeit der freie Mitarbeiter für die Nachentrichtung der Sozialversicherungsbeiträge aufzukommen hat, ist generell nichtig.

Dem Arbeitgeber kann im Einzelfall allerdings ein **Schadensersatzanspruch** nach 154
§ 826 BGB zustehen, wenn der freie Mitarbeiter gegenüber dem Auftraggeber etwa Falschangaben gemacht hat. Allerdings ist auch bei Anwendung des § 826 BGB zweifelhaft, ob der Schadensersatzanspruch auch die Arbeitgeberanteile einbezieht. Denn gem. § 28g S. 4 SGB IV ist der Arbeitgeber im Rahmen des Lohnabzugs dann zeitlich nicht begrenzt, wenn der Beschäftigte seinen Verpflichtungen nach § 28o Abs. 1 S. 1 SGB IV vorsätzlich oder grob fahrlässig nicht nachkommt.[117] Der Beschäftigte hat nach § 28o Abs. 1 S. 1 SGB IV dem Arbeitgeber die zur Durchführung des Meldeverfahrens und der Beitragszahlung erforderlichen Angaben zu machen und ggf. die noch erforderlichen Unterlagen vorzulegen. Bei Verstoß gegen diese Pflichten hat der Arbeitgeber die Möglichkeit, zeitlich unbegrenzt die Rückerstattung des nachentrichteten Arbeitnehmeranteils zu verlangen. Die Ausdehnung des Anspruchs auf den Arbeitgeberanteil ist allerdings auch von dieser Sonderbestimmung nicht erfasst.[118]

### 4. Besonderheit bei Überschreiten der Jahresarbeitsentgeltgrenze und Versorgungswerken

Das Nachzahlungsrisiko des Arbeitgebers verringert sich in den Fällen, in denen die 155
Einkünfte des bisherigen freien Mitarbeiters und neuen Arbeitnehmers über der Jahresarbeitsentgeltgrenze liegen.

**117** So handelte im Fall des LAG Berlin-Brandenburg, Urt. v. 26.11.2010 – 6 Sa 1814/10 – juris, ein Student grob fahrlässig, da er seinem Arbeitgeber keine Mitteilung vom Verlust seines sog. Werkstudentenprivilegs gem. § 6 Abs. 1 Nr. 3 SGB IV machte.

**118** Zum Ergebnis auch BAG, Urt. v. 14.1.1988 – 8 AZR 238/85 – DB 1988, 1550; LAG Berlin, Urt. v. 3.6.1986 – 2 Sa 27/86 – LAGE Nr. 1 zu § 394-395 RVO; BAG, Urt. v. 27.4.1995 – 8 AZR 382/94 – NZA 1995, 935; a.A. ArbG Bonn, Urt. v. 8.1.1993 – 4 Ca 2365/92 – BB 1993, 794; *Kunz/Kunz*, DB 1993, 326, 329.

### a) Keine Pflichtversicherung in der Kranken- und Pflegeversicherung

156 Zum einen entfällt die gesetzliche Pflichtversicherung zur Krankenversicherung bei Überschreiten der jeweiligen Beitragsbemessungsgrenze mit der Folge, dass hier **keine Nachzahlungen** zu leisten sind. Der Tätige trägt in einem solchen Fall nämlich ohnehin den gesamten Beitrag selbst. Er könnte aber – bei Feststellung einer abhängigen Beschäftigung – nach § 257 SGB V, § 61 SGB XI einen Anspruch auf Beitragszuschüsse zur Kranken- und Pflegeversicherung gegenüber seinem Arbeitgeber geltend machen. Dieser Zuschuss ist in Höhe der Hälfte des um 0,9 verminderten Beitragssatzes zu zahlen. In diesem Fall wäre der Arbeitgeber dann nicht gegenüber der Rentenversicherung, sondern gegenüber dem Tätigen zur Zahlung eines Beitragszuschusses verpflichtet.

### b) Befreiung in der gesetzlichen Rentenversicherung

157 Bei verschiedenen Tätigkeitsformen, insbesondere bei Freiberuflern wie Ärzten oder Rechtsanwälten kann eine Befreiung in der gesetzlichen Rentenversicherung nach § 6 Abs. 1 Nr. 1 SGB VI vorliegen, sodass bei diesen **keine Versicherungspflicht** in der **gesetzlichen Rentenversicherung** besteht. Dies hat zur Folge, dass auch in diesem Zweig keine Sozialversicherungsbeiträge nachzuzahlen wären.

---

**!** **Praxishinweis**

Bei Besserverdienern, deren Einkünfte über der Beitragsbemessungsgrenze liegen, reduziert sich das Risiko der Nachzahlung für den Arbeitgeber.

---

158 Des Weiteren reduziert sich das Risiko der Nachzahlung auch im Hinblick auf die Rentenversicherung jedenfalls insoweit, als die Beitragsbemessungsgrenze überschritten ist.

#### aa) Befreiung nach § 6 Abs. 1 Nr. 1 SGB VI

159 Eine Befreiung nach § 6 Abs. 1 Nr. 1 SGB VI kann dann erfolgen, wenn der Tätige aufgrund einer durch Gesetz angeordneten oder auf Gesetz beruhenden Verpflichtung **Mitglied** einer **öffentlich-rechtlichen Versicherungseinrichtung** oder Versorgungseinrichtung ihrer Berufsgruppe (**berufsständische Versorgungseinrichtung**) und zugleich kraft gesetzlicher Verpflichtung Mitglied einer berufsständischen Kammer ist. Wie auch bei der Krankenversicherung hat der Arbeitnehmer im Falle einer Feststellung der abhängigen Beschäftigung aber gegen den Arbeitgeber einen Anspruch auf einen Beitragszuschuss zum Versorgungswerk. Der Anspruch besteht höchstens in Höhe der Hälfte des Beitrags, der zu zahlen wäre, wenn keine Befreiung von der Rentenversicherungspflicht bestünde, § 172a SGB VI.

### bb) Neueste Rechtsprechung des BSG

Das BSG hat sich jüngst gleich in drei Verfahren[119] mit der Befreiung der Rentenversicherungspflicht beschäftigt. Es hat darin entgegen der bisherigen Verwaltungspraxis ausdrücklich entschieden, dass bei **jeder Änderung der Tätigkeit** ein **erneuter Befreiungsantrag** von der gesetzlichen Rentenversicherungspflicht notwendig sei. Insofern ist in der Praxis künftig eindringlich zu prüfen, ob die vorliegende Befreiung auch auf die entsprechende Tätigkeit anwendbar ist und somit die Befreiung noch gilt. 160

**Praxishinweis**
Bezüglich der Befreiung von der Rentenversicherungspflicht muss allerdings in der Praxis auch die neueste Rechtsprechung des BSG Beachtung finden, sodass Vorsicht geboten ist. !

Die bisherige Verwaltungspraxis der Deutschen Rentenversicherung hatte bei Betriebsprüfungen, in denen eine „alte Befreiung" vorlag, bei einem neuen Arbeitgeber konkret geprüft, ob der Betroffene noch eine berufsspezifische Tätigkeit ausübt oder nicht. Lediglich in den Fällen, in denen keine berufsspezifische Tätigkeit mehr ausgeübt wurde, wurde ein erneuter Befreiungsantrag für erforderlich gehalten. 161

Das BSG verlangt aber nunmehr für jede neue Beschäftigung, also auch bei jedem Arbeitgeber oder Tätigkeitswechsel einen neuen Befreiungsantrag. Nach Auffassung des BSG ist nämlich der Bescheid über die Befreiung von der Rentenversicherungspflicht auf die jeweilige Beschäftigung oder die selbstständige Tätigkeit beschränkt, und zwar auch dann, wenn es sich bei dem neuen Beschäftigungsverhältnis um eine **berufsspezifische Tätigkeit** handelt, die eine Befreiung von der Rentenversicherungspflicht gem. § 6 SGB VI rechtfertigt. Das Gericht führt an, dass Anknüpfungspunkt allein die jeweilige Beschäftigung oder selbstständige Tätigkeit des Betroffenen sei. Materielle Merkmale werden hingegen nicht definiert. Es gehe allein um die Begriffe „Beschäftigung" und „selbstständige Tätigkeit". Beschäftigung ist wiederum in § 7 Abs. 1 S. 1 SGB IV als nichtselbstständige Arbeit insbesondere in einem Arbeitsverhältnis definiert. Das Gericht ist der Auffassung, dass es sich bei einem Wechsel des Arbeitgebers insoweit bereits deshalb nicht mehr um „dieselbe Beschäftigung" handeln könne, die zur ursprünglichen Befreiung von der Versicherungspflicht geführt habe, weil die weiteren Arbeitgeber eben andere Arbeitgeber als die zuvor zur Befreiung geführten Beschäftigung seien und daher als ganz andere Arbeits- und Beschäftigungsverhältnisse zu beurteilen seien. Das Gericht folgt somit ausdrücklich nicht der Auffassung, dass von vornherein alle berufsgruppenspezifischen Tätigkeiten erfasst würden. 162

119 BSG, Urt. v. 31.10.2012 – B 12 R 8/10 R – NJW 2013, 1901; BSG, Urt. v. 31.10.2012 – B 12 R 3/11 R – NJW 2013, 1624; BSG, Urt. v. 31.10.2012 – B 12 R 5/10 R – NJW 2013, 1628.

**Praxishinweis**
Angesichts dieser neuen Rechtsprechung des BSG sollte der Arbeitgeber bzw. Auftraggeber in jedem Einzelfall eine etwaige Befreiung genau prüfen, um so das Risiko einer möglichen Nachzahlungsverpflichtung richtig einschätzen zu können. Es kann auch vorsorglich eine (erneute) Befreiung beantragt werden.

### cc) Stellungnahme der Deutschen Rentenversicherung Bund zur Umsetzung der Entscheidungen des BSG

163 Die Deutsche Rentenversicherung Bund hat bereits auf die Urteile des BSG reagiert und zum Ausdruck gebracht, dass die Rechtsauffassung des BSG für die Befreiungspraxis eine **gesteigerte Formalisierung** zur Folge hat.[120]

164 Jedes Pflichtmitglied eines berufsständischen Versorgungswerks, welches gleichzeitig auch in der gesetzlichen Rentenversicherung pflichtversichert ist, muss **für jede neu aufgenommene versicherungspflichtige Beschäftigung** oder selbstständige Tätigkeit ein eigenständiges Befreiungsverfahren durchführen.

165 Dabei gilt als neu aufgenommen sowohl jede wesentliche Änderung der Tätigkeit bei dem bisherigen Arbeitgeber als auch jeder Arbeitgeberwechsel.

166 Das **Befreiungsverfahren** wird wie bisher auch durch einen Befreiungsantrag eingeleitet. Nun ist aber auch konkret die Tätigkeit zu bezeichnen und der Arbeitgeber zu nennen.

167 Die Deutsche Rentenversicherung Bund führt trotz dessen explizit aus, dass es für Ärzte, die eine ärztliche Tätigkeit in Krankenhäusern oder Arztpraxen ausüben, für Apotheker in Apotheken sowie für Rechtsanwälte bei anwaltlichen Arbeitgebern bei der bisherigen Praxis verbleibt, soweit diese ihre derzeitige **Beschäftigung vor dem 31.10.2012** aufgenommen haben. Für diese Personengruppe gilt somit, dass diese neue Befreiungsanträge erst zwingend bei einem Wechsel der Beschäftigung stellen müssen. Zur Klarstellung können aber auch Befreiungsanträge für die aktuell ausgeübte Beschäftigung gestellt werden.

**Praxishinweis**
Für Ärzte in Krankenhäusern oder Praxen, Apotheker in Apotheken oder aber auch Rechtsanwälte bei anwaltlichen Arbeitgebern, die ihre derzeitige Tätigkeit vor dem 31.10.2012 aufgenommen haben, verbleibt es bei der bisherigen Praxis, sodass diese einen neuen Befreiungsantrag erst bei dem nächsten Wechsel der Tätigkeit stellen müssen.

120 Vgl. Stellungnahme der Deutschen Rentenversicherung Bund mit Stand v. 10.1.14, abrufbar unter http://www.deutsche-rentenversicherung.de unter Stichwort „Änderungen im Befreiungsrecht der Rentenversicherung".

## V. Steuerrecht

### 1. Lohnsteuerabzugsverfahren

Der bisherige Auftraggeber haftet nach § 42d Abs. 3 S. 1 EStG für die bisher nicht abgeführte Lohnsteuer. Dabei wird die abzuführende Lohnsteuer auf der Grundlage der dem Beschäftigten zugeflossenen Einnahmen berechnet. Es erfolgt also keine Hochrechnung der an den vermeintlich selbstständig Beschäftigten ausgezahlten Bezüge auf einen Bruttolohn.[121] 168

Nach § 38 Abs. 2 EStG ist Schuldner der Lohnsteuer grundsätzlich der Arbeitnehmer. Daneben haftet der Arbeitgeber gem. § 42d Abs. 1 Nr. 1 EStG. Die Haftung erstreckt sich darauf, dass die Lohnsteuer im Rahmen des Steuerabzugsverfahrens richtig einbehalten und abgeführt wird. Arbeitgeber und Arbeitnehmer sind somit hinsichtlich der Lohnsteuer **Gesamtschuldner**, § 42d Abs. 3 S. 1 EStG. Wer vonseiten des Finanzamtes in Anspruch genommen wird, steht grundsätzlich im **Ermessen der Finanzverwaltung**. Eine Inanspruchnahme des Auftraggebers kommt allerdings dann nicht in Betracht, wenn die Finanzverwaltung die Steuer ebenso schnell bzw. einfach auch beim Auftragnehmer beitreiben kann.[122] Ebenso wäre es ermessensfehlerhaft von der Finanzverwaltung, wenn sie die Steuern nur deshalb nicht vom Arbeitnehmer nachfordern würde, weil die bereits bestandskräftige Einkommensteuerveranlagung durch Erlass eines geänderten Steuerbescheides mangels der dafür erforderlichen Voraussetzungen nicht mehr möglich wäre.[123] Auch wenn der nicht selbstständig Tätige bereits aus dem Dienstverhältnis beim Auftraggeber ausgeschieden ist, sieht der BFH die Inanspruchnahme des Auftraggebers regelmäßig als fehlerhafte Ermessensausübung an.[124] 169

---

**Praxishinweis** !

Das Finanzamt kann sich für die Nachentrichtung der Einkommensteuer wahlweise an Arbeitgeber oder Arbeitnehmer richten. Unabhängig von dieser gesamtschuldnerischen Haftung trägt der Arbeitnehmer die Gesamtlast der Nachzahlung der Lohnsteuer.

---

Anders als im Sozialversicherungsrecht kann der Arbeitgeber bezüglich der nachzuentrichtenden Lohnsteuer den Arbeitnehmer in **vollem Umfang in Regress** nehmen. Dies ist eine Folge des gesamtschuldnerischen Haftungsverhältnisses, wonach der leistende Schuldner grundsätzlich berechtigt ist, vom befreiten Schuldner Ersatz 170

---

**121** BFH, Urt. v. 23.4.1997 – VI R 12/96 –, – VI R 99/6 – BFH BFH/NV 1997, 656.

**122** BFH, Urt. v. 12.1.1968 – VI R 117/66 – DB 1968, 878; BFH, Urt. v. 20.6.1990 – I R 157/87 – BFHE 161, 117.

**123** BFH, Urt. v. 9.10.1992 – VI R 47/91 – DB 1993, 209.

**124** BFH, Urt. v. 10.1.1964 – IV 262/62 U – BFHE 78, 560; BFH, Beschl. v. 19.7.1995 – VI B 28/95 – BFH/NV 1996, 32.

für seine Aufwendungen zu verlangen, § 426 BGB.[125] In der Praxis bereitet die Durchsetzung dieser Ansprüche aber oft Probleme, wenn der Arbeitnehmer seine Ersatzpflicht nicht erfüllt.[126]

### 2. Umsatzsteuer

171 Dem Scheinselbstständigen, der nicht in einem selbstständigen Vertragsverhältnis gestanden hat, wird gem. § 2 Abs. 2 Nr. 1 UStG die **Unternehmereigenschaft nachträglich versagt**. Insofern ergeben sich aus der Qualifizierung eines Vertragsverhältnisses als nicht selbstständiges Beschäftigungsverhältnis auch umsatzsteuerrechtliche Konsequenzen.

#### a) Folgen für den Scheinselbstständigen

172 Aufgrund der Qualifikation des Vertragsverhältnisses als abhängige Beschäftigung fehlt es tatsächlich an einem umsatzsteuerbaren Leistungsaustausch nach § 1 Abs. 1 Nr. 1 UStG. Wurde trotzdem eine Rechnung ausgestellt und ein Umsatzsteuerbetrag ausgewiesen, stellt dies einen **unberechtigten Steuerausweis** dar und der Scheinselbstständige schuldet gem. § 14c Abs. 2 S. 1 UStG den ausgewiesenen Betrag. Dies gilt auch bei der Ausstellung einer Gutschrift durch den Auftraggeber gem. § 14 Abs. 2 S. 2 UStG, da hierfür grundsätzlich die Vorschriften des UStG über Rechnungen anwendbar sind.[127] Für den Scheinselbstständigen besteht aber die Möglichkeit der **Berichtigung des Steuerbetrags**, sofern er den unberechtigten Steuerausweis für ungültig erklärt und den Nachweis für die Nichtgefährdung des Steueraufkommens erbringen kann. Die Gefährdung des Steueraufkommens ist beseitigt, wenn ein Vorsteuerabzug beim Auftraggeber nicht durchgeführt oder die geltend gemachte Vorsteuer an die Behörde zurückgezahlt ist. Auf den guten Glauben des Rechnungsausstellers kommt es für die Berichtigung nicht an, auch der bösgläubige Rechnungsausteller hat unter den oben genannten Voraussetzungen ein Berichtigungsrecht.[128] Die Berichtigung erfolgt auf Antrag gem. § 14c Abs. 2 S. 3–5 UStG in einem speziellen Verwaltungsverfahren und kann nicht durch eine eigenständige Korrektur der Rechnungen selbst vorgenommen werden.

---

125 Im Verhältnis von Arbeitgeber und Arbeitnehmer ist grundsätzlich allein der Arbeitnehmer Schuldner der Steuerforderung, vgl. BAG, Urt. v. 20.3.1984 – 3 AZR 124/82 – BAGE 45, 222, 227; BAG, Urt. v. 16.6.2004 – 5 AZR 521/03 – NJW 2004, 3588.

126 *Reiserer*, BB 1998, 1263.

127 Vgl. FG Niedersachsen, Urt. v. 9.10.2013 – 5 K 319/12 – juris; Bunjes/*Korn*, § 14 Rn 57.

128 Vgl. UStAE 14c.2 Abs. 3 S. 4; bezüglich des Berichtigungsrechts eines bösgläubigen Rechnungsstellers vgl. EuGH, Urt. v. 19.9.2000 – C-454/98 „Schmeink & Cofreth und Manfred Strobel" – DStRE 2004, 108; Bunjes/*Korn*, § 14c Rn 47.

#### b) Folgen für den Arbeitgeber als „vermeintlicher Auftraggeber"

Da mangels Nichtvorliegens einer Leistung durch den Scheinselbstständigen die auf der Rechnung ausgewiesene Umsatzsteuer nicht als Vorsteuer gem. § 15 Abs. 1 S. 1 Nr. 1 UStG gezogen werden kann, ist im Fall des **unberechtigten Vorsteuerabzugs** durch den Auftraggeber dieser gem. § 17 Abs. 1 S. 2 UStG zu berichtigen. Die Berichtigung ist rückwirkend für den Zeitraum vorzunehmen, in dem die Vorsteuer unberechtigterweise abgezogen wurde. Dies hat zur Folge, dass auch die Minderung der Zahllast in Höhe der gezogenen Vorsteuer wegfällt und damit eine höhere Steuerschuld vorliegt. Zudem sind die Steuernachforderungen gem. § 233a AO zu verzinsen. 173

#### c) Strafrechtlicher Gesichtspunkt

Wegen der unberechtigten Ziehung der Vorsteuer steht auch eine Strafbarkeit wegen **Umsatzsteuerhinterziehung** gem. § 370 Abs. 1 AO, § 18 UStG im Raum, da der Auftraggeber hierdurch die Aussage macht, dass er die Eingangsleistung eines Unternehmers bezogen habe, was eine steuerlich erhebliche Tatsache ist und der Auftraggeber somit gegenüber dem Finanzamt eine unrichtige Angabe macht. Bezüglich der Erklärung einer unrichtigen Angabe muss der Auftraggeber mindestens Eventualvorsatz haben. Für die Frage, unter welchen Voraussetzungen ein Eventualvorsatz seitens des Auftraggebers angenommen wird, kann auf die nachfolgenden Ausführungen verwiesen werden. 174

## VI. Strafrecht

Auch in strafrechtlicher Hinsicht kann die fehlerhafte Einordnung des Scheinselbstständigen erhebliche Sanktionen nach sich ziehen. Durch die Scheinselbstständigkeit werden Sozialversicherungsbeiträge vorenthalten, was nach § 266a StGB mit Freiheitsstrafe bis zu 5 Jahren oder mit Geldstrafe bestraft werden kann. Wer demnach als Arbeitgeber Beiträge des Arbeitnehmers zur Sozialversicherung vorenthält, macht sich nach § 266a StGB strafbar. 175

---

**Praxishinweis** !

Die Nichtabführung von Arbeitnehmerbeiträgen zur Sozialversicherung ist nach § 266a StGB strafbar. Der Strafbarkeit unterliegt der Arbeitgeber, im Fall der GmbH der bzw. die Geschäftsführer, im Fall der Aktiengesellschaft der bzw. die Vorstände.

---

### 1. Sozialrechtsakzessorische Gestaltung

Bei § 266a StGB handelt es sich um ein **Sonderdelikt**, da Täter dieser Vorschrift nur der Arbeitgeber bzw. die ausdrücklich im Gesetz aufgeführten Personen sein 176 können. Der Tatbestand ist **sozialrechtsakzessorisch** ausgestaltet,[129] da die „vorenthaltenen" Beiträge nur solche sein können, die nach materiellem Sozialversicherungsrecht auch geschuldet sind. Die Einordnung der Tätigkeit des (Schein-) Selbstständigen in sozialversicherungsrechtlicher Hinsicht ist demnach auch von entscheidender Bedeutung für eine mögliche Strafbarkeit des Auftraggebers.

177 Dabei ist nur das Vorenthalten der Arbeitnehmeranteile zur Sozialversicherung nach § 266a StGB strafbar. Das Vorenthalten der Arbeitgeberanteile hingegen wird von der Vorschrift nicht erfasst.

## 2. Vorsatz

178 Eine Strafbarkeit nach § 266a StGB kommt nur bei vorsätzlichem Handeln in Betracht. Ein vorsätzliches Vorenthalten von Sozialversicherungsbeiträgen setzt dabei das **Bewusstsein** und den **Willen** voraus, die geschuldeten Beiträge bei Fälligkeit nicht abzuführen. Der Arbeitgeber muss daher die Pflicht zur Abführung der Beiträge kennen und wollen oder wenigstens **billigend in Kauf nehmen**, dass diese Pflicht nicht erfüllt wird.[130] Zu beachten ist dabei, dass insoweit auch bedingter Vorsatz ausreichend ist. Fahrlässigkeit, selbst in den Erscheinungsformen der bewussten oder der groben Fahrlässigkeit genügen hingegen nicht.[131] Die Abgrenzung zwischen bedingtem Vorsatz und (bewusster) Fahrlässigkeit wird dabei nach allgemeinen strafrechtlichen Grundsätzen vorgenommen: Der bewusst fahrlässig Handelnde ist mit der als möglich erkannten Folge nicht einverstanden und vertraut deshalb auf ihren Nichteintritt, während hingegen der bedingt vorsätzlich Handelnde mit dem Eintreten des Erfolgs in dem Sinne einverstanden ist, dass er ihn zwar nicht möchte, ihn aber zumindest billigend in Kauf nimmt.[132]

179 Nach diesen Grundsätzen wurde in sog. Scheinselbstständigkeitsfällen der Vorsatz des Arbeitgebers hinsichtlich einer Strafbarkeit i.S.v. § 266a StGB bezüglich des Vorenthaltens von Sozialversicherungsbeiträgen bereits **von einigen Instanzgerichten verneint.** Die Hürden für einen etwaigen Vorsatz sind somit hoch.

180 In den Fällen, in denen die Parteien eine **selbstständige Tätigkeit vereinbart** haben, wird sich der Auftraggeber typischerweise auch darauf berufen, dass er nach seinen Vorstellungen gerade nicht von seiner mit einem Arbeitsverhältnis verbundenen Arbeitgeberstellung und der daraus resultierenden Beitragsabführungspflicht ausgegangen ist und es ihm deshalb am erforderlichen Vorsatz fehle. Vor dem LG Ravensburg[133] wurde ein Auftraggeber mit diesem Vortrag gehört. Es ent-

---

129 Vgl. *Fischer*, § 266a Rn 9a.

130 BGH, Urt. v. 1.10.1991 – VI ZR 374/90 – NJW 1992, 177.

131 BSG, Urt. v. 30.3.2000 – B 12 KR 14/99 – juris.

132 Vgl. *Fischer*, § 15 Rn 9a.

133 LG Ravensburg, Urt. v. 26.9.2006 – 4 NS 24 Js 22865/03 – BeckRS 2007, 10684.

schied, dass darin ein **Tatbestandsirrtum**, welcher den Vorsatz ausschließt, zu sehen ist. In der Entscheidung des LG Ravensburg ging es um den Bereich des Speditionswesens und das Gericht sah hier sowohl Anhaltspunkte für ein Arbeitsverhältnis als auch für eine selbstständige Tätigkeit. Es führte deshalb aus, dass in einem solchen Fall ein bedingter Vorsatz des Dienstgebers hinsichtlich seiner Stellung als Arbeitgeber nicht unterstellt werden könne. Es sah die Komplexität der Rechtsbegriffe „Arbeitgeber" und „Arbeitnehmer" sowie „Beschäftigte" und führte aus, dass zwischen Annahme und Verneinung einer bestehenden Arbeitgebereigenschaft oft nur Nuancen lägen, die selbst von fachkundigen Entscheidungsträgern unterschiedlich betrachtet und bewertet werden könnten. Derart komplexe Rechtsfragen können nur in einem Verwaltungsverfahren und nach Erlass eines Bescheides bzw. Widerspruchsbescheides in einem Verfahren vor dem Sozialgericht geklärt werden.

Insofern zeigt auch dieser Fall, dass der strafrechtliche Vorsatz in der Praxis für 181
etwaige Arbeitgeber in vielen Fällen **nur schwer nachweisbar** ist.[134]

## G. Statusfeststellungsverfahren gem. § 7a SGB IV

Durch das Gesetz vom 20.12.1999 ist in § 7a SGB IV ein Anfrageverfahren zur Status- 182
klärung eingeführt worden. Dieses Verfahren dient der verbindlichen Feststellung, ob eine selbstständige Tätigkeit oder eine abhängige Beschäftigung vorliegt.

### I. Gesetzgeberische Ziele

Das Anfrageverfahren zur Statusfeststellung soll den Beteiligten Rechtssicherheit 183
darüber verschaffen, ob eine selbstständige Tätigkeit oder eine abhängige Beschäftigung gegeben ist. Mit diesem besonderen, neu eingeführten Anfrageverfahren soll eine schnelle und unkomplizierte Möglichkeit zur **Klärung der Statusfrage** erreicht werden.[135] Zugleich sollen mittels des Anfrageverfahrens **divergierende Entscheidungen** zwischen den Beitragseinzugsstellen und Prüfstellen **verhindert** werden,[136] indem die Zuständigkeit für die Entscheidung über die Anfrage bei einer Stelle, und zwar der Clearingstelle der Deutschen Rentenversicherung Bund, konzentriert worden ist. Die Deutsche Rentenversicherung Bund bot sich als die insofern kompetenteste Stelle an, als sie zumeist auch für die Auftragnehmer zuständig ist, bei denen es etwa um Fragen der Rentenversicherungspflicht als arbeitnehmerähnlicher Selbstständiger gem. § 2 S. 1 Nr. 9 SGB VI geht. Gerade weil es in der Vergangenheit

---

134 Vgl. dazu insgesamt auch *Powietzka/Bölz*, KrV 04/12, 137, 141.
135 BT-Drucks. 14/1855, S. 7 f.
136 BT-Drucks. 14/1855, S. 6.

des Öfteren zu divergierenden Entscheidungen gekommen war, wurde diese Neuregelung als sinnvoll und notwendig begrüßt.

184 Als weiteren Zweck verfolgte der Gesetzgeber mit der Einführung des Anfrageverfahrens, dass durch eine größere Kooperation zwischen den Beteiligten und den Sozialversicherungsträgern die **Rechtssicherheit erhöht** und die **Dunkelziffer verringert** werden kann.[137] Dieses Ziel sollte dadurch erreicht werden, dass im Gesetz unter bestimmten Voraussetzungen der Aufschub der Entstehung der Beitragspflicht sowie die aufschiebende Wirkung von Rechtsmitteln (§ 7a Abs. 6 und 7 SGB IV) vorgesehen wurde. Diese gesetzliche Regelung weicht von den im Sozialversicherungsrecht sonst bestehenden üblichen Grundsätzen des Beitragsverfahrens ab. Die Beitragspflicht entsteht nämlich grundsätzlich mit Begründung des Beschäftigungsverhältnisses, die Beiträge werden zumeist spätestens zum 15. eines Monats fällig, der dem Monat folgt, in dem die Beschäftigung ausgeübt wird, und die Ansprüche verjähren nach 4 Jahren (§§ 23, 25 SGB IV). Das Anfrageverfahren sieht deshalb Abweichungen von diesen üblichen Grundsätzen des Beitragsverfahrens vor, da die Beteiligten nur dann das Anfrageverfahren einleiten, wenn ihnen nicht zugleich hohe Beitragsnachforderungen (wie in der Vergangenheit gegeben) drohen.[138]

## II. Anfrageverfahren nach § 7a Abs. 1 SGB IV

### 1. Optionales Verfahren

185 Bei den Anfrageverfahren zur Statusfeststellung ist im ersten Schritt zwischen dem optionalen und dem obligatorischen Anfrageverfahren zu unterscheiden.

186 Beim optionalen Anfrageverfahren können die beteiligten Unternehmen und tätigen Personen oder aber auch nur einer der Beteiligten schriftlich eine **rechtsverbindliche Entscheidung beantragen**, ob eine abhängige Beschäftigung vorliegt oder Selbstständigkeit angenommen wird, § 7a Abs. 1 S. 1 SGB IV.[139]

187 Dabei ist grundsätzlich zwischen zwei verschiedenen Zeitpunkten des Anfrageverfahrens zu unterscheiden, was insbesondere Auswirkungen auf den Eintritt der möglichen Rechtsfolgen hat. Das Statusfeststellungsverfahren bzw. der damit verbundene Antrag nach § 7a Abs. 1 SGB IV kann **ohne Fristerfordernis**, also grundsätzlich zu jeder Zeit gestellt werden. Es ist hierbei lediglich zu beachten, dass nicht bereits ein Verfahren zur Feststellung des Status des Betreffenden vonseiten der Einzugsstelle oder eines anderen Versicherungsträgers eingeleitet wurde. Rechtsfolge eines nach § 7a Abs. 1 S. 1 SGB IV gestellten Antrags ist, dass zumindest für die Zukunft Rechtssicherheit besteht. **Bestimmte Vergünstigungen** gelten für die Be-

137 Vgl. Abschlussbericht der Kommission, NWB Nr. 43 v. 25.10.1999, 3950.

138 Vgl. dazu auch *Reiserer/Freckmann*, S. 53 f.

139 Vgl. hierzu näher unter Rn 190 ff.

teiligten dann, wenn der Antrag **innerhalb eines Monats** nach Aufnahme der Tätigkeit gestellt wird, § 7a Abs. 6 SGB IV.

### 2. Obligatorisches Anfrageverfahren

Demgegenüber steht das obligatorische Anfrageverfahren. Seit dem 1.1.2005 hat die Einzugsstelle bei der Deutschen Rentenversicherung Bund nach § 7a Abs. 1 S. 2 SGB IV ein Statusfeststellungsverfahren dann **zu initiieren**, wenn der Arbeitgeber bei der Einzugsstelle die Beschäftigung eines **Ehegatten/Lebenspartners**, eines **Abkömmlings** des Arbeitgebers oder eines **GmbH-Gesellschafter-Geschäftsführers** anmeldet. Auch **Gesellschafter-Geschäftsführer einer UG** (haftungsbeschränkt) zählen zu Letzterem dazu.[140] Zu den Abkömmlingen gehören nicht nur die im ersten Grad verwandten Kinder, sondern auch Enkel, Urenkel usw. Adoptivkinder werden ebenfalls dazugerechnet, nicht hingegen Stief- oder Pflegekinder. 188

Der Arbeitgeber hat nach § 28a Abs. 3 S. 2 Nr. 1 lit. d und e SGB IV bei der Anmeldung des Beschäftigten anzugeben, ob zum Arbeitnehmer eine Beziehung als Ehegatte, Lebenspartner oder Abkömmling besteht oder ob es sich um eine Tätigkeit als geschäftsführender Gesellschafter einer GmbH handelt. Geht bei der Einzugsstelle sodann eine entsprechende erstmalige Anmeldung ein, wird die Meldung an die Deutsche Rentenversicherung Bund weitergeleitet, die daraufhin mit dem Versand entsprechender Feststellungsbögen die Ermittlungen zur Statusfeststellung einleitet. Die Einleitung des Verfahrens erfolgt auch, wenn bereits eine Betriebsprüfung beim Arbeitgeber angekündigt worden ist. Über die abschließende Statusfeststellung erhalten die betroffenen Arbeitgeber bzw. Auftraggeber und Beschäftigten einen **Bescheid innerhalb von 4 Wochen** nach Eingang der vollständigen für die Entscheidung erforderlichen Unterlagen. Angesichts der Besonderheit des obligatorischen Anfrageverfahrens führen die Einzugsstellen das Versicherungsverhältnis entsprechend der Anmeldung nach § 28a Abs. 1 SGB IV durch, sodass eine mögliche Versicherungspflicht mit Beginn der Beschäftigung beginnt. 189

## III. Zuständigkeit und Verfahren beim optionalen Anfrageverfahren

### 1. Zuständigkeit

Über den Antrag auf Statusfeststellung entscheidet gem. § 7a Abs. 1 S. 3 SGB IV zentral die Clearingstelle der Deutschen Rentenversicherung Bund in Berlin. 190

140 Punkt 1 der Niederschrift der Besprechung der Spitzenorganisationen der Sozialversicherung über Fragen und des gemeinsamen Beitragseinzugs am 25./26.9.2008, abrufbar unter http://www.deutsche-rentenversicherung.de/cae/servlet/contentblob/216832/publicationFile/33655/2008_september_top1.pdf.

## 2. Verfahren

### a) Befugnis zur Einleitung des Anfrageverfahrens

191 Der Antrag auf Feststellung des Vorliegens einer Beschäftigung bzw. auf Nichtvorliegen einer Beschäftigung kann **von allen Beteiligten** gestellt werden. Beteiligte sind dabei der Auftragnehmer und der Auftraggeber, nicht jedoch andere Versicherungsträger. Entgegen dem Wortlaut des § 7a Abs. 1 S. 1 SGB IV besteht heute Einigkeit, dass sowohl der Auftragnehmer als auch der Auftraggeber einzeln **ohne Zustimmung** des anderen das Anfrageverfahren schriftlich einleiten kann. Sollte allerdings nur einer der beiden Beteiligten den Antrag auf Durchführung eines Anfrageverfahrens bei der Clearingstelle gestellt haben, so ist die jeweils andere Partei am Verfahren notwendig zu beteiligen (§ 12 Abs. 1 S. 2 SGB X) mit der Folge, dass die Statusfeststellung nur einheitlich gegenüber beiden ergehen kann (§ 12 Abs. 1 Nr. 2 SGB X). Insofern treffen beide Mitwirkungspflichten mit der Folge, dass die Aufforderung zur Abgabe von Erklärungen und Fristsetzungen gem. § 7a Abs. 3–5 SGB IV nur gegenüber beiden vorgenommen werden kann.[141]

192 Diese Grundregel der einheitlichen Statusfeststellung gegenüber Auftraggeber und Auftragnehmer kann zu unangenehmen Überraschungen führen, wenn etwa der Auftragnehmer unabgestimmt einen Statusfeststellungsantrag einreicht und damit die **„Lawine ins Rollen bringt"**. Denn hat einer der Beteiligten den Antrag gestellt, kann der andere Beteiligte das Statusfeststellungsverfahren und damit die Entscheidung nicht mehr verhindern, etwa durch Widerspruch oder gar Unterlassungsklage.[142]

---

**!** **Praxishinweis**
Da die Statusfeststellung nur einheitlich gegenüber beiden Beteiligten (Auftraggeber und Auftragnehmer) ergehen kann, ist dringend zu raten, den Antrag von Anfang an durch beide Beteiligte zu stellen. Damit ist eine einheitliche Argumentation sichergestellt und Überraschungen können vermieden werden.

---

### b) Statusfeststellung des arbeitnehmerähnlichen Selbstständigen nach § 2 Abs. 1 Nr. 9 SGB VI

193 Auch der arbeitnehmerähnliche Selbstständige, der ausschließlich in der Rentenversicherung versicherungspflichtig ist, kann einen Antrag auf Statusfeststellung bei der Deutschen Rentenversicherung Bund stellen. Dieser sollte ebenfalls den von der Deutschen Rentenversicherung Bund zur Verfügung gestellten Fragebogen zur „Feststellung des sozialversicherungsrechtlichen Status" verwenden. Die Deutsche Rentenversicherung Bund prüft somit den Status als arbeitnehmerähnlicher Selbst-

---

141 *Schmidt*, NZS 2000, 57, 61.
142 Münchener Anwaltshandbuch Sozialrecht/*Plagemann*, § 7 Rn 8.

ständiger. Im Übrigen bestehen keinerlei Besonderheiten zu dem normalen Statusfeststellungsverfahren. Zu beachten ist dabei allerdings, dass sich der arbeitnehmerähnliche Selbstständige ggf. nach § 6 SGB VI von der Rentenversicherungspflicht befreien lassen kann.[143]

### c) Antrag

Der Antrag der Beteiligten muss schriftlich erfolgen. Von der Clearingstelle der 194
Deutschen Rentenversicherung Bund werden Formulare zur Verfügung gestellt, die bei der Antragstellung zu verwenden sind. Die entsprechenden Formulare sind im Internet unter www.deutsche-rentenversicherung-bund.de unter der Rubrik: Formulare/Versicherungen/Statusfeststellung abrufbar.

**Praxishinweis** !
Es empfiehlt sich, bei der Antragstellung neben den auszufüllenden Formularen im Rahmen eines gesonderten Schriftstückes die Besonderheiten des Einzelfalles näher darzulegen. Dabei sollte insbesondere der beigefügte schriftliche freie Mitarbeitervertrag erläutert und die tatsächliche Handhabung der Zusammenarbeit dargestellt werden.

Das Anfrageverfahren wird **nur auf Antrag verfolgt**, es wird nicht von Amts wegen 195
eingeleitet. Eine Rücknahme des Antrags ist ohne Weiteres zu jeder Zeit möglich. Das Anfrageverfahren ist für die Beteiligten kostenfrei und endet im Fall der Rücknahme.

Das Anfrageverfahren kann sowohl **bestehende** als auch **beendete Tätigkei-** 196
**ten** betreffen und erfolgt auch im Falle der Insolvenz eines Vertragspartners.[144] Das Statusfeststellungsverfahren setzt aber ein konkretes Vertragsverhältnis voraus. Im Umkehrschluss aus § 7a Abs. 6 SGB IV kann entnommen werden, dass ein Antrag auf Statusfeststellung auch schon vor Aufnahme der Tätigkeit gestellt werden kann, wenn ein konkretes Vertragsverhältnis bevorsteht.

### d) Ausschluss des Anfrageverfahrens

Das Anfrageverfahren durch die Beteiligten ist nicht mehr möglich, wenn im Zeit- 197
punkt der Antragstellung die Einzugsstelle oder ein anderer Versicherungsträger **bereits ein Verfahren** zur Feststellung einer Beschäftigung **eingeleitet** hat (§ 7a Abs. 1 S. 1 Hs. 2 SGB IV). Eingeleitet ist ein Verfahren, wenn zwischen der Einzugsstelle und einem anderen Versicherungsträger und dem Betreffenden ein erster offizieller Kontakt entstanden ist, etwa durch Übersendung eines Fragebogens oder

**143** Dazu Rn 126 ff.
**144** BSG, Urt. v. 4.6.2009 – B 12 KR 31/07 R – NZA-RR 2010, 435.

durch Ankündigung einer Betriebsprüfung.[145] Das Verfahren einer Betriebsprüfung beginnt mit der Ankündigung der Betriebsprüfung oder durch Übersendung eines Fragebogens durch den Rentenversicherungsträger. Dies betrifft regelmäßig einen bestimmten in der Vergangenheit liegenden Prüfzeitraum, sodass danach beginnende Auftragsverhältnisse einer Statusfeststellung zugeführt werden können.[146] Aus diesem Grund muss von dem Beteiligten **bestätigt werden**, dass kein Verfahren eingeleitet wurde bzw. keine Betriebsprüfung bevorsteht. Auch dadurch sollen widersprüchliche Entscheidungen und Verfahren vermieden werden.

198 Ungeachtet dessen ist eine Entscheidung der Deutschen Rentenversicherung Bund aber auch noch nach Beendigung des Beschäftigungsverhältnisses möglich.[147]

### e) Objektive Zweifelsfälle – Ungeschriebene Zulässigkeitsvoraussetzung?

199 Das Statusfeststellungsverfahren wurde eingerichtet, damit Zweifelsfälle durch eine dafür zuständige Stelle rechtsverbindlich überprüft werden und somit eine rechtsverbindliche Entscheidung getroffen werden kann. Insofern war zunächst fraglich, ob das Anfrageverfahren nur für die Fälle durchgeführt werden kann, in denen objektive Zweifel **an der korrekten Einordnung** bestehen. Weder aus der Gesetzesbegründung noch aus dem Gesetz selbst lässt sich aber eine solche ungeschriebene Voraussetzung entnehmen. Das BSG hat diese Frage inzwischen höchstrichterlich geklärt und in seiner Entscheidung vom 11.3.2009[148] klargestellt, dass im Gesetz jegliche Anhaltspunkte dafür fehlen, die Überprüfung eines Vertragsverhältnisses nach § 7a Abs. 1 S. 1 SGB IV nur auf „objektive Zweifelsfälle“ zu beschränken.

200 Insofern kann ein Antrag der Beteiligten bei der Deutschen Rentenversicherung Bund beliebig oft gestellt und damit auch beliebig häufig in Gang gesetzt werden.[149] Das Antragsinteresse wird **nicht** von einem weiteren Erfordernis abhängig gemacht, sodass die Beteiligten sich ohne Weiteres Rechtssicherheit darüber verschaffen können, ob eine selbstständige Tätigkeit oder gar eine abhängige Beschäftigung vorliegt.

**!** **Praxishinweis**
Die Deutsche Rentenversicherung Bund kann ein Anfrageverfahren nicht mit der Begründung ablehnen, dass die Rechtslage klar und eindeutig sei. Das Anfrageverfahren kann beliebig oft gestellt werden.

145 BT-Drucks. 14/1855, S. 7.

146 Vgl. Münchener Anwaltshandbuch Sozialrecht/*Plagemann*, § 7 Rn 10.

147 BSG, Urt. v. 4.6.2009 – B 12 KR 31/07 R – NZA-RR 2010, 435; LSG Baden-Württemberg, Urt. v. 24.3.2009 – L 11 R 3849/05 – juris.

148 BSG, Urt. v. 11.3.2009 – B 12 R 11/07 R – NJOZ 2010, 195.

149 Kasseler Kommentar zum Sozialversicherungsrecht/*Seewald*, § 7a SGB IV Rn 6.

### f) Keine Einhaltung einer Frist nach § 7a Abs. 1 SGB IV

Der Antrag nach § 7a Abs. 1 SGB IV kann grundsätzlich **ohne Einhaltung einer Frist** gestellt werden. Das Gesetz enthält insoweit keine Regelung, die eine Frist vorsehen würde. Lediglich wenn die Beteiligten die Begünstigungen des § 7a Abs. 6 SGB IV in Anspruch nehmen wollen, muss der Antrag innerhalb eines Monats nach Aufnahme der Beschäftigung gestellt werden.[150] 201

## IV. Anfrageverfahren nach § 7a Abs. 6 SGB IV bei Neuaufnahme der Tätigkeit

Der Gesetzgeber hat in Abs. 6 der Vorschrift des § 7a SGB IV eine gewisse Begünstigung begründet, sofern der Antrag nach Abs. 1 **innerhalb eines Monats** nach Aufnahme der Tätigkeit bei der Clearingstelle gestellt worden ist. Grundsätzlich tritt die Versicherungspflicht mit Aufnahme der Beschäftigung ein. Hiervon enthält § 7a Abs. 6 SGB IV eine abweichende Regelung, wonach die relativ rasche Einleitung eines Anfrageverfahrens in gewisser Weise auch honoriert werden soll. Die Versicherungspflicht tritt in einem solchen Fall frühestens mit Bekanntgabe der Statusentscheidung ein. Insofern kann mit der rechtzeitigen Einreichung eines Statusfeststellungsantrags eine rückwirkende Zahlungsverpflichtung gänzlich ausgeschlossen werden. 202

---

**Praxishinweis** !

Wird das Statusfeststellungsverfahren bei der Neuaufnahme einer freien Mitarbeit spätestens innerhalb eines Monats nach Aufnahme der Tätigkeit eingeleitet, kann keine rückwirkende Versicherungspflicht eintreten. Der Auftraggeber oder potenzielle Arbeitgeber ist also vor Nachzahlungspflichten geschützt.

---

### 1. Voraussetzungen für die Begünstigung

Um in den Genuss der Vergünstigung zu kommen, müssen entsprechende Voraussetzungen vorliegen. 203

§ 7a Abs. 6 SGB IV sieht vor, dass die Versicherungspflicht **mit der Bekanntgabe** der Entscheidung der Deutsche Rentenversicherung Bund im Anfrageverfahren eintritt, wenn 204

- der Antrag nach § 7a Abs. 1 SGB IV **innerhalb eines Monats** nach Aufnahme der Tätigkeit bei der Deutsche Rentenversicherung Bund gestellt wird,
- der **Beschäftigte** dem späteren Beginn der Sozialversicherungspflicht zustimmt und

---

150 Vgl. näher hierzu unter Rn 203ff.

- er für den Zeitraum zwischen Aufnahme der Beschäftigung und Bekanntgabe der Entscheidung der Deutsche Rentenversicherung Bund eine **Absicherung** gegen das **finanzielle Risiko** von Krankheit und zur Altersvorsorge vorgenommen hat, die der Art nach den Leistungen der gesetzlichen Krankenversicherung und der gesetzlichen Rentenversicherung entspricht.

205 Die beiden zuletzt genannten Voraussetzungen dienen insbesondere dem Schutz des (möglichen) Arbeitnehmers, um ihn so vor etwaigen Lücken seines Versicherungsschutzes bezogen auf Krankheit und Altersvorsorge zu bewahren.[151]

**Praxishinweis**

Die Begünstigungen des § 7a Abs. 6 SGB IV können erreicht werden, wenn folgende Voraussetzungen vorliegen:

- Der Antrag nach § 7a Abs. 1 SGB IV muss innerhalb eines Monats nach Aufnahme der Tätigkeit bei der Clearingstelle gestellt werden.
- Der Beschäftigte muss dem späteren Beginn der Sozialversicherungspflicht zustimmen.
- Für den Zeitraum zwischen Aufnahme der Tätigkeit und Bekanntgabe der Entscheidung durch die Rentenversicherung muss eine Absicherung des Beschäftigten gegen das finanzielle Risiko von Krankheit und der Altersvorsorge erfolgen, die den Leistungen der gesetzlichen Kranken- sowie der gesetzlichen Rentenversicherung entsprechen.

### a) Monatsfrist

206 Für die Berechnung der Monatsfrist, innerhalb derer die Antragstellung zur Statusfeststellung zu erfolgen hat, wird auf die Vorschrift des § 26 Abs. 1 SGB X und dazu auf die §§ 187 Abs. 2 und 188 Abs. 2 und Abs. 3 BGB zurückgegriffen. Die Monatsfrist beginnt somit mit dem Tag, der auf den **Tag** der **Aufnahme der Tätigkeit** folgt. Das Ende der Monatsfrist ist somit das Ende des Tages des nächsten Monats, welcher dem Tag vorhergeht, der durch seine Zahl dem Anfangstag der Frist entspricht.

**Beispiel**

Wird die Tätigkeit am 1.10.2013 aufgenommen, so beginnt die Monatsfrist am 2.10.2013 und endet am 1.11.2013.

### b) Zustimmung der tätigen Person

207 Die Begünstigungen können nur eintreten, wenn die Person auch mit dem späteren Eintritt der Sozialversicherungspflicht einverstanden ist. Ohne das Einverständnis des Beteiligten ist dies nicht möglich. Gerade bei Diensten höherer Art erfolgt jedoch

151 Kasseler Kommentar zum Sozialversicherungsrecht/*Seewald*, § 7a SGB IV Rn 22.

in der Regel ohne Weiteres eine eigenständige Versorgung im Hinblick auf die Altersversorgung sowie auch im Hinblick auf die Krankenversicherung, sodass die Beteiligten in diesem Kreis in der Regel auch dem späteren Beginn der Sozialversicherungspflicht zustimmen.

Gleichwohl muss eine solche Zustimmung **förmlich** vorliegen. Es handelt sich bei dieser Zustimmung um eine verwaltungsrechtliche Willenserklärung, auf die die Vorschriften des BGB entsprechend anzuwenden sind.[152] 208

Die Zustimmung des Beschäftigten ist nicht erzwingbar, sie unterliegt vielmehr der eigenen und ausschließlichen Entscheidungsfreiheit des Beschäftigten. **Vertragliche Vereinbarungen** zwischen den Parteien bezüglich dieser verwaltungsrechtlichen Zustimmung sind nach überwiegender Auffassung nicht nach § 32 SGB I unwirksam.[153] Die Regelung des § 32 SGB I betrifft ausschließlich privatrechtliche Vereinbarungen, hierbei handelt es sich aber um eine verwaltungsrechtliche Willenserklärung, sodass die Norm hier nicht anwendbar ist. 209

Der Beschäftigte sollte sich jedoch vor Erteilung der entsprechenden Zustimmung darüber **im Klaren sein**, welche Auswirkungen das Einverständnis haben kann. Erteilt er seine Zustimmung, ist er mit dem späteren Beginn der Sozialversicherungspflicht einverstanden. Die Sozialversicherungspflicht tritt also frühestens zu dem Zeitpunkt ein, zu dem eine verbindliche Entscheidung der Rentenversicherungsträger ergeht. Zwischen Beschäftigungsaufnahme und Bekanntgabe der Entscheidung kann er demnach nur auf seine **persönlich getroffenen Absicherungen** zugreifen. Der spätere Eintritt der Versicherungspflicht kann im Falle des Feststellens einer Beschäftigung dazu führen, dass der Arbeitnehmer keinen Anspruch auf Arbeitslosengeld hat. Die Anwartschaft auf eine Arbeitslosenversicherung bzw. auf Arbeitslosengeld erfordert in jedem Fall die Begründung eines Versicherungsverhältnisses im Rahmen des § 7a Abs. 6 SGB IV. Die Anwartschaftszeit aus § 142 SGB III beginnt zwar nach § 24 Abs. 2 und 4 SGB III grundsätzlich mit dem Tag des Eintritts in das Beschäftigungsverhältnis und endet mit dem Tag des Ausscheidens. Mit der Einverständniserklärung des Beschäftigten ist dieser allerdings auch damit einverstanden, dass ein Versicherungspflichtverhältnis erst mit Bekanntgabe der Entscheidung begründet wird mit der Folge, dass auch die Anwartschaftszeit abweichend von § 24 SGB III erst ab diesem Zeitpunkt zu laufen beginnt.[154] 210

Dem Auftragnehmer ist anzuraten, sich die **Vor- und Nachteile** bei Ausübung des Stimmrechts deutlich zu machen. Erteilt der Auftragnehmer seine Zustimmung 211

---

**152** Kasseler Kommentar zum Sozialversicherungsrecht/*Seewald*, § 7a SGB IV Rn 21.

**153** Vgl. etwa Münchener Anwaltshandbuch Sozialrecht/*Plagemann*, § 7 Rn 15; *Bauer/Baeck/Schuster*, Rn 260; *Reiserer/Freckmann/Träumer*, Teil 1 Rn 265; anders hingegen *Schmidt*, NZS 2000, 57, 62.

**154** Brand/*Brand*, § 24 SGB III Rn 9; Gagel/*Fuchs*, SGB II/III, § 24 SGB III Rn 8.

zum späteren Eintritt der Sozialversicherungspflicht nicht, so führt er dadurch den Eintritt der Sozialversicherungspflicht beginnend mit der Aufnahme der Tätigkeit herbei, sofern ein abhängiges Beschäftigungsverhältnis festgestellt wird. Er erhält – unter finanzieller Beteiligung seines Arbeitgebers – Schutz in allen Sozialversicherungszweigen ab dem frühestmöglichen Zeitpunkt und vermeidet Lücken im Versicherungsschutz. Er hat nach 12-monatigem Bestehen der abhängigen Beschäftigung insbesondere einen Anspruch auf Arbeitslosengeld.

#### c) Ausreichender Schutz für Krankheitszeiten und zur Alterssicherung

212 Der Beschäftigte muss in jedem Fall, um in die Begünstigungen des § 7a Abs. 6 SGB IV zu kommen, einen ausreichenden Schutz sowohl für Krankheitszeiten als auch für die Altersvorsorge getroffen haben.

#### aa) Absicherung für Krankheitszeiten

213 Das Risiko von Krankheit kann durch eine private Krankenversicherung oder durch eine freiwillige Versicherung in der gesetzlichen Krankenversicherung abgesichert werden. Nach Aussage der Spitzenverbände der Sozialversicherungsträger liegt nur ein ausreichender sozialer Schutz gegen Krankheit vor, falls die private Krankenversicherung Leistungen vorsieht, die der Art nach den **Leistungen der gesetzlichen Krankenversicherung** entsprechen. Es ist demnach von Leistungen auszugehen, die im Krankheitsfalle im Rahmen der gesetzlichen Krankenversicherung beansprucht werden könnten. Das Leistungsspektrum der privaten Krankenversicherung muss demnach im Wesentlichen dem der gesetzlichen Systeme entsprechen, also alle Krankheiten ambulant abdecken, die ambulante und stationäre Leistungsversorgung vorsehen sowie den Fall des Einkommensausfalls bei Krankheit absichern.[155]

214 Ob die kranken- und rentenversicherungsrechtliche Absicherung sich auch auf **Angehörige** erstrecken muss, ist umstritten,[156] wird aber von der Deutschen Rentenversicherung im Rundschreiben aus dem Jahre 2010 bejaht.[157] Insofern ist in der Praxis eine Absicherung auch dahingehend ratsam.

---

155 Rundschreiben der Spitzenorganisationen der Sozialversicherung v. 13.4.2010, S. 12, abrufbar unter http://www.deutsche-rentenversicherung.de/cae/servlet/contentblob/205764/publicationFile/1616/april_top1_rs_selbstaendigkeit.pdf.

156 Münchener Anwaltshandbuch Sozialrecht/*Plagemann*, § 7 Rn 16.

157 Rundschreiben der Spitzenorganisationen der Sozialversicherung v. 13.4.2010, S.12, abrufbar unter http://www.deutsche-rentenversicherung.de/cae/servlet/contentblob/205764/publicationFile/1616/april_top1_rs_selbstaendigkeit.pdf; *Baier/Krauskopf*, SGB IV, § 7a Rn 18; *Bieback*, BB 2000, 873, 876.

Umstritten ist ebenfalls, ob die entsprechende Absicherung auch bei den Auftragnehmern nachgewiesen werden muss, welche die Jahresarbeitsentgeltgrenze überschreiten und damit gem. § 6 Abs. 1 SGB V von der Krankenversicherung befreit sind.[158] 215

#### bb) Absicherung gegen das finanzielle Risiko des Alters

Des Weiteren ist eine Absicherung gegen das finanzielle Risiko des Alters darzutun. 216
Anders als die private Krankenversicherung braucht die geforderte Altersversorgung aber nicht den Leistungen der gesetzlichen Rentenversicherung zu entsprechen. Vielmehr ist ausreichend, wenn das **Risiko des Alters abgesichert** wird. Das Sicherungsniveau ist insofern unbeachtlich. Von einem solchen ausreichenden sozialen Schutz wird ausgegangen, wenn für die private Versicherung Prämien aufgewendet werden, die der Höhe des jeweiligen freiwilligen Mindestbeitrags zur gesetzlichen Rentenversicherung entsprechen (z.B. im Jahr 2014 ein monatlicher Mindestbetrag von 85,05 €).[159]

Eine Absicherung gegen das Risiko der Invalidität und für Hinterbliebene ist 217
nicht erforderlich. Weitere Ausnahmen zum Nachweis von Altersvorsorge gelten für solche Auftragnehmer, die in berufsständischen Versorgungswerken (etwa Rechtsanwälte oder Ärzte) pflichtversichert sind.

### 2. Rechtsfolge

#### a) Aufschub der Versicherungspflicht

Stellt die Deutsche Rentenversicherung Bund ein versicherungspflichtiges Beschäf- 218
tigungsverhältnis fest und werden die gesetzlichen Voraussetzungen des § 7a Abs. 6 SGB IV nicht erfüllt, so gelten die allgemeinen Regeln. Die Versicherungspflicht tritt rückwirkend mit dem Tage des **Eintritts in das Beschäftigungsverhältnis** ein. Die angefallenen und nicht verjährten monatlichen Gesamtversicherungsbeiträge sind dann vom Arbeitgeber nachzuentrichten.

Kommt die Deutsche Rentenversicherung Bund zu dem Ergebnis, dass ein ab- 219
hängiges Beschäftigungsverhältnis vorliegt, und sind die gesetzlichen Voraussetzungen des § 7a Abs. 6 S. 1 SGB IV gegeben, so tritt die Versicherungspflicht **erst mit** der **Bekanntgabe der Entscheidung** der Deutsche Rentenversicherung Bund ein und nicht rückwirkend zum Beschäftigungsbeginn. Die Entscheidung der Deutsche Rentenversicherung Bund ergeht in Form eines Feststellungsverwaltungsaktes. Sie

---

158 Bejaht wird dies von den Spitzenorganisationen der Sozialversicherung im Rundschreiben v. 13.4.2010, S. 12; a.A. Münchener Anwaltshandbuch Sozialrecht/*Plagemann*, § 7 Rn. 16.

159 Rundschreiben der Spitzenorganisationen der Sozialversicherung v. 13.4.2010, S. 12, abrufbar unter http://www.deutsche-rentenversicherung.de/cae/servlet/contentblob/205764/publicationFile/1616/april_top1_rs_selbstaendigkeit.pdf.

erfolgt in schriftlicher Form, sodass sie nach § 37 Abs. 2 SGB X mit dem 3. Tag nach Aufgabe zur Post als bekanntgeben gilt, es sei denn, sie ist nicht oder zu einem späteren Zeitpunkt zugegangen. Den Zugang der Statusentscheidung und den Zeitpunkt des Zugangs hat die Deutsche Rentenversicherung Bund in Zweifelsfällen nachzuweisen. Sollte der 3. Tag nach Aufgabe zur Post ein Sonnabend, ein Sonntag oder gesetzlicher Feiertag sein, gilt die Entscheidung mit dem nächstmöglichen Werktag als zugegangen (§ 26 Abs. 3 SGB X).

### b) Fälligkeit der Gesamtsozialversicherungsbeiträge

220 Darüber hinaus werden die Gesamtsozialversicherungsbeiträge nicht schon am 15. des auf die Beschäftigung folgenden Monats zur Zahlung fällig, sondern gem. § 7a Abs. 6 S. 2 SGB IV erst mit **Unanfechtbarkeit der Statusentscheidung**. Für die zwischen dem Zeitraum der Bekanntgabe der Entscheidung der Deutsche Rentenversicherung Bund und der Unanfechtbarkeit der Statusentscheidung angefallenen Gesamtsozialversicherungsbeiträge kann der Arbeitgeber den Arbeitnehmer auf die Zahlung der darauf entfallenden Arbeitnehmerbeiträge zeitlich unbeschränkt in Anspruch nehmen. Der Rückgriff ist nicht nur auf die letzten 3 Monate begrenzt, da mangels der fehlenden Fälligkeit ein Lohnabzug nach § 28g SGB IV nicht vorgenommen werden konnte.

221 Die Fälligkeit tritt dann also erst mit den Beiträgen der Entgeltabrechnung des Kalendermonats ein, der auf den Monat folgt, in dem die Entscheidung unanfechtbar wurde. Wird der Gesamtsozialversicherungsbeitrag erst mit Unanfechtbarkeit der Entscheidung fällig, so kann der Arbeitgeber in der Zwischenzeit die anfallenden Gesamtsozialversicherungsbeiträge von dem Arbeitnehmer **komplett und uneingeschränkt** in Höhe des von ihm zu tragenden Teils in Anspruch nehmen. Dies entspricht auch der Auffassung des gemeinsamen Rundschreibens der Spitzenverbände vom 13.4.2010.[160]

222 Da die Gesamtsozialversicherungsbeiträge auch erst zu einem späteren Zeitpunkt fällig werden, können für die Vergangenheit **keine Säumniszuschläge** erhoben werden (§ 24 Abs. 2 S. 1 SGB IV).

### c) Fälligkeit bei Nichteinhaltung der Monatsfrist

223 Es war lange umstritten, ob die begünstigende Fälligkeitsregelung des § 7a Abs. 6 S. 2 SGB IV nur die Fälle betrifft, in denen die Statusanfrage innerhalb eines Monats nach Aufnahme der Tätigkeit gestellt wird oder für alle Fälle des § 7a Abs. 1 SGB IV.

---

**160** Gemeinsames Rundschreiben der Spitzenorganisationen der Sozialversicherung v. 13.4.2010, S. 13, abrufbar unter http://www.deutsche-rentenversicherung.de/cae/servlet/contentblob/205764/publicationFile/1616/april_top1_rs_selbstaendigkeit.pdf.

Insbesondere nach der früheren gesetzlichen Regelung sowie mit der Gesetzesbegründung kann argumentiert werden, dass die in § 7a Abs. 6 S. 2 SGB IV enthaltene besondere Fälligkeitsregelung **für alle Anfrageverfahren** gem. § 7a SGB IV gilt. Sie ist demnach sowohl auf das Anfrageverfahren anzuwenden, welches binnen eines Monats nach Aufnahme der Beschäftigung eingeleitet wird, als auch auf das Verfahren, welches nach Ablauf eines Monats eingeleitet wird.[161] Zwar ist die besondere Fälligkeitsregelung nicht in einem gesonderten Absatz des § 7a SGB IV niedergelegt, sondern in dem § 7a Abs. 6 SGB IV, der u.a. auch Besonderheiten bei Einleitung des Anfrageverfahrens binnen eines Monats nach Beschäftigungsaufnahme regelt. Aus der Gesetzesbegründung geht jedoch hervor, dass § 7a Abs. 6 S. 2 SGB IV „die Fälligkeit des Gesamtsozialversicherungsbeitrages in den Fällen des Abs. 1 auf den Zeitpunkt" hinausschiebt, „zu dem die Statusentscheidung unanfechtbar wird."[162] Somit geht auch der Gesetzgeber davon aus, dass § 7a Abs. 6 S. 2 SGB IV bei allen Anfrageverfahren des Abs. 1 zur Anwendung gelangt. Dieser Auffassung folgte auch die Deutsche Rentenversicherung Bund in ihrem Rundschreiben aus dem Jahr 1999.[163] 224

Die Deutsche Rentenversicherung Bund führt nun in ihrem Schreiben aus dem Jahr 2010[164] aus, dass bei einem Anfrageverfahren außerhalb eines Monats nach Beschäftigungsbeginn die Versicherungspflicht in der Sozialversicherung aufgrund einer Beschäftigung grundsätzlich mit dem **Tag des Eintritts in das Beschäftigungsverhältnis** beginnt. Die Möglichkeit einer davon abweichenden Bestimmung des Beginns der Versicherungspflicht ist bei Statusfeststellungsanträgen, die erst nach Ablauf eines Monats nach Aufnahme der Tätigkeit beantragt werden, im Zusammenhang mit dem Wegfall des § 7b SGB IV i.d.F. bis 31.12.2007 zum späteren Beginn der Versicherungspflicht bei Statusentscheidungen außerhalb eines Anfrageverfahrens nach § 7a SGB IV seit 1.1.2008 nicht mehr vorgesehen. 225

Führt ein solcher Statusfeststellungsantrag zur Feststellung eines sozialversicherungspflichtigen Beschäftigungsverhältnisses, beginnt die Versicherungspflicht mit dem Eintritt in das Beschäftigungsverhältnis. Häufig werden nach § 23 Abs. 1 SGB IV Gesamtsozialversicherungsbeiträge rückwirkend spätestens am drittletzten Bankarbeitstag des Monats fällig, in dem die Beschäftigung, mit der das Arbeitsentgelt erzielt wird, ausgeübt worden ist oder als ausgeübt gilt; ein verbleibender Restbetrag wird am drittletzten Bankarbeitstag des Folgemonats fällig. Die Gesamtsozialversicherungsbeiträge sind demnach nachzuzahlen, wobei der unterbliebene 226

---

**161** *Reiserer/Freckmann/Träumer*, Teil 1 Rn 253; a.A. *Bauer/Baeck/Schuster*, Rn 253.

**162** Vgl. BT-Drucks. 14/1855, S. 8.

**163** Vgl. Gemeinsames Rundschreiben der Spitzenorganisationen der Sozialversicherung v. 20.12.1999, abgedruckt in NZS 2000, 184, 188.

**164** Vgl. Gemeinsames Rundschreiben der Spitzenorganisationen der Sozialversicherung v. 13.4.2010, S. 13, abrufbar unter http://www.deutsche-rentenversicherung.de/cae/servlet/contentblob/205764/publicationFile/1616/april_top1_rs_selbstaendigkeit.pdf.

Abzug des Arbeitnehmerbeitragsanteils nur für die letzten drei Lohn- oder Gehaltsabrechnungen nachgeholt werden kann (§ 28g S. 3 SGB IV). Auf die nachzuzahlenden Gesamtsozialversicherungsbeiträge sind für die Vergangenheit Säumniszuschläge zu erheben (§ 24 Abs. 1 SGB IV).[165]

## V. Verwaltungsverfahren

227 Das Statusfeststellungsverfahren nach § 7a SGB IV stellt ein Verwaltungsverfahren dar und richtet sich insoweit nach den entsprechenden Regelungen. Darüber hinaus enthalten § 7 Abs. 3-5 SGB IV spezielle Verfahrensregelungen. Der Gesetzgeber sieht für das Verfahren drei wesentliche Verfahrensschritte vor, die im Verfahrensablauf vor der Entscheidung der Clearingstelle gem. § 7a Abs. 2 SGB IV vorzunehmen sind.

### 1. Ermittlung der entscheidungserheblichen Tatsachen, § 7a S. 3 SGB IV

228 Die Deutsche Rentenversicherung Bund teilt den Beteiligten schriftlich mit, welche Angaben und Unterlagen sie für ihre Entscheidung benötigt. Sie setzt den Beteiligten eine angemessene Frist, innerhalb derer diese die Angaben zu machen und die Unterlagen vorzulegen haben. Diese Vorschrift soll der Beschleunigung und Transparenz des Verfahrens dienen.[166] Mit der entsprechenden Regelung werden die **Mitwirkungspflichten der Beteiligten** gegenüber der Deutschen Rentenversicherung Bund nochmals ausdrücklich festgelegt. Die üblichen allgemeinen Mitwirkungspflichten und Meldepflichten bestehen sonst üblicherweise nur gegenüber den jeweils zuständigen Versicherungsträgern. Es können sämtliche Tatsachen und Sachverhaltsinformationen angefordert werden, die für oder gegen das Vorliegen einer Beschäftigung sprechen könnten. Gemäß der gesetzlichen Regelung muss den Beteiligten auch eine angemessene Frist zur Erledigung gesetzt werden. Kommt ein Beteiligter dieser Aufforderung nicht nach, kann die Deutsche Rentenversicherung Bund die Mitwirkung gem. § 66 SGB X auch erzwingen, indem sie die Einzugsstelle einschaltet. Die bestehenden Pflichten der Einzugsstelle gegenüber der Deutschen Rentenversicherung Bund sind sowohl über § 66 SGB X durchsetzbar als auch darüber hinaus nach § 111 Abs. 1 Nr. 4 SGB X bußgeldbewehrt und damit durchsetzungsfähig. Das Einschalten der Einzugsstelle liegt jedoch im pflichtgemäßen Ermessen der Deutschen Rentenversicherung Bund.[167]

---

165 Vgl. Rundschreiben der Spitzenorganisationen der Sozialversicherung v. 13.4.2010, S. 13, unter Abänderung ihrer Auffassung aus dem Rundschreiben v. 20.12.1999, abgedruckt in NZS 2000, 184, 188.

166 Amtliche Begründung BT-Drucks. 14/1855, S. 7.

167 Kasseler Kommentar zum Sozialversicherungsrecht/*Seewald*, § 7a SGB IV Rn 13.

**Praxishinweis**
Aufgrund der Durchsetzungsmöglichkeit der Deutschen Rentenversicherung Bund sollten die Beteiligten an dem Verfahren ordnungsgemäß mitwirken. Dies dürfte letztlich auch im Eigeninteresse der Beteiligten liegen.

Es muss grundsätzlich eine **angemessene Frist** gesetzt werden. Was unter einer 229
angemessenen Frist zu verstehen ist, ist aber weder in der gesetzlichen Regelung noch in der Gesetzesbegründung näher ausgeführt. Es kann aber auf die zu § 24 SGB X entwickelte Rechtsprechung zu behördlichen Fristen generell zurückgegriffen werden, sodass eine Frist von zwei Wochen nicht unterschritten werden sollte, wobei die Postlaufzeiten der Äußerungsfrist hinzuzurechnen und entsprechend zu berücksichtigen sind.[168]

### 2. Spezielle Anhörung nach § 7a Abs. 4 SGB IV

In § 7a SGB IV ist zudem eine spezielle Anhörung für den Fall geregelt, dass der be- 230
antragte Statusbescheid nicht erlassen werden soll. Danach teilt die Deutsche Rentenversicherung Bund den Beteiligten mit, welche Entscheidung sie zu treffen beabsichtigt, bezeichnet die Tatsachen, auf die sie ihre Entscheidung stützen will, und gibt den Beteiligten Gelegenheit, sich zu der beabsichtigten Entscheidung zu äußern. Mit dieser Regelung wird die Situation erfasst, in der zumindest nach Ansicht der Deutschen Rentenversicherung Bund der jeweilige Sachverhalt entscheidungsreif ist. Es wird den Beteiligten dann die vorgesehene Entscheidung einschließlich der entscheidungserheblichen Tatsachen mitgeteilt. Die Beteiligten bekommen damit nochmals Gelegenheit, sich nicht nur zu der beabsichtigten Entscheidung allgemein zu äußern, sondern ggf. auch noch **weitere oder ergänzende Tatsachen bzw. rechtliche Gesichtspunkte** vorzubringen. Wird dem Antrag der Beteiligten ohnehin entsprochen, so bedarf es keiner vorherigen Anhörung vor Ausspruch der Entscheidung.

### 3. Vermutungsregel des § 7a Abs. 5 SGB IV

Diese Vorschrift sollte ursprünglich der Verfahrensbeschleunigung dienen. Das 231
Ziel des Gesetzgebers war es, den Beteiligten quasi eine letzte Chance vor dem Hintergrund der drohenden Vermutungsregel des § 7 Abs. 4 SGB IV a.F. einzuräumen. Angesichts des **Wegfalls der Vermutungsregelung** bzw. der Fiktionsregelung des § 7 Abs. 4 SGB IV a.F. ist § 7a Abs. 5 SGB IV obsolet geworden, so-

**168** Vgl. BSG, Urt. v. 6.8.1992 – 8/5a RKnU 1/87 – NJW 1993, 1614; BSG, Beschl. v. 12.2.2009 – B 5 R 386/07 B – NJW-RR 2010, 282; von Wulffen/Schütze/*Siefert*, § 24 Rn 16.

dass dieser beim Statusfeststellungsverfahren in der Praxis keine Rolle mehr spielt.[169]

#### 4. Entscheidung der Deutschen Rentenversicherung Bund, § 7a Abs. 2 SGB IV

232 Die Deutsche Rentenversicherung Bund erteilt nach Abschluss des Anfrageverfahrens dem bzw. den Beteiligten einen **rechtsbefehlsfähigen begründeten Feststellungsbescheid** über den Status des Auftragnehmers und der versicherungsrechtlichen Beurteilung. Der positive oder negative Feststellungsbescheid hat eine Gesamtwürdigung aller Umstände des Einzelfalles zu enthalten (§ 7 Abs. 2 SGB IV), welche die Grundlage der Entscheidung bilden. Diese bislang schon vom BSG vertretene Auffassung zur Begründung des Feststellungsbescheides ist nunmehr gesetzlich fixiert worden. Demnach hat die Deutsche Rentenversicherung Bund sich ebenfalls bei inhaltlich gleichgelagerten Fällen mit jedem individuellen Fall einzeln auseinanderzusetzen. Ein Sammelbescheid kann daher nicht ergehen. Die Entscheidung der Deutsche Rentenversicherung Bund stellt einen Verwaltungsakt i.S.d. § 31 SGB X dar. Daher gelten die Bestimmungen über die Bestimmtheit, Form, Begründung, Bekanntgabe und Bestandskraft des Verwaltungsaktes gem. § 31 SGB X. Ebenfalls ist der Feststellungsbescheid durch Widerspruch und Klage anfechtbar (§ 62 SGB X i.V.m. §§ 77 und 87ff. SGG).

233 Die Deutsche Rentenversicherung Bund hat – abhängig vom jeweiligen Einzelfall – bestimmte **Informations-, Prüfungs- und Abgabepflichten**. Sollte die Deutsche Rentenversicherung Bund ein versicherungspflichtiges Beschäftigungsverhältnis feststellen, so überlässt sie der zuständigen Einzugsstelle eine Durchschrift des Bescheides. Wird gegen den Bescheid Widerspruch eingelegt, ist die Deutsche Rentenversicherung Bund verpflichtet, die Einzugsstelle darüber zu unterrichten. Gleiches gilt, falls Klage gegen den Widerspruchsbescheid erhoben wird. Gesetzliche Grundlage für diese Informationspflicht der Deutsche Rentenversicherung Bund bildet § 86 SGB X. Die Deutsche Rentenversicherung Bund ist gegenüber der zuständigen Einzugsstelle zur Information verpflichtet.[170] Zuständig ist die Einzugsstelle (Krankenkasse), die die Krankenversicherung durchführt. Ist die betreffende Erwerbsperson bei keiner Krankenkasse gesetzlich versichert, ist die gesetzliche Krankenkasse zuständig, bei der sie zuletzt versichert war, sofern nicht eine andere Kasse im Fragebogen gewählt worden ist. Entscheidet die Deutsche Rentenversicherung Bund für eine selbstständige Tätigkeit, so prüft sie weiter, ob der selbstständige Auftragnehmer gem. § 2 S. 1 Nr. 9 SGB VI rentenversicherungspflich-

---

169 Vgl. etwa Kasseler Kommentar zum Sozialversicherungsrecht/*Seewald*, § 7a SGB IV Rn 19; Eichenhofer/Wenner/*Dankelmann*, § 7a SGB IV Rn 37.

170 Ziff. 3.8.2. des Rundschreibens der Spitzenorganisationen der Sozialversicherung v. 20.12.1999, abgedruckt in NZS 2000, 184.

tig ist.[171] Den Vorgang gibt sie bei Handwerkern an die zuständige Landesversicherungsanstalt sowie bei Künstlern und Publizisten an die Künstlersozialkasse ab. Diese Behörden und nicht die Deutsche Rentenversicherung Bund sind bei diesen Personengruppen zuständig, die Rentenversicherungspflicht zu beurteilen und darüber zu befinden.

Im Gesetz war lange Zeit keine ausdrückliche Regelung darüber enthalten, 234
dass die **anderen Sozialversicherungsträger** (wie Einzugs- und Prüfstellen sowie Arbeitsamt) an die Entscheidung der Deutsche Rentenversicherung Bund im Anfrageverfahren des § 7a SGB IV gebunden sind. Ebenfalls wurde dieser Aspekt auch nicht in der amtlichen Begründung des Gesetzes angesprochen. Gleichwohl wurde von vielen Stimmen bereits früher vertreten, dass es sich bereits aus dem gesetzgeberischen Ziel ergebe, dass die anderen Sozialversicherungsträger (wie etwa Krankenkassen als Beitragseinzugsstellen und die anderen Versicherungsträger) an den Statusbescheid der Deutschen Rentenversicherung Bund im Anfrageverfahren gebunden sein sollen. Denn nur so lassen sich auch zukünftig widersprüchliche Entscheidungen vermeiden. Anderenfalls würde die ausdrückliche Zuweisung der Entscheidungskompetenz an die Deutsche Rentenversicherung Bund ins Leere laufen. Gerade die durch § 7a Abs. 1 S. 2 SGB IV begründete **alleinige Entscheidungskompetenz** spricht für eine Bindungswirkung. Überdies handelt es sich bei der Vorschrift des § 7a SGB IV gegenüber den §§ 28h Abs. 2 und 28p Abs. 1 S. 5 SGB IV um eine Spezialvorschrift. Auch daraus lässt sich ableiten, dass die anderen Sozialversicherungsträger an die Entscheidung der Deutsche Rentenversicherung Bund gebunden sind, also keine andere Entscheidung treffen dürfen. Ziel und Zweck des Gesetzes sprechen daher für eine Bindungswirkung. Zumindest die Bindungswirkung der Bundesagentur für Arbeit an Statusentscheidungen der Deutschen Rentenversicherung Bund nach § 7a Abs. 1 SGB IV ist seit 1.1.2005 in § 336 SGB III ausdrücklich normiert. Danach ist die Bundesagentur für Arbeit leistungsrechtlich hinsichtlich der Zeiten gebunden, für die das Bestehen eines versicherungspflichtigen Beschäftigungsverhältnisses festgestellt wurde.

## VI. Rechtsfolge des Bescheides der Deutschen Rentenversicherung

### 1. Entstehen der Beitragspflicht

Erlässt die Deutsche Rentenversicherung Bund einen positiven Feststellungsbe- 235
scheid, in dem sie die versicherungspflichtige Beschäftigung feststellt, so tritt die Versicherungspflicht rückwirkend vom Zeitpunkt der Aufnahme der Beschäftigung

171 Vgl. oben Rn 122ff.

ein. Die Vorschrift des § 7a Abs. 6 S. 1 SGB IV, wonach die Beitragspflicht erst mit Bekanntgabe des Bescheids eintritt, ist auf das **Anfrageverfahren nach § 7a Abs. 1 SGB IV** nicht anwendbar. Denn die Vorschrift des Abs. 6 setzt u.a. voraus, dass der Antrag auf Einleitung des Anfrageverfahrens binnen eines Monats nach Aufnahme der Beschäftigung bei der Deutschen Rentenversicherung Bund gestellt wird.[172]

236 In der Zeit nach Einführung der speziellen Fälligkeitsregelung des § 7a Abs. 2 SGB IV[173] war sowohl die Rentenversicherung als auch die herrschende Meinung in der einschlägigen Kommentarliteratur davon ausgegangen, dass diese Sonderfälligkeitsbestimmung **für alle Anfrageverfahren** gem. § 7a SGB IV zur Statusfeststellung gilt. Nicht nur der Statusantrag, der binnen eines Monats nach Aufnahme der Beschäftigung eingeleitet wurde, sondern auch jeder andere Statusfeststellungsantrag, der zur Klärung des Vertragsverhältnisses dient, sollte den Antragsteller in den Genuss bringen, sich auf die Sonderregelung zur Fälligkeit des § 7a Abs. 6 SGB zu berufen.[174]

237 Inzwischen gilt allgemein der Grundsatz, dass die besondere Fälligkeitsregelung des § 7a Abs. 6 S. 2 SGB IV **nur für die Statusfeststellungsanträge nach § 7a Abs. 6 SGB IV** Anwendung findet.

238 Bei einem Anfrageverfahren außerhalb eines Monats nach Beschäftigungsbeginn tritt die Versicherungspflicht in der Sozialversicherung aufgrund einer Beschäftigung heute vielmehr mit dem **Tag des Eintritts in das Beschäftigungsverhältnis** ein. Die Möglichkeit einer davon abweichenden Bestimmung des Beginns der Versicherungspflicht ist bei Statusfeststellungsanträgen, die erst nach Ablauf eines Monats nach Aufnahme der Tätigkeit beantragt werden, im Zusammenhang mit dem Wegfall des § 7b SGB IV i.d.F. bis 31.12.2007 zum späteren Beginn der Versicherungspflicht bei Statusentscheidungen außerhalb eines Anfrageverfahrens nach § 7a SGB IV seit 1.1.2008 nicht mehr vorgesehen.

### 2. Fälligkeit der Gesamtsozialversicherungsbeiträge

239 Zu welchem Zeitpunkt die Gesamtsozialversicherungsbeiträge grundsätzlich fällig werden, richtet sich nach § 23 Abs. 1 SGB IV. Danach werden die Gesamtsozialversicherungsbeiträge spätestens am **15. eines Monats** fällig, der dem Monat folgt, in dem die Beschäftigung ausgeübt wird oder als ausgeübt gilt. Sie sind bereits spätestens am 25. des Monats fällig, in dem die Beschäftigung ausgeübt wird oder als ausgeübt gilt, wenn das Arbeitsentgelt bis zum 15. dieses Monats fällig ist.

172 Vgl. hierzu ausführlich oben Rn 203 ff.

173 Siehe hierzu oben Rn 223 ff.

174 So noch *Reiserer/Freckmann/Träumer*, Teil 1 Rn 253.

## VII. Rechtsmittel und deren Wirkung

### 1. Aufschiebende Wirkung

Früher hatten Widerspruch und Klage gegen eine ggf. falsche Feststellung der Versicherungs- und Beitragspflicht keine aufschiebende Wirkung. Anders als im Verwaltungsrecht, in dem Widerspruch und Klage **grundsätzlich aufschiebende Wirkung** haben (vgl. § 80 VwGO), stellt im Sozialversicherungsrecht die aufschiebende Wirkung von Rechtsmitteln noch immer eine **Ausnahme** dar. Zwar erhält derjenige, der aufgrund einer rechtswidrigen Feststellung der Versicherungs- und Beitragspflicht Beiträge an die Sozialversicherungsträger entrichtet hat, seine Beiträge gem. § 26 SGB IV zurückerstattet, falls er noch keine Leistung in Anspruch genommen hat. Dem Erwerbstätigen werden jedoch nicht die Kosten erstattet, die ihm dadurch entstanden sind, dass er zunächst auf den rechtswidrigen Feststellungsverwaltungsakt vertraut hat. Dies sind etwa solche Kosten, die ihm entstehen, in dem er zunächst infolge der rechtswidrigen Feststellung der Versicherungspflicht seinen privaten Versicherungsschutz beendet und alsdann nach Aufhebung des rechtswidrigen Verwaltungsaktes den privaten Versicherungsschutz nur mit erheblichen Mehraufwendungen wieder aufnehmen kann. Unter anderem deshalb ist die mit § 7a Abs. 7 S. 1 SGB IV eingeführte aufschiebende Wirkung von Widerspruch und Klage zu begrüßen. Widerspruch und Klage gegen die Statusentscheidung haben demnach wegen ihrer Auswirkung für den Betroffenen aufschiebende Wirkung. Damit gehen von der angefochtenen Entscheidung zunächst keine Rechtswirkungen aus. 240

**Praxishinweis** !

Der Widerspruch bzw. die Klage gegen die Statusentscheidung der Deutschen Rentenversicherung Bund haben im Rahmen des Anfrageverfahrens nach § 7a SGB IV aufschiebende Wirkung. Dies ist insbesondere für den Auftraggeber von besonderer Bedeutung, da damit keine sofortige Nachzahlungsverpflichtung besteht.

Von der angefochtenen Entscheidung der Deutschen Rentenversicherung Bund (oder anderer Sozialversicherungsträger) gehen aufgrund der aufschiebenden Wirkung **zunächst keine Rechtswirkungen** aus. Folglich hat der Auftraggeber zunächst keine Gesamtsozialversicherungsbeiträge zu zahlen und keine Meldungen zu erstatten. Überdies sind von den Sozialversicherungsträgern zunächst keine Leistungen zu erbringen. Dies gilt selbst dann, wenn nur der Auftraggeber gegen den Bescheid Rechtsmittel eingelegt hat, und zwar auch in dem Fall, wenn der Auftragnehmer mit dem Eintritt der Versicherungspflicht einverstanden war. Sollten Widerspruch und Klage gegen den Feststellungsbescheid erfolglos bleiben mit der Folge, dass eine abhängige Beschäftigung festgestellt worden ist, so hat der Arbeitgeber als Schuldner der Sozialversicherungsbeiträge die Gesamtsozialversicherungsbeiträge in vollem Umfang für die Vergangenheit nachzuentrich- 241 ten.[175] Um das Risiko unzumutbarer Beitragszahlungen gleichwohl für beide Beteiligten zu verringern, ist zu empfehlen, dass die Beteiligten **entsprechende finanzielle Vorsorge** für die Dauer des ggf. über mehrere Jahre laufenden Rechtstreits treffen. Möglich ist, dass beide Beteiligten entsprechende Rückstellungen bilden oder dass die monatlichen Beiträge auf ein dafür eigens eingerichtetes Konto eingezahlt werden.

**Praxishinweis**

Um das Risiko unzumutbarer Beitragszahlungen trotzdem für beide Beteiligten zumindest zu verringern, kann in der Praxis empfohlen werden, dass die Beteiligten eine entsprechende finanzielle Vorsorge für die Dauer des laufenden Rechtsstreits treffen, der im sozialgerichtlichen Verfahren auch mehrere Jahre andauern kann. So könnten etwa die Beteiligten entsprechende Rückstellungen bilden oder aber die monatlichen Beiträge bereits auf ein eigens dafür eingerichtetes Konto eingezahlt werden.

### 2. Untätigkeitsklage

242 Sollte die Deutsche Rentenversicherung Bund nicht binnen einer Frist von 3 Monaten über den Antrag auf die Statusfeststellung gem. § 7a Abs. 1 S. 1 SGB IV entscheiden, haben die beteiligten Parteien die Möglichkeit, eine sog. Untätigkeitsklage auf Erlass der Entscheidung zu erheben. § 7a Abs. 7 S. 2 SGB IV verkürzt insofern die Frist für die Erhebung der Untätigkeitsklage von 6 Monaten (vgl. § 88 Abs. 1 S. 1 SGG) auf **ausnahmsweise 3 Monate**. Auch diese Vorschrift dient der Verfahrensbeschleunigung. Wird über den Widerspruch gegen die Statusentscheidung ebenfalls nicht innerhalb von 3 Monaten entschieden, kann auch die Untätigkeitsklage gem. § 88 Abs. 2 SGG innerhalb von 3 Monaten eingelegt werden.

## VIII. Verhältnis zu anderen Vorschriften

243 Zu beachten bleibt, dass von § 7a SGB IV die **Meldepflichten des Arbeitgebers** gem. § 28a SGB IV i.V.m. den Vorschriften der DEÜV unberührt bleiben. Weiterhin bleiben die **Aufgaben der Einzugsstelle** gem. § 28b, die Pflichten des Arbeitgebers oder des Beschäftigten gem. §§ 28d–g, m, o SGB IV und die **Prüfungspflicht der Rentenversicherungsträger** gem. § 28p, q SGB IV unberührt. Die Zuständigkeit der Einzugsstelle ist allerdings gem. § 28h Abs. 2 SGB IV eingeschränkt. In dem Umfang, in dem die Deutsche Rentenversicherung Bund ihre Entscheidung gem. § 7a Abs. 1 S. 3 SGB IV verfahrensmäßig vorbereiten muss, geht auch die verfahrensrechtliche

175 Ausführlich hierzu oben Rn 148 ff.

Zuständigkeit auf die Deutsche Rentenversicherung Bund über. Das ergibt sich auch aus den ausdrücklich eingeräumten Befugnissen in § 7a Abs. 3 und 4 SGB IV. Insofern tritt das Anfrageverfahren in vollem Umfang gleichwertig neben die Verfahren der Einzugsstellen und der Rentenversicherungsträger.[176] Vorrang hat das Anfrageverfahren allerdings nicht.[177]

## H. Betriebsprüfungen

### I. Allgemeines

Betriebsprüfungen sind für jedes Unternehmen eine Schreckensvorstellung. Zur 244
**Aufdeckung etwaiger Scheinselbstständigkeit** werden heute häufiger gezielte Prüfungen vonseiten der Rentenversicherungsträger durchgeführt. Insbesondere bei den oben aufgezeigten Fallgruppen und brisanten Beispielen aus der Rechtsprechung erfolgt in den jeweiligen Branchen eine verstärkte Prüfung vonseiten der Rentenversicherungsträger und auch vonseiten des Zolls. Betriebsprüfungen können im Rahmen eines regelmäßigen Turnus stattfinden, aber auch auf begründeten Verdacht als besondere Betriebsprüfung. Nicht selten kommt es auch aufgrund eines anonymen Hinweises aus der Bevölkerung bzw. von betreffenden Personen bei den zuständigen Behörden zu Betriebsprüfungen. So kommt in manchen Fällen ein umfassendes und langwieriges Verfahren in Gang.

Regelmäßige Betriebsprüfungen finden gem. § 28p SGB IV **mindestens alle** 245
**4 Jahre** bei den Arbeitgebern statt. Bei diesen regelmäßigen Prüfungen werden insbesondere die Vollständigkeit der Meldungen zur Sozialversicherung und zum anderen aber auch die Richtigkeit der Beitragszahlungen überprüft. Zu beachten ist dabei, dass der Arbeitgeber bzw. der Unternehmer auch hier eine angemessene Prüfhilfe zu leisten hat.

Zu beachten ist bei einer bevorstehenden Prüfung, bzw. wenn eine solche ange- 246
kündigt wurde, dass dann die **Möglichkeit der Statusfeststellung** bei der Deutschen Rentenversicherung nach § 7a SGB IV nicht mehr möglich ist.[178]

---

**Praxishinweis** !

Die Ankündigung der Betriebsprüfung schließt die Einleitung eines Statusfeststellungsverfahrens aus. Aus diesem Grund ist auch in jedem Fall zu prüfen und abzuwägen, ob ein Statusfeststellungsverfahren gem. § 7a SGB IV vom Unternehmer aus eigener Initiative und Veranlassung eingeleitet wird, ohne das Abwarten einer Betriebsprüfung.

---

176 BSG, Urt. v. 11.3.2009 – B 12 R 11/07 R – NJOZ 2010, 195.
177 LSG Baden-Württemberg, Urt. v. 19.2.2008 – L 11/KR 5528/07 – juris.
178 Vgl. hierzu oben Rn 197 ff.

**Achtung**
Es ist streng zwischen der **Beitragsfestsetzung nach § 28p SGB IV** und einem Statusfeststellungsverfahren nach § 7a SGB IV zu unterscheiden. Im Falle der Prüfung nach § 28p SGB IV handelt es sich um ein **von Amts wegen** durchzuführendes Verfahren, für welches alle **Rentenversicherungsträger** zuständig sind. Der Rentenversicherungsträger ist aber im Rahmen einer Prüfung nach § 28p SGB IV nicht berechtigt, das Vorliegen der Versicherungspflicht für die Zukunft festzustellen. Es trifft also **keine Entscheidung mit rechtsverbindlicher Wirkung für die Zukunft**. Der Status wird nur inzident geklärt, um für die Vergangenheit einen entsprechenden Bescheid zu erlassen.
Davon ist das echte **Statusfeststellungsverfahren nach § 7a SGB IV** abzugrenzen. Ein solches Statusfeststellungsverfahren kommt nur **auf Antrag der Beteiligten** bzw. nach Maßgabe des § 7a Abs. 1 S. 2 SGB IV bei Familienangehörigen auf Antrag bei der Einzugsstelle in Gang. Für das Statusfeststellungsverfahren ist ausschließlich die **Deutsche Rentenversicherung Bund**, dort die **Clearingstelle**, zuständig.
Demnach kann ein Prüfbescheid nach § 28p SGB IV einen Antrag auf Statusfeststellung nach § 7a SGB IV nicht ersetzen. Der Prüfbescheid nach § 28p SGB IV wirkt **nur für die Vergangenheit** und die Feststellung der Versicherungspflicht kann nur für den Prüfzeitraum erfolgen.

## II. Prozessuales – Aufschiebende Wirkung von Widerspruch und Klage?

247 Sofern die Betriebsprüfer im Rahmen der Betriebsprüfung zu dem Ergebnis gelangen, dass eine Scheinselbstständigkeit bei den im Unternehmen tätigen Personen vorliegt, so wird nach § 28p Abs. 1 S. 5 SGB IV ein **entsprechender Zahlungsbescheid** erlassen, der als Verwaltungsakt zu qualifizieren ist. Der Zahlungsbescheid kann sich sowohl auf die Versicherungspflicht und Beitragshöhe in der Kranken-, Pflege- und Rentenversicherung als auch auf den Bereich der Arbeitsförderung erstrecken. Gegen einen solchen Bescheid können sodann die entsprechenden Rechtsmittel eingelegt werden.

### 1. Widerspruch gegen den Nachforderungsbescheid

248 Da der Nachforderungsbescheid nach § 28p Abs. 1 S. 5 SGB IV einen Verwaltungsakt darstellt, kann gegen diesen **innerhalb eines Monats** nach Bekanntgabe bei dem Rentenversicherungsträger, der den Bescheid erlassen hat, Widerspruch eingelegt werden, § 84 Abs. 1 SGG. Ziel des Widerspruchs ist zum einen die Möglichkeit, dass die Ausgangsbehörde dem Widerspruch abhilft, d.h., dass dem Begehren des Widerspruchsführers in vollem Umfang stattgegeben wird und dass die entsprechende Tätigkeit als freie Mitarbeit und Selbstständigkeit anerkannt wird. Zum anderen ist das Widerspruchsverfahren aber auch im Hinblick auf ein etwaiges gerichtliches Verfahren als notwendiges Vorverfahren durchzuführen.

249 Wie bereits oben ausgeführt, haben Widerspruch und Klage gegen den Beitragsbescheid der Deutschen Rentenversicherung Bund im Rahmen eines Status-

feststellungsverfahrens gem. § 7a Abs. 7 S. 1 SGB IV aufschiebende Wirkung.[179] Ob eine solche **aufschiebende Wirkung** auch im Falle eines Nachforderungsbescheides aufgrund einer Betriebsprüfung nach § 28p SGB IV vorliegt, ist sowohl in der Rechtsprechung als auch in der Literatur höchst streitig.

### a) Befürworter der aufschiebenden Wirkung des Widerspruchs

Einige Instanzgerichte bejahen die aufschiebende Wirkung von Widerspruch und 250
Klage für alle Statusentscheidungen der Sozialversicherungsträger, also auch für Entscheidungen der Rentenversicherungsträger im Rahmen von Betriebsprüfungen und begründen dies damit, dass die Sonderregelung des § 7a SGB IV nach der Vorstellung des Gesetzgebers nicht nur für sog. Statusentscheidungen nach § 7a SGB IV, sondern auch **für sonstige Statusentscheidungen** der übrigen Sozialversicherungsträger außerhalb des Anfrageverfahrens gelten sollen.[180] Dies wird beispielsweise in den Entscheidungen vom SG Bayreuth,[181] dem SG Nürnberg,[182] dem LSG Hamburg[183] sowie dem LSG Hessen[184] deutlich. Auch Teile der Literatur vertreten diese Auffassung.[185]

### b) Ablehnung der aufschiebenden Wirkung des Widerspruchs

Andere Instanzgerichte hingegen lehnen die aufschiebende Wirkung von Wider- 251
spruch und Klage in diesen Fällen ab. So vertritt das LSG Bayern[186] und das LSG Nordrhein-Westfalen[187] die Auffassung, dass § 7a Abs. 7 SGB IV für den **Fall der Betriebsprüfung nicht anwendbar** sei mit der Folge, dass Widerspruch und Klage keine aufschiebende Wirkung haben. Die Gerichte begründen ihre Auffassung damit, dass der Fall des Nachforderungsbescheids im Nachgang zu einer Betriebsprüfung über die bloße Statusentscheidung hinausgehe. § 28b Abs. 1 S. 5 SGB VI, auf dem der Nachforderungsbescheid beruht, ermächtige anders als § 7a SGB IV die Sozialversicherungsträger zum Erlass von Verwaltungsakten zur Versicherungspflicht

---

**179** Siehe oben Rn 240 f.

**180** Vgl. BT-Drucks. 14/1855, S. 8.

**181** SG Bayreuth, Beschl. v. 11.12.2009 – S 8 R 6035/09 ER – n.v.; nachfolgend LSG Bayern, Beschl. v. 16.3.2010 – L 5 R 21/10 B ER – juris.

**182** SG Nürnberg, Beschl. v. 1.9.2009 – S 14 R 954/09 – n.v.; nachfolgend LSG Bayern, Beschl. v. 7.1.2010 – L 5 R 881/09 B ER – NZA 2010, 326.

**183** LSG Hamburg, Beschl. v. 25.10.2000 – L 3 B 80/00 ER – NZA-RR 2001, 658.

**184** LSG Hessen, Beschl. v. 12.1.2005 – L 8/14 KR 110/04 ER – juris.

**185** Kasseler Kommentar zum Sozialversicherungsrecht/*Seewald*, § 7a SGB IV Rn 25.

**186** LSG Bayern, Beschl. v. 16.3.2010 – L 5 R 21/10 B ER – juris; LSG Bayern, Beschl. v. 7.1.2010 – L 5 R 881/09 B ER – NZA 2010, 326.

**187** LSG Nordrhein-Westfalen, Beschl. v. 5.11.2008 – L 16 B 7/08 R ER – juris.

und zur Beitragshöhe. Da die Besonderheit des Statusfeststellungsverfahrens in diesen Fällen nicht vorliege, greife der allgemeine Grundsatz im Versicherungs- und Beitragsrecht, wonach Widerspruch und Klage keine aufschiebende Wirkung haben. Wie im allgemeinen Verwaltungsrecht, wo die aufschiebende Wirkung von Widerspruch und Klage gem. § 80 VwGO üblich ist, stelle im Sozialversicherungsrecht die aufschiebende Wirkung von Rechtsmitteln immer noch eine Ausnahme dar. Auf diese Ausnahmeregelung des § 7a Abs. 7 SGB IV könne sich der beitragspflichtige Arbeitgeber nicht berufen, wenn ein Statusfeststellungsverfahren nicht durchgeführt wurde.

---

**! Praxishinweis**

Anders als im echten Statusfeststellungsverfahren begründen Widerspruch und Klage gegen den Nachforderungsbescheid im Nachgang zur Betriebsprüfung nicht regelmäßig die aufschiebende Wirkung. Die Rechtsprechung der zuständigen Sozialgerichte ist diesbezüglich uneinheitlich, eine höchstrichterliche Klärung durch das BSG ist bisher nicht erfolgt.

---

### 2. Antrag auf Aussetzung der sofortigen Vollziehung

252 Im Hinblick darauf, dass die aufschiebende Wirkung bei Widerspruch und Klage gegen den Nachforderungsbescheid im Nachgang zur Betriebsprüfung uneinheitlich gehandhabt wird, bedarf es **weiterer Ansätze**, um die sofortige Zahlungspflicht des Auftraggebers trotz Durchführung der Rechtsmittelverfahren zu vermeiden. In Betracht kommt hier der ergänzende Antrag auf Aussetzung der sofortigen Vollziehung bei dem Rentenversicherungsträger bzw. der Widerspruchsbehörde, der sich auf § 86a Abs. 3 SGG stützt. Dort ist vorgesehen, dass die Aussetzung der Vollziehung u.a. dann erfolgen soll, wenn die Vollziehung für den Abgaben- oder Kostenpflichtigen eine unbillige, nicht durch überwiegende öffentliche Interessen gebotene Härte zur Folge hätte.

#### a) Unbillige Härte der Vollziehung

253 Eine unbillige Härte wird dann angenommen, wenn dem Betroffenen durch die Vollziehung Nachteile entstehen, die über die eigentliche Zahlung hinausgehen und **nicht oder nur schwer wieder gut gemacht** werden können.[188] Insbesondere bei größeren Verfahren, bzw. sofern eine größere Anzahl von Scheinselbstständigkeitsfällen im Raum steht, kann dies eine gute Chance bieten, um eine sofortige Vollziehung aussetzen zu lassen, um damit eine Stundung zu erreichen. In solchen Fällen

---

188 Meyer-Ladewig/Keller/Leitherer/*Keller*, § 86a Rn 27 b.

stehen zumeist beträchtliche Summen im Raum, die nicht selten auch eine drohende Insolvenz des Unternehmens zur Folge hätten.

### b) Konkreter Sachvortrag bezüglich der unbilligen Härte

Da die Aussetzung der sofortigen Vollziehung eine Ausnahmeregelung darstellt, ist 254
der mögliche Arbeitgeber im Rahmen dieses Antrags allerdings gehalten, konkreten Sachvortrag bezüglich der zu erwartenden unbilligen Härte zu liefern.

Lediglich pauschale Behauptungen reichen dafür nicht aus, weshalb viele An- 255
träge in der Praxis scheitern. Es ist demnach ein **erhöhter Argumentationsaufwand** erforderlich. Ein Teil der Rechtsprechung führt hierzu auch aus, dass allein die mit der Zahlung auf eine Beitragsforderung verbundenen wirtschaftlichen Konsequenzen nicht zu einer solchen unbilligen Härte führen können, da sie lediglich Ausfluss der Erfüllung gesetzlich auferlegter Pflichten sind.[189] Aus denselben Gründen sei nach Auffassung des LSG Nordrhein-Westfalen auch die Höhe einer Beitragsforderung an sich keine unbillige Härte. Es müssen nach dieser Auffassung vielmehr darüber hinausgehende, nicht oder nur schwer wieder gut zu machende Nachteile durch eine Zahlung konkret dargelegt werden.[190] Die Gerichte nehmen bei Vorlage des Antrags auf Aussetzung der sofortigen Vollziehung also eine Abwägung der Interessen der Beteiligten vor: Zum einen ist die Funktionsfähigkeit der Sozialversicherung sicherzustellen, und zwar gerade auch dann, wenn aufgrund einer drohenden Zahlungsunfähigkeit die zeitnahe Durchsetzbarkeit der aus Sicht der Sozialversicherung berechtigten Nachforderungen infrage steht. Deshalb wird regelmäßig für den Antrag auf Aussetzung der Vollziehung eine beachtliche Härte gefordert, die vor allem dann angenommen wird, wenn es dem Beitragsschuldner gelingt, darzulegen, dass das Beitreiben der Forderung eventuell seine Insolvenz oder die Zerschlagung seines Geschäftsbetriebs zur Folge hätte. Denn in diesem Fall wäre die Durchsetzbarkeit der Beitragsforderung bei einem Abwarten der Hauptsache nicht weiter gefährdet als zum Zeitpunkt des Antrags auf Aussetzung der sofortigen Vollziehung.

---

**Praxishinweis** !

Da Widerspruch und Klage gegen den Nachforderungsbescheid im Nachgang zur Betriebsprüfung nicht regelmäßig aufschiebende Wirkung haben, kann die sofortige Zahlungsverpflichtung mithilfe des Antrags auf Aussetzung der sofortigen Vollziehung vermieden werden.

---

**189** LSG Thüringen, Beschl. v. 9.3.2006 – L 6 R 967/05 ER – juris.
**190** LSG Nordrhein-Westfalen, Beschl. v. 13.7.2011 – L 8 R 290/11 B – juris.

256 Da aber die Anforderungen an die unbillige Härte strengen Maßstäben unterliegen, empfiehlt es sich in der Praxis, auch **anderweitige Ansätze** zu überprüfen und der Sozialversicherung anzubieten. Infrage kommt etwa das Angebot einer Ratenzahlung in Verbindung mit der Stundung der noch offenen Forderungen oder auch sonstige zeitlich befristete Aufschübe.

### 3. Antrag beim Sozialgericht auf Anordnung der aufschiebenden Wirkung – einstweiliger Rechtsschutz

257 Eine weitere flankierende Möglichkeit neben dem Antrag auf Aussetzung der Vollziehung beim zuständigen Sozialversicherungsträger besteht darin, einstweiligen Rechtsschutz nach § 86b Abs. 1 Nr. 2 SGB über das zuständige Sozialgericht zu beantragen. Anders als der Antrag auf aufschiebende Wirkung wird dieses Eilverfahren vor dem Sozialgericht geführt, wobei nur eine summarische Prüfung der Rechtslage im Hauptsacheverfahren sowie der für die Interessenabwicklung erforderlichen Gesichtspunkte stattfindet. Es erfolgt eine **umfassende Abwägung** des Aufschubinteresses des Betroffenen einerseits und des öffentlichen Interesses an der Vollziehung des Verwaltungsaktes andererseits. Im Rahmen dieser Interessenabwägung ist in Anlehnung an § 86a Abs. 3 S. 2 SGG u.a. zu berücksichtigen, ob die Vollziehung für den Antragsteller eine unbillige, nicht durch überwiegende öffentliche Interessen gebotene Härte zur Folge hätte. Eine entsprechende Beschlussfassung des Sozialgerichts würde demnach sicherstellen, dass die aufschiebende Wirkung so lange besteht, bis im Hauptsacheverfahren über den Bescheid rechtskräftig entschieden wurde.

### 4. Klage vor dem Sozialgericht

258 Schließlich kann gegen den Nachforderungsbescheid in Gestalt des Widerspruchsbescheids auch Klage vor dem Sozialgericht **innerhalb einer Frist von einem Monat** ab Bekanntgabe des Widerspruchsbescheids erhoben werden. Ein solches Verfahren ist in der Praxis oft von langer Dauer und kann sich durchaus mehrere Jahre hinziehen. Obgleich die lange Verfahrensdauer als rechtlicher Nachteil erscheint, so bietet sie im Falle des Bestehens der aufschiebenden Wirkung doch auch erhebliche Vorteile, etwa im Hinblick darauf, dass das Verfahren aus taktischen Gründen hinausgezögert werden kann bzw. auch die damit verbundene etwaige Zahlungsverpflichtung. Das Sozialgericht würde sodann den Bescheid sowie auch den dazugehörigen Sachverhalt und die entsprechende Tätigkeit einer vollständigen neuen rechtlichen Prüfung unterziehen und die Tätigkeit anhand der von der Rechtsprechung entwickelten Merkmale prüfen und entscheiden.

259 Insofern bieten sich einige Möglichkeiten, gegen einen möglichen Bescheid im Rahmen einer Betriebsprüfung vorzugehen. Erwähnenswert ist dabei, dass in jeder Lage des Verfahrens eine Einigung zwischen den Parteien möglich ist. Im Ver-

gleichswege kann sodann auch die Möglichkeit einer Stundung nach § 76 Abs. 2 Nr. 1 SGB IV vereinbart werden.

## III. Höhe der Nachzahlung

### 1. Bemessungsgrundlage für die Nachforderungen

Wenn rechtskräftig festgestellt ist, dass der bzw. die betreffenden Mitarbeiter als abhängig Beschäftigte eingestuft werden, entsteht für den Arbeitgeber die **Beitragszahlungspflicht**. Für den Fall, dass der Beitragsbescheid im laufenden Vertragsverhältnis ergeht, der Mitarbeiter also bereits als freier Mitarbeiter fälschlicherweise tätig war, unterliegt der Arbeitgeber der **Nachzahlungspflicht zurückliegender Sozialversicherungsbeiträge**. In diesem Fall ergibt sich für den Arbeitgeber eine weitere Weichenstellung, diesmal in Bezug auf die Höhe der nachzuzahlenden Sozialversicherungsbeiträge. 260

Die Sozialversicherungsträger greifen – zumindest bislang – bei der Bemessung der Nachforderungen in der Regel auf die bisher **ausgezahlten Honorare als Bemessungsgrundlage** zurück und werten diese als Nettolohn. Die hinzukommenden Sozialversicherungsbeiträge werden auf der Basis dieses Nettolohnes hochgerechnet mit der Folge, dass der Arbeitgeber rund 40% der bisher gewährten Honorare als zusätzliche Beiträge abzuführen hat. Dies führt aus Sicht des Arbeitgebers letztlich dazu, dass die Gesamtbelastung für den freien Mitarbeiter weit höher liegt als für den vergleichbaren Arbeitnehmer. Denn Auftraggeber und freie Mitarbeiter gehen bei der Festlegung der freien Mitarbeitervergütung regelmäßig davon aus, dass das vereinbarte Honorar neben der eigentlichen Vergütung zugleich auch einen Ausgleich für nicht zu leistende Sozialabgaben enthält. 261

---

**Praxishinweis** !

Bei der Bemessung der Nachforderungen zur Sozialversicherung im Fall der Scheinselbstständigkeit kommt der Bemessungsgrundlage maßgebliche Bedeutung zu. Der Auftraggeber bzw. Arbeitgeber wird dem Versuch der Sozialversicherungsträger, rund 40% des bisher gewährten freien Mitarbeiterhonorars als Beiträge abführen zu müssen, regelmäßig entgegentreten können.

---

Die Sozialversicherungsträger rechtfertigen diese Handhabung in der Regel damit, dass sie von dem Vorliegen einer sog. illegalen Beschäftigung des bisherigen „falschen“ freien Mitarbeiterverhältnisses ausgehen mit der Folge, dass gem. § 14 Abs. 2 S. 2 SGB IV die **tatsächlich gezahlten Bezüge als Nettoentgelt** und damit als Basis für die Beitragsberechnung heranzuziehen sind. Diesem Vorwurf der illegalen Beschäftigung gem. § 14 SGB IV muss der „neue“ Arbeitgeber entgegentreten, um die Bemessungsgrundlage für die Nachzahlung der Sozialversicherungsbeiträge und damit letztlich den Gesamtbetrag reduzieren zu können. 262

### 2. Illegale Beschäftigung i.S.d. § 14 Abs. 2 S. 2 SGB IV

263 Der Gesetzgeber hat den Tatbestand der illegalen Beschäftigung i.S.d. § 14 Abs. 2 S. 2 SGB IV nicht ausdrücklich geregelt, sodass eine Auslegung der gesetzlichen Regelung erfolgen muss.

#### a) Objektive Kriterien

264 Die erste Grundvoraussetzung zur Anwendung des § 14 Abs. 2 S. 2 SGB IV besteht darin, dass die **Merkmale einer Beschäftigung** erfüllt und entsprechende **Einnahmen** erzielt oder geleistet worden sein müssen. Das weitere Kriterium der Illegalität des Beschäftigungsverhältnisses ist aus teleologischer sowie gesetzessystematischer Sichtweise zunächst dahingehend zu beantworten, dass die **Nichtzahlung der geschuldeten Steuern und Beiträge** bereits die Gesetzeswidrigkeit des Beschäftigungsverhältnisses bewirkt. Denn es liegen Verstöße gegen die einschlägigen Vorschriften des Steuer-, Sozialversicherungs- und Arbeitsförderungsrechts sowie des Strafrechts vor.[191] Dabei wird vertreten, dass von einer Illegalität nur ausgegangen werden kann, wenn alle drei Kriterien, die Steuervermeidung, die Nichtzahlung der Beiträge zur Sozialversicherung sowie zur Arbeitsförderung kumulativ erfüllt sind.[192]

265 Nach der bisher wohl herrschenden Meinung in der Rechtsprechung und auch in der einschlägigen Kommentarliteratur ist mit Vorlage der objektiven Kriterien die Schwarzarbeit, also ein illegales Beschäftigungsverhältnis **unabhängig von der Frage des Verschuldens** erfüllt, also immer dann, wenn der Arbeitgeber einen fälschlicherweise als freien Mitarbeiter geführten Mitarbeiter nicht gem. § 28a SGB IV angemeldet hat.[193] Diese Auffassung stützt sich vor allem auf ein Urteil des LSG Rheinland-Pfalz vom 29.7.2009,[194] welches für die meisten Kommentatoren die maßgebliche Entscheidung war.

#### b) Subjektives Kriterium

266 In der Entscheidung des BSG vom 9.11.2011[195] hat der 12. Senat des BSG eine andere Auffassung vertreten und fordert für die Bejahung der Schwarzarbeit neben

---

191 Kasseler Kommentar zum Sozialversicherungsrecht/*Seewald*, § 14 SGB IV Rn 140.

192 Münchener Anwaltshandbuch Sozialrecht/*Plagemann*, § 7 Rn 23; Kasseler Kommentar zum Sozialversicherungsrecht/*Seewald*, § 14 SGB IV Rn 142; LSG Rheinland-Pfalz, Urt. v. 29.7.2009 – L 6 R 105/09 – DB 2009, 2443; nachfolgend BSG, Urt. v. 9.11.2011 – B 12 R 18/09 R – NZA-RR 2012, 539.

193 Vgl. etwa Kasseler Kommentar zum Sozialversicherungsrecht/*Seewald*, § 14 SGB IV Rn 142; Kreikebohm/*Marschner*, § 14 Rn 23f.

194 LSG Rheinland-Pfalz, Urt. v. 29.7.2009 – L 6 R 105/09 – DB 2009, 2443.

195 BSG, Urt. v. 9.11.2011 – B 12 R 18/09 R – NZA-RR 2012, 539.

dem Vorliegen der objektiven Voraussetzungen auch subjektive Elemente. Die Sichtweise, allein auf das Vorliegen objektiver Voraussetzungen abzustellen, sei angesichts der weitreichenden Rechtsfolgen viel zu eng. Dabei stellt das BSG abermals ausdrücklich klar, dass die Erfüllung der subjektiven Komponenten schon bei **Eventualvorsatz** gegeben ist, echter Vorsatz oder gar die Absicht zur Steuerhinterziehung bzw. Hinterziehung von Sozialabgaben also nicht erforderlich ist.

### c) Bedeutung für die Praxis

Diese Entscheidung des BSG hat für die Praxis allergrößte Bedeutung, denn dadurch 267
wird es den Rentenversicherungsträgern künftig erschwert, Nachforderungen auf Basis der ursprünglich erfolgten Berechnungsmethode zu erheben. Die Rentenversicherung müsste in diesem Fall einen entsprechenden Vorsatz **im Einzelfall darlegen**, was in der Praxis allerdings schwer gelingt. Im Wesentlichen stützt das BSG seine Entscheidung darauf, dass es auch in anderen Regelungsbereichen für den Eintritt qualifizierter Rechtsfolgen eines zusätzlichen besonderen subjektiven Elements bedarf, so z.B. auch bei den Säumniszuschlägen nach § 24 SGB IV.[196] Das BSG führt weiter aus, dass eine andere Sichtweise zu dem vom Gesetzgeber nicht gewollten Ergebnis führen würde, dass schon schlichte Berechnungsfehler und einfache Fehlbeurteilungen mit der besonderen Rechtsfolge des § 14 Abs. 2 S. 2 SGB IV belastet würden. Dies könnte im Einzelfall nicht gewollt sein, sodass ein subjektives Element erforderlich ist.

---

**Praxishinweis** !

Steht die Scheinselbstständigkeit fest, sind also alle Rechtsmittel gegen den Beitragsbescheid erfolglos gewesen, hat der Arbeitgeber im nächsten Schritt noch die Möglichkeit, die Nachzahlung unter Hinweis auf eine fehlende illegale Beschäftigung nicht unerheblich zu reduzieren.

---

## 3. Säumniszuschläge

Der neue Arbeitgeber des bisher fälschlicherweise als freier Mitarbeiter geführten 268
Arbeitnehmers ist bei der Beitragszahlung im nächsten Schritt regelmäßig auch mit Säumniszuschlägen belastet.

Die Forderung von Säumniszuschlägen auch für die Vergangenheit beruht auf 269
§ 24 Abs. 1 SGB IV. Danach ist für Beiträge und Beitragsvorschüsse, die der Zahlungspflichtige nicht **bis zum Ablauf des Fälligkeitstages** gezahlt hat, für jeden angefangenen Monat ein Säumniszuschlag von 1 v.H. des rückständigen, auf 50 € nach unten abgerundeten Betrags zu zahlen.

---

**196** Vgl. hierzu unten Rn 268 ff.

270 Unter Berücksichtigung langer Beschäftigungszeiten des ehemaligen freien Mitarbeiters und im Hinblick auf die zum Teil lange Verfahrensdauer bei den Sozialgerichten können hierbei **erhebliche Beträge** zusammenkommen.

271 Auch im Bereich der Verpflichtung von Säumniszuschlägen ergibt sich Argumentationspotenzial im Hinblick auf einen fehlenden Vorsatz bzw. sogar noch weitergehend fehlendes Verschulden. Hierfür gibt die Spezialregelung für Säumniszuschläge **Argumentationshilfe.** So ist in § 24 Abs. 2 SGB IV festgelegt, dass im Falle eines Bescheids zur Beitragsforderung mit Wirkung für die Vergangenheit ein darauf entfallender Säumniszuschlag dann nicht zu erheben ist, wenn der Beitragsschuldner glaubhaft macht, dass er unverschuldet keine Kenntnis von der Zahlungspflicht hatte.[197] Dabei ist das Kriterium des „Verschuldens" im Sinne dieser Bestimmung allerdings weitergehend als im Zusammenhang mit der Frage, ob Schwarzarbeit und damit eine illegale Beschäftigung vorliegt. Denn das Verschulden i.S.d. § 24 Abs. 2 SGB IV umfasst entsprechend § 276 BGB neben allen Formen des Vorsatzes auch die verschiedenen Grade der Fahrlässigkeit.

272 In dem der Entscheidung des LSG Baden-Württemberg[198] zugrunde liegenden Sachverhalt hatte der Arbeitgeber aber **keinen Erfolg mit dieser Argumentation,** da er für ein und dieselbe Tätigkeit zum Teil freie Mitarbeiter und zum Teil Arbeitnehmer eingesetzt hatte. Die fehlende Kenntnis von der Zahlungspflicht mit der Folge, dass ihm die Säumniszuschläge erlassen werden, konnte er deshalb nicht glaubhaft machen.

---

! **Praxishinweis**
Steht die Scheinselbstständigkeit fest und ist der Erstattungsbetrag berechnet, hat der Arbeitgeber im nächsten Schritt noch die Möglichkeit, die Belastung mit Säumniszuschlägen unter Verweis auf fehlendes Verschulden zu vermeiden.

---

## I. Mögliche Alternativen zur Vermeidung der Scheinselbstständigkeit

### I. Einführung

273 Die Ausführungen zur Abgrenzung der freien Mitarbeit vom fest angestellten Arbeitnehmer haben deutlich gemacht, dass die Vertragsparteien zwar einerseits ein inhaltliches Entscheidungsrecht haben, dass anderseits aber allein die **Bezeichnung des Vertrags** für die Annahme einer freien Mitarbeit nicht maßgeblich ist. Nur wenn insbesondere der Auftraggeber bzw. Arbeitgeber bereit ist, von seinem

---

**197** Vgl. etwa LSG Baden-Württemberg, Urt. v. 2.9.2011 – L 4 R 1036/10 – juris.
**198** Vgl. LSG Baden-Württemberg, Urt. v. 2.9.2011 – L 4 R 1036/10 – juris.

arbeitsrechtlichen Weisungsrecht und der Eingliederungsbefugnis Abstand zu nehmen und dem freien Mitarbeiter im Wesentlichen freie Hand bei der Ausgestaltung seiner Tätigkeit lässt, kommt die Vereinbarung eines freien Mitarbeiterverhältnisses in Betracht. Für Arbeitgeber, die aus vernünftigen Erwägungen auf den Einsatz freier Mitarbeiter also verzichten (müssen), stellt sich die Frage nach alternativen flexiblen Beschäftigungsformen, die den Vorgaben des Gesetzgebers und der Rechtsprechung gerecht werden. In Betracht kommen vor allem sog. Rahmenvereinbarungen in Verbindung mit befristeten Kurzarbeitsverhältnissen, die es dem Arbeitgeber ermöglichen, diese Pool-Mitarbeiter kurzfristig im Bedarfsfall einzusetzen. Insbesondere auch für den Bereich der Urlaubs- und Krankheitsvertretung wäre diese sog. Pool-Lösung ein adäquates Mittel für den Arbeitgeber, die gesetzlichen Vorgaben, insbesondere sozialversicherungsrechtlicher Art, einzuhalten und dennoch Flexibilisierungsmöglichkeiten zu kreieren.

## II. Rahmenvereinbarung und befristetes Arbeitsverhältnis (sog. Pool-Lösungen)

### 1. Grundlage

Bei sog. Pool-Lösungen werden Rahmenverträge zwischen Arbeitgeber und Arbeitnehmer abgeschlossen mit der Möglichkeit, die entsprechenden Mitarbeiter **im Bedarfsfall** für kurzfristig anfallende Tätigkeiten einzusetzen. Grundlage für den konkreten Einsatz sind **jeweils abzuschließende befristete Arbeitsverhältnisse**. In der Rahmenvereinbarung werden lediglich die grundsätzlichen Bedingungen der zwischen den Parteien erst noch abzuschließenden Arbeitsverträge geregelt. Es wird allerdings selbst noch keine Verpflichtung zur Arbeitsleistung aufgenommen. Durch die Rahmenvereinbarung kann demnach kein Leistungsbestimmungsrecht ausgeübt werden, welches eine konkrete Leistungspflicht herbeiführen würde, sodass diese selbst keinen Arbeitsvertrag darstellt.[199] Der Arbeitseinsatz selbst erfolgt erst aufgrund der zwischen beiden Parteien schriftlich getroffenen und von beiden Seiten unterschriftlich bestätigten Einzelvereinbarung, nicht durch einseitige Anweisung. 274

---

**Praxishinweis** !

Als Alternative zur Selbstständigkeit kann sich eine Rahmenvereinbarung in Kombination mit mehreren im Bedarfsfall abzuschließenden befristeten Arbeitsverhältnissen anbieten (sog. Pool-Lösung).

---

199 Vgl. ständige Rechtsprechung BAG, Urt. v. 15.2.2012 – 10 AZR 111/11 – NZA 2012, 733; BAG, Urt. v. 31.7.2002 – 7 AZR 181/01 – BB 2003, 525ff.; BAG, Urt. v. 16.4.2003 – 7 AZR 187/02 – AP Nr. 1 zu § 4 BeschFG 1996; LAG Baden-Württemberg, Urt. v. 20.6.2012 – 13 Sa 126/11 – ZVertriebsR 2012, 365.

### 2. Rahmenvereinbarung

275 Bei der sog. Pool-Lösung stellt der Unternehmer eine Gruppe (einen Pool) von Personen zusammen, die eine bestimmte Arbeit verrichten können und an deren Verrichtung interessiert sind. Beide Parteien verständigen sich über die **Art der Arbeit** und die **Vergütung**, nicht aber über das Ob und Wann der Arbeit bzw. des konkreten Einsatzes. Dies kann zwar formlos geschehen, empfehlenswert ist aber eine schriftliche Rahmenvereinbarung.

---

**!** **Praxishinweis**
Die Rahmenvereinbarung selbst ist kein Arbeitsvertrag. Durch die Rahmenvereinbarung entstehen noch keine arbeitsvertraglichen Pflichten.

---

276 Dabei ist die Gruppe, der Pool, größer als die Zahl der Arbeitskräfte, die der Unternehmer jeweils für die Verrichtung der Arbeit benötigt. Durch die Rahmenvereinbarung wird dem Arbeitgeber die Möglichkeit belassen, einen entsprechenden Pool an Mitarbeitern zu haben, mit denen er im Bedarfsfall konkrete Arbeitsverträge abschließt.

#### a) Inhalt der Rahmenvereinbarung

277 In der Rahmenvereinbarung werden ausschließlich grundsätzliche Bedingungen der noch abzuschließenden, auf den **jeweiligen Einsatz befristeten Arbeitsverträge** geregelt.[200] Dem Unternehmen wird aber gerade nicht das Recht eingeräumt, durch Ausübung eines Leistungsbestimmungsrechts nach § 315 BGB die konkrete Leistungspflicht herbeizuführen. Dazu bedarf es einer weiteren Vereinbarung – den im Einzelfall abzuschließenden befristeten Arbeitsvertrag. Dies ist entscheidend für die Abgrenzung zu anderen Konstellationen.[201]

278 In der Regel enthält eine Rahmenvereinbarung hauptsächlich folgende Punkte mit beispielsweise folgenden Formulierungen:

---

**!** **Musterklauseln**
- *„Das Unternehmen erklärt sich bereit, Herrn/Frau XY in die Liste der Interessenten für zeitweilige Arbeitseinsätze aufzunehmen."*
- *„Im Bedarfsfall wird sich der Geschäftsführer/Personalleiter etc. an Herrn/Frau XY wenden, ob dieser in der Lage und bereit ist, für einen näher bestimmten Zeitraum Arbeiten [im Einzelfall zu konkretisieren] bei dem Unternehmen [ggf. genaue Konkretisierung auf Betrieb/Abteilung] zu erledigen."*

---

200 BAG, Urt. v. 31.7.2002 – 7 AZR 181/01 – BB 2003, 525ff.
201 Vgl. auch LAG Rheinland-Pfalz, Urt. v. 18.3.2010 – 11 Sa 647/09 – BeckRS 2010, 70055; nachfolgend zurückgewiesen durch BAG, Beschl. v. 8.9.2010 – 7 AZN 527/10 – n.v.

- *„Das Unternehmen und Herr/Frau XY sind sich einig, dass das Unternehmen nicht verpflichtet ist, Herrn/Frau XY Beschäftigungsangebote zu machen."*
- *„Herr/Frau XY ist aber ebenfalls nicht verpflichtet, Beschäftigungsangebote anzunehmen."*
- *„Soweit tatsächliche Arbeitseinsätze vereinbart werden, sind diese vor Aufnahme der Tätigkeit im Einzelnen für den genau bestimmten Zeitraum mit Angabe der Daten, Anzahl der Stunden und Lage der Arbeitszeit in einer von beiden Parteien unterzeichneten befristeten schriftlichen Vereinbarung festzuhalten. Die jeweiligen Einsätze sind somit auf den bestimmten Zeitraum befristet."*
- *„Insofern soll durch den Abschluss dieser Rahmenvereinbarung und den in Einzelfällen schriftlich abgeschlossenen befristeten Arbeitsverträgen ein Dauerarbeitsverhältnis nicht begründet werden; auch nicht in Form eines Abrufarbeitsverhältnisses."*

---

Darüber hinaus können auch grundsätzlich **Vergütungsregelungen** sowie sonstige 279
im Einzelfall bestehende **Rahmenregelungen** Inhalt der Rahmenvereinbarung sein. Zum Teil finden sich auch Regelungen in der Rahmenvereinbarung, wonach sich die Parteien einig sind, dass aufgrund der einzelnen befristeten Arbeitsverträge die **Höchstgrenzen für eine geringfügige Beschäftigung** nicht überschritten werden dürfen.[202]

### b) Rechtswirkungen aufgrund der Rahmenvereinbarung

Nach Abschluss der Rahmenvereinbarung gilt also grundsätzlich Folgendes: 280

- Eine Arbeitspflicht bzw. auch eine Beschäftigungspflicht besteht nur nach **jeweiliger Einzelvereinbarung**; aufgrund der Rahmenvereinbarung kann eine solche nicht durchgesetzt werden; weder vom Arbeitgeber noch vom Mitarbeiter.
- Aufgrund der im Einzelnen abgeschlossenen befristeten kurzzeitigen Arbeitsverträge besteht regelmäßig **kein Urlaubs**- und kein anteiliger **Sonderzahlungsanspruch** des Mitarbeiters.
- Je nach Ausgestaltung der Tätigkeit bzw. der Kurzfristigkeit der Beschäftigung kann **Sozialversicherungsfreiheit** nach § 8 SGB IV vorliegen.
- Solange die Wartezeit des § 3 Abs. 3 EntgFG aufgrund der einzelnen arbeitsvertraglichen Einsätze nicht erfüllt ist, besteht **kein Anspruch** auf **Entgeltfortzahlung** im Krankheitsfall.

---

**Praxishinweis** !

Sofern im Betrieb ein Betriebsrat besteht, ist dieser nach Auffassung des BAG[203] vor Abschluss der Rahmenvereinbarung nach § 99 BetrVG zu beteiligen, da mit dem Abschluss der Rahmenvereinbarung bereits alle einer Einstellung im Regelfall vorausgehenden Entscheidungen, insbesondere was die Person des Arbeitnehmers und den in Aussicht gestellten Arbeitsplatz betrifft, getroffen wer-

---

**202** Vgl. etwa LAG Baden-Württemberg, Urt. v. 20.6.2012 – 13 Sa 126/11 – ZVertriebsR 2012, 365.

**203** So BAG, Beschl. v. 28.4.1992 – 1 ABR 73/91 – AP Nr. 98 zu § 99 BetrVG 1972.

den. Nicht erst im Falle eines Bedarfs der Arbeitskraft wird eine Einstellung „geplant", sondern bereits die in Aussicht genommene Beschäftigung der Arbeitskraft bei entsprechendem Bedarf stellt die geplante **Einstellung i.S.d. § 99 BetrVG** dar. In der späteren tatsächlichen Beschäftigung der Arbeitskraft ist dann nur noch der Vollzug des Rahmenvertrags zu sehen. Insofern sollte der Betriebsrat damit vor Abschluss der Rahmenvereinbarung beteiligt werden.

### 3. Einzelne befristete Arbeitsverträge

281 Da die Rahmenvereinbarung nicht als Arbeitsvertrag zu qualifizieren ist und auf ihrer Grundlage keine Leistungsverpflichtung begründet werden kann, muss für den konkreten Einsatz zwischen den Parteien ein befristeter Arbeitsvertrag geschlossen werden. In diesem werden dann insbesondere der konkrete Einsatztag bzw. Zeitraum, die Anzahl der Stunden ggf. die Vergütung sowie die Lage der Arbeitszeit konkret bestimmt. Allein aufgrund dieser befristeten vertraglichen Vereinbarung werden die **konkreten Leistungsverpflichtungen begründet**.

#### a) Befristung

282 Der einzelne befristete Arbeitsvertrag unterliegt den Bestimmungen des Arbeitsrechts, wobei insbesondere die **Befristungsregelungen des TzBfG** zu beachten sind. Aufgrund der Neuregelungen im TzBfG unterliegt der Einsatz sog. Pool-Mitarbeiter seit 2001 strengeren Regelungen, weil die zwingenden Regelungen des TzBfG zu beachten sind.

283 Deshalb bietet sich diese Alternative zur Selbstständigkeit insbesondere dann an, wenn eine kurzfristige Tätigkeit bei **Urlaubs- oder Krankheitsvertretungen** gewünscht ist, da hier auch der entsprechende Befristungsgrund des § 14 Abs. 1 Nr. 3 TzBfG vorliegt. Unter Umständen spricht aber auch der persönliche Wunsch des Tätigen gem. § 14 Abs. 1 Nr. 6 TzBfG für die vorliegende Konstellation.

284 Problematisch ist es allerdings dann, wenn die einzelnen Einsätze **arbeitsanfallbezogen** erfolgen und § 14 Abs. 1 S. 2 Nr. 1 TzBfG (vorübergehend bestehender betrieblicher Bedarf an der Arbeitsleistung) nicht anwendbar ist. Für den ersten Einsatz kann sich der Unternehmer auf § 14 Abs. 2 TzBfG berufen, der eine **sachgrundlose Befristung** ermöglicht. Bei dem zweiten Einsatz, der sich regelmäßig nicht an den ersten anschließt, bedarf es allerdings eines Befristungsgrundes nach § 14 Abs. 1 S. 2 TzBfG. Eine Verlängerung nach § 14 Abs. 2 S. 1 Hs. 2 TzBfG liegt nicht vor, weil zwischen dem ersten und dem zweiten Einsatz gewöhnlich eine Unterbrechung stattfindet.

#### b) Schriftform der Befristungsabrede

285 Der Arbeitgeber hat weiterhin die strengen Formvorschriften des Befristungsrechts zu beachten, insbesondere das **Schriftformerfordernis**. Denn nach § 14 Abs. 4

TzBfG ist die Befristung nur wirksam, wenn sie schriftlich vereinbart wird und diese schriftliche Vereinbarung auch vor Aufnahme der Tätigkeit erfolgt.[204]

---

**Praxishinweis**

Angesichts der strengen und zwingenden Befristungsregelungen sollte immer auf einen entsprechenden Befristungsgrund und auf die schriftliche Befristungsabrede geachtet werden!

Bei einem befristeten Arbeitsverhältnis muss die Befristungsabrede vor Tätigkeitsbeginn schriftlich vereinbart werden, sodass generell eine Schriftform des gesamten Arbeitsvertrags – auch aus Nachweisgründen – empfohlen wird.

---

**Achtung**

Ist die Befristung unwirksam und erhebt der Arbeitnehmer rechtzeitig Befristungskontrollklage, kann ein Dauerarbeitsverhältnis festgestellt werden!

---

### 4. Abgrenzung zur Arbeit auf Abruf

#### a) Pool-Lösungen sind keine Gesetzesumgehungen

Derartige Rahmenvereinbarungen in Kombination mit entsprechenden einzelnen 286 befristeten Arbeitsverträgen stellen keine Gesetzesumgehung dar. Sie begründen insbesondere **kein Abrufarbeitsverhältnis** und ein solches muss stattdessen auch nicht gewählt werden. Die Arbeitsvertragsparteien sind also nicht gezwungen, statt der Kombination von Rahmenvereinbarung und einzelnen befristeten Arbeitsverträgen ein Abrufarbeitsverhältnis nach § 12 TzBfG zu begründen. § 12 TzBfG verbietet den Abschluss jeweils befristeter Einzelarbeitsverträge nicht.[205] In der Kombination von Rahmenvereinbarung und befristeten Einzelarbeitsverträgen liegt auch weder ein Missbrauch einer zulässigen Gestaltungsmöglichkeit vor, noch wird durch die Rahmenvereinbarung der durch § 1 KSchG gewährleistete Bestandsschutz des Arbeitsverhältnisses in unzulässiger Weise beseitigt oder beschränkt.[206]

Nicht nur für den Arbeitgeber kann sich eine solche Konstellation anbieten. 287 Auch der Arbeitnehmer kann ein Interesse an einer solchen Vertragskonstruktion haben. Er kann dadurch nämlich über seine Zeit frei verfügen und läuft nicht Ge-

---

**204** *Hunold*, NZA 2003, 896.

**205** BAG, Urt. v. 15.2.2012 – 10 AZR 111/11 – NZA 2012, 733; BAG, Urt. v. 16.5.2012 – 5 AZR 268/11 – NZA 2012, 974.

**206** BAG, Urt. v. 15.2.2012 – 10 AZR 111/11 – NZA 2012, 733; BAG, Urt. v. 16.5.2012 – 5 AZR 268/11 – NZA 2012, 974; BAG, Urt. v. 31.7.2002 – 7 AZR 181/01 – AP Nr. 1 zu § 12 TzBfG; BAG, Urt. v. 16.4.2003 – 7 AZR 187/02 – AP Nr. 1 zu § 4 BeschFG 1996; LAG Baden-Württemberg, Urt. v. 20.6.2012 – 13 Sa 126/11 – ZVertriebsR 2012, 365.

fahr, dass seine **anderweitigen Dispositionen und Verpflichtungen** mit der Verpflichtung zur Arbeitsleistung kollidieren.[207]

**Praxishinweis**
Die Parteien sind nicht gezwungen, statt der Rahmenvereinbarung in Kombination mit befristeten Arbeitsverträgen ein Abrufarbeitsverhältnis nach § 12 TzBfG zu vereinbaren.

#### b) Arbeit auf Abruf, § 12 TzBfG

288 Bei einem Abrufarbeitsverhältnis nach § 12 TzBfG handelt es sich um ein normales Arbeitsverhältnis, wenn auch mit einigen Besonderheiten. Ein Abrufarbeitsverhältnis liegt dann vor, wenn die Lage der im Arbeitsvertrag festgelegten Arbeitszeit von der Konkretisierung seitens des Arbeitgebers durch Abruf der Arbeitsleistung abhängt und der Arbeitnehmer aufgrund des Abrufs zur Leistung dieser Arbeit verpflichtet ist. Der Arbeitnehmer erbringt seine Arbeitsleistung also **entsprechend dem Arbeitsanfall**. Es besteht allerdings aufgrund des Abrufarbeitsverhältnisses bereits eine (dauerhafte) Verpflichtung zur Arbeitsleistung und der Arbeitgeber kann diese Arbeitsleistung auch abrufen. Dem Arbeitgeber bleibt es überlassen, ob und wann er die Arbeitsleistung des Arbeitnehmers abrufen will. Die Vertragsfreiheit wird allerdings zugunsten des Arbeitnehmers nach § 12 TzBfG dahingehend eingeschränkt, dass das Direktionsrecht des Arbeitgebers hinsichtlich der Lage insoweit eingeschränkt ist, um einen gewissen Mindestschutz für Abrufarbeitsverhältnisse zu schaffen. In der Vereinbarung muss eine bestimmte Dauer der wöchentlichen und täglichen Arbeitszeit festgelegt werden, anderenfalls gilt eine Arbeitszeit von 10 Stunden wöchentlich als vereinbart. Der Arbeitgeber muss mindestens vier Tage im Voraus den gewünschten Einsatz des Arbeitnehmers ankündigen. Darüber hinaus muss der Arbeitnehmer auch mindestens dreistündig eingesetzt werden. Dadurch soll verhindert werden, dass der Arbeitnehmer durch kurze tägliche oder nicht zusammenhängende Arbeitseinsätze belastet wird.

289 Im Unterschied zur Rahmenvereinbarung bei sog. Pool-Arbeitsverhältnissen besteht hier beim Abrufarbeitsverhältnis bereits eine (dauerhafte) **Leistungspflicht des Arbeitnehmers**, sodass deshalb bestimmte Regelungen zum Schutz des Arbeitnehmers in § 12 TzBfG aufgenommen wurden. Gerade an einer solchen Verpflichtung fehlt es jedoch bei einer Rahmenvereinbarung. Das Abrufarbeitsverhältnis ist im Unterschied zur Rahmenvereinbarung auch bereits ein Arbeitsvertrag. Es muss keine weitergehende Vereinbarung mehr dazukommen, der Arbeitgeber muss lediglich die Arbeitsleistung des Arbeitnehmers abrufen, kann diese also durch einseitige Anweisung bestimmen.

207 BAG, Urt. v. 31.7.2002 – 7 AZR 181/01 – AP Nr. 1 zu § 12 TzBfG.

### 5. Beispiele aus der Rechtsprechung

290 Pool-Lösungen werden in vielen Bereichen der Wirtschaft eingesetzt. Insbesondere im Einzelhandel, im Bereich der Gesundheit und Betreuung (Rettungsdienst), aber auch im Rundfunkbereich sowie bei Zeitungsverlagen spielt die sog. Pool-Lösung eine Rolle. Nicht zuletzt auch beim **Einsatz von Studenten** wurde die Pool-Lösung des Öfteren diskutiert, wobei hier einzelne Besonderheiten angesichts des Status des Studenten zu beachten waren.

291 Das BAG tendierte meist dazu, auf den einzelnen Einsatz befristete Arbeitsverträge anzunehmen, es verblieb jedoch immer bei einer entsprechenden Würdigung der Umstände im Einzelfall.

---

**Beispiele aus der Rechtsprechung**

- Studentische Stationswachen in einem Krankenhaus, die sich selbst in ausgehängte Dienstpläne eintragen können oder auf andere Weise zu einem von ihnen gewünschten Dienst melden konnten, waren nach Auffassung des 7. Senats des BAG aufgrund von einzelnen Einsätzen im Rahmen befristeter Verträge für das Krankenhaus tätig.[208]
- Bei Tankwartaushilfen, die aufgrund eines Formulararbeitsvertrags eingestellt waren und für die eine bestimmte Arbeitszeit nicht im Vertrag selbst geregelt war, die sich vielmehr selbst in vom Arbeitgeber ausgehängte Listen eintragen konnten, entschied das BAG hingegen, dass es sich um ein unbefristetes Dauerarbeitsverhältnis handelt.[209]
- Auch bei Rundfunkmitarbeitern hielt es das BAG für möglich, dass bei einem Kreis immer wieder Beschäftigter oder zur Verfügung stehender Personen – dem sog. Pool – trotz anfänglicher beiderseitiger Unverbindlichkeit ein Dauerarbeitsverhältnis entstehen kann, wobei es sich auch um ein Abrufarbeitsverhältnis handeln könnte.[210]

---

### 6. Überprüfungsmöglichkeit des Arbeitnehmers

292 Da es der vollen gerichtlichen Überprüfung unterliegt, ob durch die Rahmenvereinbarung oder deren tatsächliche Handhabung eine Verpflichtung zur Erbringung von Arbeitsleistung und damit ein Arbeitsverhältnis begründet ist, wird der durch Art. 12 GG gebotene Bestandsschutz nicht in unzulässiger Weise beseitigt oder beschränkt.[211]

293 Der Arbeitnehmer hat darüber hinaus auch die Möglichkeit, die zwischen den Parteien geschlossenen Einzelarbeitsverträge arbeitsgerichtlich der **Befristungskontrolle** zu unterziehen. Dies ist nicht etwa deshalb ausgeschlossen, weil die befristeten Arbeitsverhältnisse jeweils nicht die den gesetzlichen Kündigungsschutz

---

208 BAG, Urt. v. 20.3.1996 – 7 AZR 524/95 – juris; BAG, Urt. v. 20.3.1996 – 7 AZR 687/95 – juris.

209 BAG, Urt. v. 12.6.1996 – 5 AZR 960/94 – AP Nr. 4 zu § 611 BGB Werkstudent.

210 BAG, Urt. v. 22.4.1998 – 5 AZR 2/97 – AP Nr. 24 zu § 611 BGB Rundfunk.

211 BAG, Urt. v. 15.2.2012 – 10 AZR 111/11 – NZA 2012, 733.

nach § 1 Abs. 2 KSchG auslösende Wartezeit von 6 Monaten erfüllen. Auf die Wartezeit sind nämlich die Zeiten eines früheren Arbeitsverhältnisses mit demselben Arbeitgeber dann anzurechnen, wenn das neue Arbeitsverhältnis in einem engen sachlichen und zeitlichen Zusammenhang mit dem früheren steht.[212]

### III. Durchführung eines Musterverfahrens

294 Wie bereits ausgeführt, ist ein Anfrageverfahren bei der Deutschen Rentenversicherung Bund grundsätzlich nur in jedem individuellen Einzelfall möglich und die entsprechende Entscheidung betrifft auch nur den der Entscheidung zugrunde liegenden Einzelfall. Insofern kann keine generelle Berufsgruppe oder können nicht gleich mehrere Tätigkeiten bei demselben Arbeitgeber bzw. Auftraggeber mit einer Statusfeststellunganfrage überprüft werden. Gleichwohl hat es sich in der Praxis herausgestellt, dass bei Vorliegen eines entsprechenden Bescheides der Deutschen Rentenversicherung Bund dieser auch für andere Fallgestaltungen bzw. **vergleichbare Tätigkeiten** bei demselben Auftraggeber eine entsprechende Bedeutung erlangen kann, sodass eine gleichlautende Beurteilung – etwa im Rahmen einer Betriebsprüfung – auch ohne vorherige Durchführung eines förmlichen Statusfeststellungsverfahrens erfolgen kann. Dies ist aber abhängig vom jeweiligen Einzelfall und der Tatsache, dass vergleichbare Tätigkeiten vorliegen müssen.

---

**!** **Praxishinweis**
Zu beachten ist, dass kein Rechtsanspruch auf eine gleichlautende Beurteilung besteht, da die Bescheide der Deutschen Rentenversicherung Bund grundsätzlich nur den jeweiligen Einzelfall betreffen. Die Beurteilung vergleichbarer Tätigkeiten entsprechend der Entscheidung im Bescheid der Deutschen Rentenversicherung Bund hat sich in der Praxis jedoch bereits vielfach gezeigt.

---

295 Oftmals kann sich ein solches Verfahren auch anbieten, wenn zuvor die rechtlichen **Rahmenbedingungen** der Tätigen im Unternehmen nochmals **rechtlich überprüft bzw. ggf. auch geändert wurden**, damit nach Auffassung der Beteiligten eine selbstständige Tätigkeit vorliegt und etwaige Zweifel an der Ausgestaltung ausgeräumt wurden. Sodann kann sich zur Absicherung der erfolgten Änderung bzw. Anpassung auch ein solches Verfahren anbieten.

296 In diesem Fall könnte sich folgendes Prozedere anbieten:

---

**212** BAG, Urt. v. 9.2.2000 – 7 AZR 730/98 – NZA 2000, 721; BAG, Urt. v. 16.4.2003 – 7 AZR 182/02 – NZA 2004, 40.

**Checkliste**

!

- Auswahl einer geeigneten und aussagekräftigen, weil **vergleichbaren Person** mit entsprechender Tätigkeit;
- Vorbereitung des Statusfeststellungsantrags durch **umfangreiche Dokumentation und Vertragsunterlagen**;
- Antragsstellung zur Statusfeststellung – bestenfalls von beiden Beteiligten gemeinsam – inklusive **ausführlicher rechtlicher Erläuterung** der Tätigkeit;
- **Bescheid der Clearingstelle** – bestenfalls über das Bestehen der selbstständigen Tätigkeit; sonst Widerspruch und ggf. Klage;
- sofern ein Bescheid über die selbstständige Tätigkeit existiert, kann gegenüber den Behörden bei vergleichbaren Fällen **auf den Bescheid verwiesen** werden;
- regelmäßig beurteilt die Deutsche Rentenversicherung Bund eine vergleichbare Tätigkeit anderer Tätiger im Unternehmen bei vergleichbarer Ausgestaltung der Tätigkeit **entsprechend der bereits festgestellten Tätigkeit**.

Ein etwaiges Musterverfahren bzw. der (positive) Ausgang eines vorherigen Verfahrens kann auch dann genutzt werden, wenn keine Statusfeststellung initiiert wurde, sondern ggf. ein gerichtliches Verfahren aufgrund einer zuvor stattgefundenen Betriebsprüfung erfolgte. Hier kann dann gegen einen etwaigen Nachforderungsbescheid **Widerspruch und ggf. Klage** beim Sozialgericht eingereicht werden, sodass der Status und die Tätigkeit vom Sozialgericht erneut und unabhängig anhand der Abgrenzungskriterien der Rechtsprechung überprüft werden. Eine hieraus ergehende positive Entscheidung kann sodann ebenfalls bei vergleichbaren weiteren Tätigkeiten mit vergleichbarer Ausgestaltung herangezogen werden. 297

## IV. Gesellschaft als Auftragnehmer

Als „Ausweg" zur Scheinselbstständigkeit kann sich im Einzelfall auch die **Gründung einer Gesellschaft** anbieten. Auch die Spitzenverbände bestätigen in ihren Rundschreiben nach wie vor grundsätzlich, dass in der Regel eine Sozialversicherungspflicht dann nicht entsteht, wenn es sich bei dem Auftragnehmer um eine Gesellschaft handelt. Gleichwohl sind einige Besonderheiten und Ausnahmen zu beachten, damit die Scheinselbstständigkeit in der Praxis damit auch tatsächlich verhindert werden kann. 298

### 1. Derzeitige Auffassung der Spitzenverbände

#### a) Gesellschaftsformen

Ist der Auftragnehmer eine Gesellschaft in Form einer juristischen Person (z.B. AG, SE, GmbH, UG (haftungsbeschränkt)), schließt dies eine abhängige Beschäftigung zum Auftraggeber grundsätzlich aus. Der Ausschluss einer abhängigen Beschäftigung wirkt jedoch nur auf die Beurteilung der Rechtsbeziehungen zwischen dem Auftraggeber und dem Auftragnehmer, nicht jedoch auf die Frage, ob die in der Ge- 299 sellschaft Tätigen Arbeitnehmer dieser Gesellschaft sein können.[213] Die Frage der Scheinselbstständigkeit kann sich somit im Einzelfall auch lediglich auf die Rechtsbeziehung zwischen Gesellschaft und für diese tätigen Personen verlagern.

300 Trotz dieser Verschiebung kann es sich im Einzelfall anbieten, eine Gesellschaft als Auftragnehmer dazwischenzuschalten, um insbesondere die Rechtsklarheit der Ausgestaltung der Tätigkeit zu dem Dritten (Kunden) zu gewährleisten und so den Dritten von den Risiken einer möglichen Scheinselbstständigkeit zu entlasten.

**Praxishinweis**

In vielen Branchen zögern die Unternehmen vor der Beauftragung Selbstständiger angesichts der damit verbundenen Risiken, sodass sich die Beauftragung einer Gesellschaft in diesen Fällen anbieten kann.

301 Ist der Auftragnehmer eine rechtsfähige Personengesellschaft (z.B. OHG, KG, GmbH & Co. KG, Partnerschaftsgesellschaft, GbR), schließt dies ein abhängiges Beschäftigungsverhältnis zum Auftraggeber ebenfalls im Regelfall aus. Etwas anderes gilt jedoch dann, wenn im Einzelfall die Merkmale einer abhängigen Beschäftigung mit entsprechender Weisungsgebundenheit gegenüber den Merkmalen einer selbstständigen Tätigkeit überwiegen.

### b) Umgehung sozialversicherungspflichtiger Beschäftigungsverhältnisse

302 Nach Auffassung der Spitzenverbände der Sozialversicherung können diese Grundsätze auch dann gelten, sofern es sich bei dem Auftragnehmer um eine **Ein-Personen-Gesellschaft** handelt. Insbesondere bei typischen Beschäftigungsverhältnissen (etwa bei den nicht programmgestaltenden Mitarbeitern in der Film- und Fernsehproduktion) darf die Gründung einer Ein-Personen-GmbH aber nicht zur **Umgehung eines sozialversicherungspflichtigen Beschäftigungsverhältnisses** führen. Die Personen sind nach den maßgebenden tatsächlichen Verhältnissen weisungsgebunden und in die Arbeitsorganisation der Unternehmen eingegliedert. Arbeitnehmer kann aber ausschließlich eine natürliche Person sein, sodass die Gründung einer Ein-Personen-GmbH in diesen Fällen sozialversicherungsrechtlich ins Leere geht.[214]

---

213 Vgl. Summa Summarum, Ausgabe 3/2010, S.11, abrufbar unter http://www.deutsche-rentenversicherung.de/cae/servlet/contentblob/204666/publicationFile/11696/2010_3_zeitschrift.pdf; Gemeinsames Rundschreiben der Spitzenorganisationen der Sozialversicherung v. 13.4.2010, S.9, abrufbar unter http://www.deutsche-rentenversicherung.de/cae/servlet/contentblob/205764/publicationFile/1616/april_top1_rs_selbstaendigkeit.pdf.

214 Vgl. Summa Summarum, Ausgabe 3/2010, S. 11; Gemeinsames Rundschreiben der Spitzenorganisationen der Sozialversicherung v. 13.4.2010, S. 9, abrufbar unter http://www.deutsche-

Da die Spitzenverbände im Gegensatz zu ihrer früheren Rechtsauffassung[215] in Einzelfällen bei einer Ein-Personen-Gesellschaft eine Umgehung sozialversicherungsrechtlicher Beschäftigungsverhältnisse annehmen, ist in der Praxis im Einzelfall zu prüfen, ob die Merkmale einer abhängigen Beschäftigung mit entsprechender Weisungsgebundenheit oder die Merkmale einer selbstständigen Tätigkeit mit entsprechendem eigenem Unternehmerrisiko überwiegen. 303

## 2. Rechtsprechung

Auch in der Rechtsprechung wird die Zwischenschaltung einer Gesellschaft zum Teil als Umgehung des sozialversicherungsrechtlichen Beschäftigungsverhältnisses angesehen. Es ist insbesondere dann problematisch, wenn die gleiche Tätigkeit zuvor als Selbstständiger oder gar als Arbeitnehmer bei demselben Auftraggeber erbracht wurde und nur angesichts des Risikos bzw. der Problematik der Scheinselbstständigkeit eine **Gesellschaft dazwischengeschaltet** wurde. 304

Das Bayerische LSG entschied in einem solchen Fall, bei dem es um das Ausbeinen und Zerlegen von Fleisch ging, beispielsweise, dass eine abhängige Beschäftigung vorliegt, auch wenn **formal ein Unternehmen dazwischengeschaltet** wurde.[216] Zunächst wurden die Leistungen von dem Tätigen als selbstständige Leistungen erbracht. Nachdem das Problem der Scheinselbstständigkeit bekannt wurde, gründete der Tätige aber eine GmbH, bei der er Geschäftsführer und zu 99% beteiligt war. Es wurden in der GmbH keine weiteren Arbeitnehmer beschäftigt. Die Aufträge erfolgten sodann über die GmbH, der Geschäftsführer verrichtete die Tätigkeiten jedoch immer persönlich und alleine. Für das Gericht stand fest, dass hier eine abhängige Beschäftigung vorliegt, auch wenn ein Unternehmen dazwischengeschaltet wurde. Es führte ausdrücklich aus, dass die von dem Tätigen gewählte Rechtsform einer GmbH an der abhängigen Beschäftigung des Tätigen zu dem Auftraggeber nichts ändere. Das **Gesamtbild der tatsächlichen Arbeitsleistung** sprach für eine abhängige Beschäftigung. Es spielte nach Auffassung des Gerichts auch keine Rolle, dass für einen GmbH-Gesellschafter, der über mindestens die Hälfte des Stammkapitals der Gesellschaft verfügt und damit einen maßgebenden Einfluss auf deren Entscheidungen besitzt, die Rechtsprechung grundsätzlich ein abhängiges Beschäftigungsverhältnis zur GmbH verneint. Denn auch wer Arbeitgeberfunktionen ausübt, kann seinerseits bei einem Dritten persönlich abhängig beschäftigt sein. So nahm das Gericht auch hier eine abhängige Beschäftigung zum 305

---

rentenversicherung.de/cae/servlet/contentblob/205764/publicationFile/1616/april_top1_rs_selb staendigkeit.pdf.

**215** Vgl. Gemeinsames Rundschreiben der Spitzenorganisationen v. 20.12.1999, abgedruckt in NZS 2000, 184.

**216** LSG Bayern, Urt. v. 25.6.2003 – L 17 U 203/02 – juris.

Auftraggeber an, da alle maßgeblichen Kriterien der Rechtsprechung hierfür vorlagen.

**Praxishinweis**
Zwar wird von den Sozialversicherungsträgern insbesondere in den Rundschreiben ausgeführt, dass sich die Scheinselbstständigkeitsproblematik grundsätzlich nicht stellt, wenn eine Gesellschaft Auftragnehmer ist. Gleichwohl ist hier zu beachten, dass die Rechtsprechung dies in Einzelfällen anders bewertet, insbesondere dann, wenn es sich um eine Ein-Mann-GmbH handelt. Die Sozialgerichte sind auch nicht an die Vereinbarungen und Rundschreiben der Spitzenverbände der Renten- und Krankenversicherung gebunden.

306 Das Hessische LSG hatte sich hingegen mit einem Fall zu beschäftigen, wonach der Inhaber einer Ein-Personen-Limited aufgrund eines Werkvertrags als Bauleiter für andere Firmen tätig wurde.[217] Hier stand ebenfalls eine Scheinselbstständigkeit im Raum. Das Gericht führte allerdings aus, dass im vorliegenden Fall eine selbstständige Tätigkeit vorlag, sodass die Frage, ob eine **Beauftragung einer Gesellschaft mit Tätigkeiten**, die sonst typischerweise von natürlichen Beschäftigten ausgeführt werden, zur Sozialabgabenfreiheit führt oder ob derartige Vertragskonstrukte sozialversicherungsrechtlich ins Leere gehen, hier nicht entscheidungsrelevant war. Nach **Würdigung der Gesamtumstände** überwogen nach Auffassung des Gerichts im vorliegenden Fall die Kriterien, die für eine selbstständige Tätigkeit sprechen, auch wenn der Auftrag durch die Firma übernommen und von dem Bauleiter persönlich ausgeführt wurde.

### 3. Besondere Ausgestaltung der Tätigkeit durch Gründung einer Genossenschaft

307 Jüngste Entwicklungen – gerade im Bereich der Honorarärzte – zeigen, dass nach wie vor der Ausweg über die Gründung einer Gesellschaft gewählt wird. So haben auf Initiative des Bundesverbands der Honorarärzte Ende des Jahres 2012 einige Honorarärzte die Genossenschaft LOCUMCERT Freie Berufe im Gesundheitswesen eG gegründet und bieten die Dienstleistungen fortan über diese Genossenschaft an.[218]

---

**217** LSG Hessen, Urt. v. 20.3.2008 – L 1 KR 153/04 – juris.

**218** Vgl. für nähere Informationen den Internetauftritt auf www.locumcert.de.

# Kapitel 3
# Werkverträge

## A. Überblick und aktuelle Relevanz von Werkverträgen

### I. Aktuelle Diskussion

Derzeit steht die aktuelle politische Diskussion um die Werkverträge hoch im Kurs, 1
insbesondere weil auch verschiedene jüngst eingegangene Gesetzesentwürfe zur Bekämpfung der Scheinwerkverträge bestehen. In der öffentlichen Diskussion kommen wöchentlich neue Diskussionsbereiche über verschiedene Beschäftigungen auf, bei denen Tätigkeiten aufgrund von Werkverträgen erbracht werden. Ob in Zeitungsartikeln oder in öffentlich-rechtlichen Fernsehdiskussionssendungen – das Thema **Lohndumping durch Werkverträge** ist momentan in aller Munde. Es wird als besonders problematisch angesehen, dass nicht nur wie früher sog. Sekundärfunktionen auf Fremdpersonal ausgelagert werden, sondern heute insbesondere auch betriebliche Daueraufgaben, die zum „Kerngeschäft" gehören und somit unmittelbar den Betriebszweck verwirklichen, dauerhaft auf Werkvertragsbasis fremdvergeben werden. Vor allem diesen Aspekt sehen einige kritische Stimmen als besonders schwerwiegend an. Auch die neue Regierung hat in ihrem Koalitionsvertrag bestimmte Punkte aufgegriffen, um der Problematik der Scheinwerkverträge entgegenzutreten. Gleichwohl muss bei der gesamten politischen Diskussion auch beachtet werden, dass es eine grundrechtlich gesicherte unternehmerische Kompetenz ist, bestimmte Tätigkeiten fremd zu vergeben, und zwar auch auf werkvertraglicher Basis. Werkverträge sind somit grundsätzlich legitimer und anerkannter Ausdruck eines modernen arbeitsteiligen Wirtschaftslebens. Problematisch sind aber diese Fallkonstellationen, wo die werkvertragliche Basis gewählt wird, um zwingende gesetzliche, insbesondere arbeitsrechtliche Bestimmungen zu umgehen. Auch nach den jüngsten Verschärfungen des Arbeitnehmerüberlassungsrechts, zum einen durch die Gesetzgebung und zum anderen aber auch durch die Rechtsprechung, kommt der Fremdpersonaleinsatz durch Werkverträge bei den Unternehmen mehr denn je in Betracht. Es ist vielfach die Rede von der „Flucht" von der Arbeitnehmerüberlassung zum Fremdpersonaleinsatz auf Werkvertragsbasis.

Insofern kommt es bei der aktuellen politischen und rechtlichen Diskussion ins- 2
besondere auf eine **exakte und korrekte Abgrenzung** der Werkverträge von der Arbeitnehmerüberlassung an, sodass auch die Arbeitnehmerüberlassung vorliegend in den Blick zu nehmen ist.

### II. Entwicklung der (Schein-)Werkverträge

3 Früher war die Erbringung der Tätigkeit auf werkvertraglicher Basis gerade im Arbeitsrecht eigentlich völlig fremd. Für die Unternehmen spielte insbesondere das Instrument der Leiharbeit eine vorrangige Rolle. Der Gesetzgeber hatte im Blick, kurzfristig den Ersatz ausgefallenen Personals zu ermöglichen und so eine flexible Möglichkeit zur Überbrückung von Produktionsspitzen zu schaffen. Damals war das Gesetz zur Arbeitnehmerüberlassung zahlreichen Beschränkungen unterworfen, erst mit Inkrafttreten des ersten Gesetzes für moderne Dienstleistungen am Arbeitsmarkt vom 23.12.2002[1] im Rahmen der sog. **Hartz-Reform** wurde das AÜG grundlegend und wiederholt reformiert. Danach konnten Leiharbeitnehmer ohne zeitliche Grenzen ausgeliehen werden und so im Einsatzbetrieb auch Dauerfunktionen des Stammpersonals übernehmen. Es wurde als Korrektiv dazu zwar vom Gesetzgeber der **Grundsatz des „Equal Pay"** eingeführt, wonach die Leiharbeitnehmer dieselben Arbeitsbedingungen erhalten sollten wie das Stammpersonal und somit auch dasselbe Gehalt. Der Grundsatz war jedoch tarifdispositiv. Aufgrund der neueren Gesetzesänderung des AÜG Ende des Jahres 2011 wurde es für die Unternehmen deutlich schwieriger, die Arbeitnehmerüberlassung für sich zu nutzen. Insofern erfolgte von vielen Unternehmen eine Flucht in die Werkverträge. Spätestens ab diesem Zeitpunkt war die werkvertragliche Tätigkeit auch im Arbeitsrecht publik und ruft seither vermehrt Diskussionen auf. Insbesondere weil Unternehmen die Fremdvergabe auf werkvertraglicher Basis zum Teil auch zur Umgehung von zwingenden Arbeitnehmerschutzvorschriften missbrauchen, sehen viele Stimmen diese Möglichkeit als bedrohlich an. Es bleibt somit abzuwarten, ob die Gesetzesentwürfe von der Bundesregierung angenommen werden und somit ggf. sogar eine Vermutungsregelung für Arbeitnehmerüberlassung einerseits sowie aber auch eine Stärkung der Rechte des Betriebsrats andererseits als wesentliche Neuregelungen in der Praxis aufgenommen und umgesetzt werden.

## B. Gesetzesvorlagen und Politik

### I. Gesetzesvorlage 2011

4 Die erste Initiative, die Bundesregierung zum Handeln aufzufordern, erfolgte am 29.9.2011 durch die **Fraktion Die Linke**[2] unter dem Titel „Missbrauch von Werkverträgen verhindern – Lohndumping eindämmen". Nur einen Monat später legte die **Fraktion Bündnis 90/Die Grünen**[3] dem Bundestag einen Antrag vor mit dem Titel

1 BGBl. I 2002 S. 4607.
2 BT-Drucks. 17/7220.
3 BT-Drucks. 17/7482.

„Leiharbeit und Werkverträge abgrenzen – Kontrollen verstärken". Beide Initiativen scheiterten.

## II. Gesetzesvorlagen 2013

### 1. Entwurf der SPD

Zu Beginn des Jahres 2013 legte auch die **Fraktion der SPD**[4] mit Datum vom 19.2.2013 5
dem Deutschen Bundestag eine Gesetzesinitiative mit dem Titel **„Missbrauch von Werkverträgen bekämpfen"** vor. In dem umfangreichen Gesetzesentwurf wird vor allem eine Vermutungsregelung für Arbeitnehmerüberlassungen aufgenommen, die immer dann greifen soll, wenn **drei von sieben Merkmalen** vorliegen:

- Die Tätigkeit entspricht dem **äußeren Erscheinungsbild** nach der Tätigkeit eines im Einsatzbetrieb Angestellten oder eines innerhalb der nächsten zwei Jahre angestellten Arbeitnehmers.
- Der Arbeitnehmer verwendet **Material** oder **Werkzeug** des Einsatzbetriebs.
- Es soll **kein Ergebnis** erstellt werden, das dem Arbeitgeber zugerechnet werden kann.
- Eine **Gewährleistung** des Arbeitgebers ist vertraglich ausgeschlossen.
- Der Arbeitgeber haftet für Auswahl und fristgerechte **zur Verfügungstellung** der Arbeitnehmer.
- Es erfolgen von einem konkreten Ergebnis unabhängige **Abschlagszahlungen** an den Arbeitgeber.
- Die Tätigkeit des Arbeitnehmers ist im Vertrag mit seinem Arbeitgeber **detailliert beschrieben**.

Ergänzt wird dieser Vermutungskatalog durch eine erhebliche **Ausweitung der Beteiligungsrechte** des Betriebsrats. So soll dieser auch bei echten Fremdbeschäftigten, also bei echten Werkverträgen, ein umfassendes Auskunftsrecht über Personen haben, die im Betrieb beschäftigt sind; auch dann, wenn zu ihnen kein Arbeitsverhältnis besteht. Dies soll so weit gehen, dass der Arbeitgeber auch die entsprechenden Vertragsunterlagen vorzulegen und über die Einsatzmodalitäten Auskunft zu geben hat. Schließlich soll der Betriebsrat sogar ein Mitbestimmungsrecht bei dem Einsatz solcher Mitarbeiter haben. 6

Darüber hinaus sieht der Gesetzesentwurf der SPD vom 19.2.2013[5] auch eine 7
**neue Vermutungsregelung** für die Abgrenzung von Arbeitnehmern zu freien Mitarbeitern vor, welche inhaltlich angelehnt ist an den Kriterienkatalog, den der Gesetzgeber 1999 mit dem Gesetz zur Vermeidung der Scheinselbstständigkeit einge-

4 BT-Drucks. 17/12378.
5 BT-Drucks. 17/12378.

führt hatte. Nach diesem Vermutungskatalog soll ein sozialversicherungspflichtiges Beschäftigungsverhältnis immer dann vorliegen, wenn **mindestens zwei** der folgenden **fünf Merkmale** vorliegen:
- Die Person beschäftigt im Zusammenhang mit ihrer Tätigkeit regelmäßig **keinen versicherungspflichtigen Arbeitnehmer**.
- Ihre Tätigkeit entspricht dem **äußeren Erscheinungsbild** nach der Tätigkeit, die sie für denselben Auftraggeber zuvor aufgrund eines Beschäftigungsverhältnisses ausgeübt hatte.
- Ihr Auftraggeber oder ein vergleichbarer Auftraggeber lässt entsprechende Tätigkeiten regelmäßig durch von ihm **beschäftigte Arbeitnehmer** verrichten.
- Ihre Tätigkeit lässt typische Merkmale **unternehmerischen Handelns** nicht erkennen.
- Eine Person wird überwiegend für eine andere Person tätig und erzielt **mindestens 75% ihres Jahreseinkommens** aus dieser Tätigkeit.

8 Insbesondere bezüglich der Kriterien 1 und 5 würden nach dieser Gesetzesinitiative die Selbstständigen, die überwiegend einem Auftraggeber zur Verfügung stehen, in Schwierigkeiten geraten. Damit würde die Aufregung, die bereits 1999 nach der entsprechenden gesetzlichen Initiative zu verspüren war, wieder aufflammen. Selbstständige mit im Wesentlichen nur einem Großauftraggeber werden abermals zu der Notlösung greifen müssen, ihre Ehefrauen oder Lebenspartner bzw. -partnerin im Rahmen eines sozialversicherungspflichtigen Anstellungsverhältnisses vertraglich zu verpflichten, um den Status der freien Mitarbeiter nicht zu verlieren. Die Fraktion der SPD macht auch keinen Hehl daraus, dass sie sich damit letztlich an die Gesetzesinitiative aus dem Jahre 1999 anlehnt, die das Ziel der **Verringerung von Scheinselbstständigkeit** hatte. Sie begründet dies damit, dass damals die Dieterich-Kommission, die Expertenkommission „Scheinselbstständigkeit", zu dem Urteil gekommen war, dass sich diese Regelung grundsätzlich zur Verringerung von Scheinselbstständigkeit bewährt habe. Der Sturm in der Wirtschaft und das Ergebnis, dass der Gesetzgeber nur wenige Monate später sein neues Gesetz wieder aufgehoben und das Gesetz zur Bekämpfung der Scheinselbstständigkeit mit dem neuen Gesetz zur Förderung der Selbstständigkeit abgelöst hat, findet hier bedauerlicherweise keine Berücksichtigung.

**Praxishinweis**
Der Antrag der SPD-Fraktion wurde am 21.2.2013 mit dem weiteren Antrag der Fraktion Die Linke zunächst an den Ausschuss für Arbeit und Soziales verwiesen, sodann aber nach deren Beschlussempfehlung am 27.6.2013 abgelehnt.[6]

6 BT-Drucks. 17/14074 S. 3.

## 2. Gesetzesentwurf des Bundesrats

Ein weiterer Versuch bezüglich eines neuen Gesetzesentwurfs kam vom Bundesrat. 9
Der jüngste Gesetzesentwurf, der kurz vor der Bundestagswahl am 20.9.2013 vom Bundesrat zur Einbringung in den Bundestag beschlossen wurde, soll zur Bekämpfung der Scheinwerkverträge auch **Änderungen des AÜG** vorsehen. So sollen etwa die Vorschriften über die Versagung und Verlängerung der Arbeitnehmerüberlassungserlaubnis ergänzt werden, sodass der Erlaubnisbehörde die Befugnis eingeräumt werden soll, die Verlängerung der Erlaubnis schon bei dem darauf gerichteten erstmaligen Antrag und damit bereits sehr viel früher als nach der derzeit geltenden Rechtslage zu versagen, wenn von der Arbeitnehmerüberlassungserlaubnis bis dahin kein Gebrauch gemacht worden ist und aufgrund dessen anzunehmen ist, dass sie nur auf „Vorrat" beschafft wurde.[7]

Der Gesetzesentwurf erkennt grundsätzlich die Bedeutung – auch die positive – 10
der Werkverträge in der heutigen spezialisierten arbeitsteilig organisierten Praxis der Betriebe und Unternehmen in Deutschland an und stellt klar, dass diese **nicht hinwegzudenken** und somit auch wichtiger denn je zuvor sind. Gleichwohl soll mit dem Gesetzesentwurf gerade den in den letzten Jahren massiv ausgeweiteten Missbräuchen des Fremdpersonaleinsatzes – zuletzt mit dem Instrument der Werkverträge – entgegengewirkt werden. Insbesondere seit der letzten Änderung des Arbeitnehmerüberlassungsgesetzes Ende des Jahres 2011 sei das Instrument der Werkverträge noch weiter verstärkt und ausgeweitet worden, da die Leiharbeit seit der Gesetzesänderung weniger attraktiv für die Praxis sei.

In dem Gesetzesentwurf wird deshalb darauf abgezielt, dass sich Arbeitgeber im 11
Falle der unerlaubten Arbeitnehmerüberlassung im Endeffekt nicht auf eine in der Schublade befindende Arbeitnehmerüberlassungserlaubnis berufen können, die sie auf **„Vorrat"** bereits zuvor beantragt hatten, sodass im Ergebnis keinerlei Konsequenzen für das Unternehmen drohen.

---

**Praxishinweis** !

Durch den Gesetzesentwurf des Bundesrats soll es Unternehmen nicht mehr sanktionslos möglich sein, sich im Falle der unerlaubten Arbeitnehmerüberlassung auf eine bereits auf Vorrat verschaffte Arbeitnehmerüberlassungserlaubnis berufen zu können.

---

Durch den Gesetzesentwurf soll der Einsatz bestimmter Werkvertragspersonen für 12
den Arbeitgeber **mehr Risiko** mit sich bringen und **entsprechende Sanktionen** vorsehen. Mit den folgenden Regelungen will der Bundesrat dem Missbrauch von Werkverträgen in der Praxis entgegentreten und die Opfer ausbeuterischen Lohndumpings schützen.

---

7 Gesetzesantrag BR-Drucks. 687/13, S. 2; Gesetzesentwurf BT-Drucks. 18/14.

13 Nach § 3 soll folgender neuer Abs. 4 eingefügt werden:

---

**Gesetzesentwurf**
*„Die Verlängerung kann versagt werden, wenn der Antragsteller seit Erteilung der Erlaubnis keine gegenüber den beschäftigten Leiharbeitnehmern und Entleihern kenntlich gemachte und eindeutig als solche bezeichnete Arbeitnehmerüberlassung betrieben hat."*

---

14 Darüber hinaus sollen auch die Vorschriften über die Unwirksamkeit von Leiharbeitsverträgen zur Verhinderung der sog. verdeckten Arbeitnehmerüberlassung **trotz vorhandener Arbeitnehmerüberlassungserlaubnis** dahingehend ergänzenderweise erklärt werden, dass es sich zukünftig nur noch dann um eine erlaubte und damit wirksame Arbeitnehmerüberlassung handelt, wenn diese auch eindeutig als solche bezeichnet und kenntlich gemacht worden ist.

15 Aus diesem Grund soll u.a. in § 9 Nr. 1 folgende Änderung eintreten, wonach **unwirksam** sind:

---

**Gesetzesentwurf**
*„1. Verträge zwischen Verleihern und Entleihern sowie zwischen Verleihern und Leiharbeitnehmern, wenn*
*a) der Verleiher … oder*
*b) bei vorhandener Erlaubnis die Überlassung des Leiharbeitnehmers nicht eindeutig als Arbeitnehmerüberlassung kenntlich macht und als solche bezeichnet oder*
*c) … ."*

---

16 Neben den Änderungen im AÜG sieht der Gesetzesentwurf auch eine **Stärkung der Betriebsratsrechte** in diesem Bereich vor, sodass auch das BetrVG einige Änderungen erfahren soll.[8] Wie die neue Bundesregierung hierüber entscheiden wird, bleibt abzuwarten.

### III. Koalitionsvertrag

17 Die Große Koalition zwischen CDU, CSU und SPD hat mittlerweile ihre Arbeit aufgenommen und als Grundlage dafür auch einen Koalitionsvertrag „Deutschlands Zukunft gestalten" geschlossen, der die wichtigsten Grundsätze und Ziele der Koalition festlegt. Unter anderem hat sich die Koalition auch zum Ziel gesetzt, den **Missbrauch von Werkverträgen und Leiharbeit** zu verhindern.

---

**8** Vgl. hierzu unter Rn 189 ff.

Zur Erreichung dieses Ziels ist es nach Auffassung der Koalition deshalb erforderlich:
- die Prüftätigkeit der **Kontroll- und Prüfinstanzen** bei der Finanzkontrolle Schwarzarbeit zu konzentrieren, organisatorisch effektiver zu gestalten, zu erleichtern und in ausreichendem Umfang zu personalisieren,
- die **Informations- und Unterrichtungsrechte** des Betriebsrats sicherzustellen, zu konkretisieren und
- verdeckte Arbeitnehmerüberlassung zu **sanktionieren**.

18 Insbesondere ist auch die Koalition der Ansicht, dass der vermeintliche Werkunternehmer und sein Auftraggeber auch bei **Vorlage einer Verleiherlaubnis** nicht besser gestellt sein dürfen als derjenige, der unerlaubt Arbeitnehmerüberlassung betreibt. Insofern ist hier bereits ein Signal dafür gesetzt, dass der bisherigen Praxis der Werkunternehmer, sich vorsorglich eine Arbeitnehmerüberlassungserlaubnis zu beschaffen, der Boden entzogen wäre.

19 Darüber hinaus soll auch der gesetzliche Arbeitsschutz für Werkvertragsarbeitnehmerinnen und -arbeitnehmer sichergestellt werden.

20 Schließlich sollen zur Erleichterung der Prüftätigkeit von Behörden die wesentlichen durch die Rechtsprechung entwickelten **Abgrenzungskriterien** zwischen ordnungsgemäßem und missbräuchlichem Fremdpersonaleinsatz **gesetzlich niedergelegt** werden.[9]

21 Damit eng verbunden sind die geplanten Änderungen im Arbeitnehmerüberlassungsgesetz. Da die letzte Gesetzesänderung im AÜG lediglich die vorübergehende Arbeitnehmerüberlassung eingeführt hat, ohne jedoch näher zu konkretisieren, was unter „vorübergehend“ zu verstehen ist, und auch die Rechtsprechung bislang keine genaue Zeitspanne genannt hat, soll eine **konkrete Überlassungshöchstdauer von 18 Monaten** gesetzlich festgelegt werden. Allerdings können im Tarifvertrag oder aufgrund einer Öffnungsklausel im Tarifvertrag in Betriebsvereinbarungen unter Berücksichtigung der berechtigten Interessen der Stammbelegschaft auch anderweitige Regelungen getroffen werden.

22 Die Koalition will die Arbeitnehmerüberlassung auf ihre Kernfunktion hin orientieren und deshalb das AÜG anpassen bzw. novellieren, insbesondere was folgende Punkte betrifft:
- Leiharbeitnehmer sollen künftig **spätestens nach 9 Monaten** hinsichtlich des Arbeitsentgelts mit den Stammarbeitnehmern gleichgestellt werden.
- Es soll keinen Einsatz von Leiharbeitnehmern als **Streikbrecher** geben.
- Zur Erleichterung der Arbeit der Betriebsräte wird gesetzlich klargestellt, dass Leiharbeitnehmer bei den **betriebsverfassungsrechtlichen Schwellenwerten**

9 Vgl. zu den Zielen Koalitionsvertrag 2013, S. 69, abrufbar unter http://www.bundesregierung.de/Content/DE/_Anlagen/2013/2013-12-17-koalitionsvertrag.pdf?__blob=publicationFile&v=2.

grundsätzlich zu berücksichtigen sind, sofern dies der Zielrichtung der jeweiligen Norm nicht widerspricht.[10]

**Praxishinweis**
Es gab bereits zahlreiche Gesetzesentwürfe, welche das Problem der Scheinwerkverträge versucht haben einzudämmen. Der jüngste Gesetzesentwurf des Bundesrats wurde vom neuen Bundestag noch nicht beraten; mögliche Änderungen bleiben somit abzuwarten. Allerdings ist trotz der grundsätzlichen Unverbindlichkeit solcher Koalitionsverträge aufgrund der konkreten Aussagen im Koalitionsvertrag zwischen der CDU, CSU und SPD zu vermuten, dass Gesetzesänderungen eintreten werden und insbesondere die bisherige Praxis der Werkunternehmer, sich vorsorglich eine Arbeitnehmerüberlassungserlaubnis für den Fall der illegalen Arbeitnehmerüberlassung zu beschaffen, keinen Erfolg mehr versprechen wird. Dies gilt insbesondere dann, wenn die Arbeitnehmerüberlassung nur noch dann eine erlaubte Arbeitnehmerüberlassung darstellt, wenn sie „offen" erfolgte.

## C. Abgrenzung Arbeitnehmerüberlassung – Werkvertrag

23 Die Tätigkeit auf werkvertraglicher Basis ist von der Arbeitnehmerüberlassung abzugrenzen. Vorteil des Einsatzes von Werkunternehmern ist, dass dieser Einsatzbereich für den Werkbesteller noch weitestgehend dem freien Zivilvertragsrecht unterliegt, nicht hingegen dem AÜG. In manchen Branchen wurde bereits registriert, dass mit der aktuellen Anhebung der Restriktionen im Arbeitnehmerüberlassungsgesetz sowie den hiermit einhergehenden Risiken für Entleiher einige Unternehmen verstärkt auf den Einsatz von Werkunternehmern zurückgreifen.

24 In der Praxis geht es im Bereich des Fremdpersonaleinsatzes im ersten Schritt meist um die Frage, ob entweder ein „harmloser" Werkvertrag einerseits oder illegale Arbeitnehmerüberlassung bzw. mittelbare Arbeitsverhältnisse andererseits vorliegen. An diesen Fragen hängt nicht selten die **wirtschaftliche Existenz von Unternehmen.**[11] Wenn der Arbeitgeber die Arbeitskräfte seines Werkunternehmers wie eigene Leute einsetzt, d.h., wenn sich die Beschäftigung der Fremdfirmenleute als Arbeitnehmerüberlassung erweist, führt dies zur arbeits- und sozialversicherungsrechtlichen Haftung.

**Praxishinweis**
Die Abgrenzung des Werkvertrags von der Arbeitnehmerüberlassung ist von entscheidender Bedeutung, da sich im Falle der illegalen Arbeitnehmerüberlassung massive und weitreichende Konsequenzen für das Unternehmen ergeben.

10 Vgl. dazu Koalitionsvertrag, S. 69, abrufbar unter http://www.bundesregierung.de/Content/DE/_Anlagen/2013/2013-12-17-koalitionsvertrag.pdf?__blob=publicationFile&v=2.
11 *Schüren* in: FS Däubler, S. 90 ff.; BT-Drucks. 14/4220, S. 36 ff.

Bei der Arbeitnehmerüberlassung werden dem Entleiher die Arbeitskräfte zur Verfügung gestellt. Der Entleiher setzt sie nach seinen eigenen Vorstellungen und Zielen in seinem Betrieb **wie eigene Arbeitnehmer** ein. Die Arbeitskräfte sind voll in den Betrieb des Entleihers eingegliedert und führen ihre Arbeiten allein nach dessen Weisungen aus. Die Vertragspflicht des Verleihers gegenüber dem Entleiher endet, wenn er den Arbeitnehmer ausgewählt und ihn dem Entleiher zur Arbeitsleistung zur Verfügung gestellt hat.[12] Er haftet nur für Verschulden bei der Auswahl der verliehenen Arbeitnehmer. 25

Von der Arbeitnehmerüberlassung ist die Tätigkeit eines Unternehmers im Rahmen eines Werk- oder Dienstvertrags zu unterscheiden.[13] Der Werkbesteller **kauft vom Werkunternehmer einen bestimmen Erfolg**, z.B. bestimmte Bauleistungen, zu einem im Regelfall zuvor festgesetzten Preis. Der Werkunternehmer bedient sich in der Folge seiner eigenen Arbeitskräfte, um die vertraglichen Verpflichtungen zu erfüllen. Im Falle des Werkvertrags wird der Unternehmer für einen anderen tätig. Er organisiert die zur Erreichung eines wirtschaftlichen Erfolgs notwendigen Handlungen nach eigenen betrieblichen Voraussetzungen und bleibt für die Erfüllung der im Vertrag vorgesehenen Dienste und für die Herstellung des geschuldeten Werks verantwortlich. Die zur Ausführung des Dienst- oder Werkvertrags eingesetzten Arbeitnehmer unterliegen der Weisung des Unternehmers und sind dessen Erfüllungsgehilfen. Der Werkbesteller kann dem Werkunternehmer oder dessen Erfüllungsgehilfen lediglich solche Anweisungen erteilen, die sich auf die Ausführung (§ 645 Abs. 1 S. 1 BGB), nicht aber auf das Werk beziehen.[14] Solche Dienst- oder Werkverträge werden vom Arbeitnehmerüberlassungsgesetz nicht erfasst.[15] 26

**Praxishinweis** !
Bei der Arbeitnehmerüberlassung werden dem Entleiher die Arbeitskräfte zur Verfügung gestellt, wohingegen beim Werkvertrag der Unternehmer für einen anderen tätig wird und für die Erfüllung des vertraglich vereinbarten Erfolgs verantwortlich ist. Die zur Ausführung des Werkvertrags vom Unternehmer eingesetzten Arbeitnehmer unterliegen der Weisung des Unternehmers und sind dessen Erfüllungsgehilfen.

12 BAG, Urt. v. 24.5.2006 – 7 AZR 365/05 – EzAÜG Nr. 114 zu § 10 AÜG Fiktion; BAG, Urt. v. 3.12.1997 – 7 AZR 764/96 – BAGE 87, 186; BAG, Urt. v. 31.3.1993 – 7 AZR 338/92 – AP Nr. 2 zu § 9 AÜG.
13 Zur Abgrenzung vgl. *von Steinau-Steinrück/Paul*, NJW-Spezial 2006, 81.
14 BAG, Urt. v. 31.1.1991 – 7 AZR 497/89 – NZA 1992, 19; BAG, Urt. v. 13.5.1992 – 7 AZR 284/91 – EzA Nr. 4 zu § 10 AÜG; BAG v. 31.3.1993 – 7 AZR 338/92 – EzA Nr. 5 zu § 10 AÜG; BAG, Urt. v. 9.11.1994 – 7 AZR 217/94 – EzA Nr. 8 zu § 10 AÜG; BGH, Urt. v. 25.6.2002 – X ZR 83/00 – NZA 2002, 1086-1090, LAG Rheinland-Pfalz, Urt. v. 3.2.2011 – 11 Sa 314/10 – BeckRS 2011, 71730.
15 BAG, Urt. v. 31.1.1991 – 7 AZR 497/89 – NZA 1992, 19; LAG Düsseldorf, Urt. v. 27.8.2007 – 17 Sa 864/07 – BeckRS 2008, 50288; LAG Hamm, Urt. v. 9.11.2006 – 15 Sa 789/06 – EzAÜG Nr. 11 zu § 611 BGB Abgrenzung; BAG, Urt. v. 13.8.2008 – 7 AZR 26907 – BeckRS 2010, 71643.

27 Nach dieser Definition dürfte die Abgrenzung der beiden Vertragstypen grundsätzlich keine Schwierigkeiten bereiten. In der Praxis ergeben sich aber oft **große Schwierigkeiten** bei der Feststellung, ob ein Arbeitnehmer von seinem Arbeitgeber als Erfüllungsgehilfe zur Herbeiführung eines bestimmten Erfolges eingesetzt wird oder ob der Arbeitnehmer einem Dritten zur Arbeitsleistung überlassen ist.

28 Die Rechtsprechung hat für die Abgrenzung zwischen Arbeitnehmerüberlassung und werk- oder dienstvertraglichen Einsätzen von Fremdfirmen mit deren Arbeitnehmern wie bei der Scheinselbstständigkeitsproblematik eine Reihe von **Abgrenzungskriterien** entwickelt. Daneben hat die Bundesanstalt für Arbeit ein Merkblatt zu den Abgrenzungskriterien veröffentlicht, das sich an der Rechtsprechung orientiert.[16] Auf dieses Merkblatt verweist die Bundesanstalt für Arbeit auch in ihrer Geschäftsanweisung[17] zum AÜG, welche die Dienststellen der Bundesanstalt für Arbeit bindet und der Vereinheitlichung ihrer Verwaltungspraxis dienen soll, jedoch keine Bindungswirkung für Gerichte oder andere Verwaltungsstellen entfaltet.

## I. Kriterien der Abgrenzung

29 Wie die Unterscheidung zwischen dem Rechtsverhältnis eines freien Mitarbeiters von einem Arbeitsverhältnis erfolgt auch die Abgrenzung des Arbeitsvertrags vom Werkvertrag nach dem **Grad der persönlichen Abhängigkeit** des Betroffenen.[18] Es gibt auch hier für die Abgrenzung des Werkvertrags von der Arbeitnehmerüberlassung eine Fülle von Einzelkriterien,[19] wobei das BAG und die Instanzgerichte in ihrer jüngeren Rechtsprechung die Zahl der abgrenzungsrelevanten Kriterien reduziert und die folgenden als entscheidungsrelevant herausgearbeitet hat.

### 1. Eingliederung in den Betrieb

30 Die Eingliederung des Mitarbeiters in den Betrieb des Entleihers ist ein **wichtiges Kriterium** für die Annahme der Arbeitnehmerüberlassung. Bei der Frage der Eingliederung in den Betrieb wird zum einen überprüft, ob und inwieweit der Mitarbei-

---

16 Merkblatt zur Abgrenzung, abrufbar unter http://www.arbeitsagentur.de/zentraler-Content/Veroeffentlichungen/Merkblatt-Sammlung/Merkblatt-zur-Abgrenzung.pdf.

17 Geschäftsanweisung zum AÜG der BA, gültig ab 20.4.2013, S. 12 ff., abrufbar unter http://www.arbeitsagentur.de/zentraler-Content/A08-Ordnung-Recht/A083-AUEG/Publikation/pdf/GA-AUEG.pdf.

18 BGH, Urt. v. 21.1.2003 – X ZR 261/01 – NZA 2003, 616; BGH, Urt. v. 25.6.2002 – X ZR 82/00 – NZA 2002, 1086; BAG, Urt. v. 9.11.1994 – 7 AZR 217/94 – BB 1995, 1293; BAG, Urt. v. 10.10.2007 – 7 AZR 487/06 – AP Nr. 20 zu § 10 AÜG.

19 Überblick bei Schüren/Hamann/*Hamann*, § 1 Rn 113 ff.

ter in eine fremdbestimmte Arbeitsorganisation eingebunden ist und dabei betriebliche Einrichtungen (Arbeitsgeräte) benutzt.

### 2. Ausübung der Weisungsrechte

Ferner wird bei der Abgrenzung zwischen Arbeitnehmerüberlassung und Werkvertrag die Frage der Stellung des Mitarbeiters in der Organisation und Hierarchie beim Entleiher überprüft. Erhält der Mitarbeiter von fest angestellten Arbeitnehmern des Entleihers Arbeitsanweisungen oder arbeiten die Fremdfirmenarbeitnehmer arbeitsteilig mit Arbeitnehmern des Beschäftigungsbetriebs zusammen, spricht dieser Umstand für eine Arbeitnehmerüberlassung.[20] 31

Soweit der Mitarbeiter Weisungen in Bezug auf seine Arbeit erhält, ist zu prüfen, ob es sich dabei um Ausführung einer **werkvertraglichen Anweisungsbefugnis** des Werkbestellers, wie sie sich aus § 645 Abs. 1 S. 1 BGB ergibt, oder um die Erteilung von **Weisungen arbeitsvertraglicher Art** handelt. Sind die Weisungen des Dritten gegenständlich begrenzt, also auf die zu erbringende Werkleistung bezogen, so deutet dies auf das Vorliegen eines Werkvertrags hin. Die Grenze zur arbeitsvertraglichen Anweisung wird insbesondere dann überschritten, wenn der Dritte erst durch seine Anweisungen den Gegenstand der vom Arbeitnehmer zu erbringenden Leistung bestimmt. Weisungen, die sich auf die Beschaffenheit des herzustellenden Werks beziehen, wie Qualitätsvorgaben, Angaben bezüglich Größe, Menge oder Art sind keine arbeitsvertraglichen Weisungen. Nur gelegentliche arbeitsrechtliche Weisungen im Betrieb des Werkbestellers (unter Abweichung vom normalen Tagesablauf) führen noch nicht zur Annahme einer unerlaubten Arbeitnehmerüberlassung.[21] 32

### 3. Bestimmbarkeit der Werk- bzw. Dienstleistung

Der Werkvertrag verlangt anders als die Arbeitnehmerüberlassung generell Vereinbarungen über eine bestimmte Werkleistung. Gleiches gilt für den Dienstvertrag. Fehlt es an einem abgrenzbaren, dem Werkunternehmer als eigene Leistung **zurechenbaren und abnahmefähigen Werk**, deutet dies auf Arbeitnehmerüberlassung hin, weil der Besteller dann durch seine Anweisungen den Gegenstand der von dem Arbeitnehmer zu erbringenden Leistung überhaupt erst bestimmt und damit Arbeit 33

---

**20** BAG, Urt. v. 22.6.1994 – 7 AZR 286/93 – NZA 1995, 462; BAG, Beschl. v. 9.7.1991 – 1 ABR 45/90 – AP Nr. 94 zu § 99 BetrVG 1972; ArbG Wiesbaden, Beschl. v. 23.7.1997 – 7 BV 3/97 166 – NZA-RR 1998, 165; BAG, Urt. v. 6.8.2003 – 7 AZR 180/03 – AP Nr. 6 zu § 9 AÜG; BAG, Urt. v. 6.8.1997 – 7 AZR 663/96 – EzAÜG Nr. 39 zu § 631 BGB Werkvertrag; LAG Düsseldorf, Urt. v. 10.3.2008 – 17 Sa 856/07 – EzAÜG Nr. 120 zu § 10 AÜG Fiktion; Schüren/Hamann/*Hamann*, § 1 Rn 133 ff.

**21** LAG Düsseldorf, Urt. v. 27.8.2007 – 17 Sa 864/07 – BeckRS 2008, 50288; LAG Düsseldorf, Urt. v. 10.3.2008 – 17 Sa 856/07 – EzAÜG Nr. 120 zu § 10 AÜG Fiktion.

und Einsatz für ihn bindend organisiert.[22] Kann der Unternehmer ohne Rücksicht auf vertragliche Verabredungen mit der Vertragspartei über die Arbeitskraft des Mitarbeiters über einen längeren Zeitraum hinweg verfügen, spricht dies für eine Arbeitnehmerüberlassung.

### 4. Gewährleistung

34 Werkverträge unterscheiden sich von der Arbeitnehmerüberlassung ferner dadurch, dass der Werkunternehmer für einen Erfolg einsteht, indem er Gewährleistung übernimmt.[23] Arbeitsverträge kennen dagegen kein Gewährleistungsrecht, weil sie nicht die **Hauptpflicht zur Herbeiführung eines bestimmten Erfolges** beinhalten. Damit schließt die Gewährleistung als sicheres Indiz für einen Werkvertrag eine Arbeitnehmerstellung des eingesetzten Mitarbeiters aus.

### 5. Weitere Abgrenzungskriterien

35
- Die volle Eingliederung des Arbeitnehmers in den Betrieb eines Dritten wird nicht dadurch ausgeschlossen, dass dem Arbeitnehmer Rundschreiben seines vertraglichen Arbeitgebers über die Behandlung von Urlaubsanträgen oder über Arbeitssicherheit oder über Betriebsvereinbarungen zur Arbeitszeit zugehen und der Urlaub des Arbeitnehmers nicht von dem Dritten, sondern von seinem vertraglichen Arbeitgeber gewährt wird.
- Daraus, dass der Arbeitnehmer seinen Urlaub mit dem Dritten bzw. dessen Arbeitnehmern abstimmen muss, lässt sich nicht ohne Weiteres schließen, dass Arbeitnehmerüberlassung vorliegt.
- Die Überlassung einer Werkzeuggrundausstattung durch den vertraglichen Arbeitgeber spricht zunächst gegen eine Arbeitnehmerüberlassung. Wenn unbrauchbar gewordene Werkzeuge dieser Grundausstattung während eines langjährigen Einsatzes im Betrieb des Dritten aber dann stets von diesem und nicht von dem vertraglichen Arbeitgeber ersetzt werden, wird dieses Kriterium entkräftet. Gleiches gilt für die Ausstattung des Mitarbeiters mit Arbeitskleidung und das Waschen und Flicken dieser Arbeitskleidung.[24]
- Wenn der Mitarbeiter seine Weisungen in der Regel von einem ihm vorgesetzten weiteren Arbeitnehmer des vertraglichen Arbeitgebers erhält, spricht dies gegen

---

**22** BAG, Urt. v. 30.1.1991 – 7 AZR 497/89 – NZA 1992, 19; BAG, Urt. v. 9.11.1994 – 7 AZR 217/94 – EzA Nr. 8 zu § 10 AÜG; auch LAG Berlin-Brandenburg, 12.12.2012 – 15 Sa 1217/12 – BB 2013, 1020.

**23** Für *Schüren* in: FS Däubler, S. 90, ist dies der entscheidende Differenzierungsgrund zwischen Arbeitnehmerüberlassung und echten Werkverträgen; auch LAG Rheinland-Pfalz, Urt. v. 3.2.2011 – 11 Sa 314/10 – juris.

**24** BAG, Urt. v. 30.1.1991 – 7 AZR 497/89 – NZA 1992, 19.

eine Arbeitnehmerüberlassung. Zu beachten ist dabei aber, dass dies dann nicht mehr gilt, wenn der Vorarbeiter seinerseits in die Organisation des Auftraggebers eingebunden ist und dessen Weisungen unterliegt.[25] Auch nur gelegentliche arbeitsrechtliche Weisungen vonseiten des Werkbestellers (unter Abweichung vom normalen Tagesablauf) führen noch nicht zur Annahme einer unerlaubten Arbeitnehmerüberlassung.[26]

- Ist der vertragliche Arbeitgeber des Mitarbeiters überhaupt fachlich bzw. technisch in der Lage, die werkvertraglichen Unternehmerpflichten auszufüllen? Nach Auffassung des BAG kommt es somit auch auf die Unternehmensstruktur des Dienstleistungserbringers bzw. Werkunternehmers an, der über die betrieblichen oder organisatorischen Voraussetzungen verfügen muss, die vertraglich vereinbarte Dienst- und Werkleistung zu erbringen und den hierfür eingesetzten Erfüllungsgehilfen Weisungen zu erteilen.[27]
- Bei industrieüblichen Wartungsverträgen führt die jahrelange vertragliche Verbindung sowie die Abrechnung nach Stundenverrechnungssätzen nicht automatisch zur Arbeitnehmerüberlassung.[28]

### 6. Gesamtbetrachtung

Zur Würdigung der Vertragsnatur bedarf es einer Gesamtbetrachtung aller für die 36
rechtliche Einordnung der Vertragsbeziehungen wesentlichen Umstände. So kann nur im Rahmen einer wertenden Gesamtschau und einer Überprüfung vieler in Betracht kommender Abgrenzungskriterien entschieden werden, ob das zwischen zwei Parteien bestehende Vertragsverhältnis einen Werkvertrag bzw. Dienstvertrag oder eine Arbeitnehmerüberlassung darstellt. Handelt es sich um langfristige Vertragsbeziehungen, kann darüber hinaus nur eine Betrachtung der über einen längeren Zeitraum hinweg geübten Vertragspraxis zuverlässigen Aufschluss darüber geben, welche Vertragsform vorliegt.[29]

---

**Praxishinweis** !

Wie bei der Abgrenzung des Arbeitnehmers von Selbstständigen hat die Rechtsprechung auch bei der Abgrenzung des Werkvertrags von der Arbeitnehmerüberlassung bestimmte Abgrenzungskriterien entwickelt, die im Rahmen einer Gesamtschau unter Berücksichtigung des Einzelfalls zu werten sind.

---

25 LAG Berlin-Brandenburg, Urt. v. 12.12.2012 – 15 Sa 1217/12 – BeckRS 2013, 65737.
26 LAG Düsseldorf, Urt. v. 27.8.2007 – 17 Sa 864/07 – BeckRS 2008, 50288.
27 Vgl. dazu jüngst auch LSG Baden-Württemberg, Urt. v. 16.10.2012 – L 11 KR 19/11 – juris.
28 BAG, Urt. v. 13.5.1992 – 7 AZR 284/91 – NZA 1993, 357.
29 BAG, Urt. v. 31.1.1991 – 7 AZR 497/89 – NZA 1992, 19; BAG, Urt. v. 10.10.2007 – 7 AZR 487/06 – AP Nr. 20 zu § 10 AÜG.

## II. Tatsächliche Vertragsabwicklung

### 1. Vorrang der praktischen Durchführung

37 Der Geschäftsinhalt eines Vertrags beim drittbezogenen Personaleinsatz kann sich sowohl aus den **ausdrücklichen Vereinbarungen** der Vertragsparteien als auch aus der **praktischen Durchführung des Vertrags** ergeben. Widersprechen sich beide, so ist die tatsächliche Durchführung des Vertrags maßgebend,[30] weil sich aus der praktischen Handhabung der Vertragsbeziehungen am ehesten Rückschlüsse daraus ziehen lassen, von welchen Rechten und Pflichten die Vertragsparteien ausgegangen sind, was sie also wirklich gewollt haben. Der so ermittelte wirkliche Wille der Vertragsparteien bestimmt den Geschäftsinhalt und damit den Vertragstyp.[31]

### 2. Einschränkung bei Unkenntnis der zum Vertragsschluss berechtigten Personen

38 Eine Einschränkung der obigen Grundaussage, wonach die tatsächliche Durchführung des Vertrags regelmäßig maßgebend ist, wird dann angenommen, wenn die abweichende Vertragspraxis den aufseiten der Vertragspartner zum Vertragsabschluss berechtigten Personen **nicht bekannt gewesen** oder von ihnen **nicht zumindest geduldet worden** ist. In einem solchen Fall wird eine solche, den schriftlichen Vereinbarungen widersprechende Vertragsdurchführung nicht als Ausdruck des wirklichen Geschäftswillens der Vertragspartner angesehen.[32]

### 3. Darlegungs- und Beweislast

39 Für die Umstände, aus denen sich ergeben soll, dass es sich bei dem drittbezogenen Personaleinsatz um Arbeitnehmerüberlassung handelt, trägt grundsätzlich diejenige Partei, die daraus **für sich günstige Rechtsfolgen** herleiten will, die Darlegungs- und Beweislast. Das ist regelmäßig der Mitarbeiter, der sich auf ein gem. § 10 Abs. 1 S. 1 Hs. 2 AÜG zustande gekommenes Arbeitsverhältnis mit dem formalen Werkbesteller beruft. Wird ein entsprechendes Vorbringen vom Werkbesteller bestritten, muss der Mitarbeiter sein Vorbringen näher konkretisieren, etwa durch Nennung konkreter (weisungsgebundener) Tätigkeiten, Personen und Einsatzorte. Ein reines

---

30 BAG, Urt. v. 6.8.2003 – 7 AZR 180/03 – AP Nr. 6 zu § 9 AÜG.

31 BAG, Beschl. v. 10.9.1985 – 1 ABR 28/83 – AP Nr. 3 zu § 117 BetrVG 1972; BAG, Urt. v. 27.1.1993 – 7 AZR 476/92 – EzAÜG Nr. 75 zu § 10 AÜG Fiktion; BAG, Beschl. v. 28.11.1989 – 1 ABR 90/88 – AP Nr. 5 zu § 14 AÜG; BGH, Urt. v. 25.6.2002 – X ZR 83/00 – NJW 2002, 3317, 3318; LAG Rheinland-Pfalz, Urt. v. 3.5.2006 – 10 Sa 913/05 – BeckRS 2006, 44705; BAG, Urt. v. 24.5.2006 – 7 AZR 365/05 – EzAÜG Nr. 114 zu § 10 AÜG Fiktion.

32 BAG, Urt. v. 31.1.1991 – 7 AZR 497/89 – NZA 1992, 19; BAG, Urt. v. 27.1.1993 – 7 AZR 476/92 – EzAÜG Nr. 75 zu § 10 AÜG Fiktion; BAG, Urt. v. 6.8.2003 – 7 AZR 180/03 – AP Nr. 6 zu § 9 AÜG; BAG, Urt. v. 13.8.2008 – 7 AZR 269/07 – AP Nr. 19 zu § 10 AÜG.

Bestreiten der vom Leiharbeitnehmer vorgetragenen Umstände durch den Entleiher mit Nichtwissen ist allerdings nach § 138 Abs. 1 ZPO unzulässig.[33] Erst dann ist es dem Werkbesteller möglich, sich hierauf einzulassen, insbesondere die etwaige vertragliche Grundlage der Tätigkeit darzulegen und ggf. Gegenzeugen zu benennen.[34]

Einige Instanzgerichte[35] wenden jüngst aufgrund der drohenden eklatanten Darlegungs- und Beweisnot des Arbeitnehmers aber die Grundsätze der sekundären Darlegungs- und Beweislast an. Der Arbeitnehmer kann sich somit zunächst auf die Darlegung und den Beweis der Umstände beschränken, die seiner Wahrnehmung zugänglich sind und die auf eine Zuordnung zum Arbeitnehmerüberlassungsrecht hindeuten (Eingliederung, Weisungsstruktur). Der beklagte Arbeitgeber muss sodann die für das Gegenteil sprechenden Tatsachen darlegen und beweisen. 40

#### 4. Beurteilungsspielraum der Gerichte

Der beispielhafte Überblick über die Abgrenzungskriterien, die für die Abgrenzung 41 der Arbeitnehmerüberlassung vom Werkvertrag heranzuziehen sind, zeigt, dass es eine **Vielzahl möglicher Merkmale** gibt. Dabei bedarf es letztlich einer wertenden Gesamtbetrachtung aller für die rechtliche Einordnung der Vertragsbeziehung wesentlichen Umstände.[36] Die Vielzahl und Vielschichtigkeit der Abgrenzungskriterien zeigt weiter, dass im Einzelfall ein großer Spielraum für das zur Entscheidung berufene Gericht besteht.

### III. Rechtsfolgen fehlerhafter Einordnung

Wird die Arbeitnehmerüberlassung nur unter dem Deckmantel eines Werk- oder 42 Dienstvertrags ohne Überlassungserlaubnis betrieben, liegt **illegale Arbeitnehmerüberlassung** vor und die Konsequenzen, die das AÜG hier regelt, sind ebenso hart wie einfach. Der Scheinwerk- oder Scheindienstvertrag ist nichtig, der Arbeitsvertrag zwischen Verleiher und überlassenem Arbeitnehmer ebenfalls (§ 9 Nr. 1 AÜG). Als Ausgleich wird zwischen dem überlassenen Arbeitnehmer und dem Entleiher ein Arbeitsverhältnis mit allen daraus resultierenden Ansprüchen (§ 10 Abs. 1 AÜG) fingiert.[37] Bei erheblichen Lohndifferenzen kommen zusätzlich strafrechtliche

---

**33** Vgl. auch Ulber/*Ulber*, § 10 Rn 51.
**34** LAG Düsseldorf, Urt. v. 27.8.2007 – 17 Sa 864/07 – BeckRS 2008, 50288.
**35** Vgl. LAG Baden-Württemberg, Urt. v. 1.8.2013 – 2 Sa 6/13 – NZA 2013, 1017; LAG Berlin-Brandenburg, Urt. v. 5.9.2013 – 33 Sa 5347/13 – BeckRS 2013, 72711.
**36** BAG, Urt. v. 31.1.1991 – 7 AZR 497/89 – NZA 1992, 19.
**37** Ausführlich zu den Rechtsfolgen der illegalen Arbeitnehmerüberlassung vgl. Rn 143ff.

Risiken dazu. Denn der Entleiher, der über den Scheinwerkvertrag zum Arbeitgeber der betroffenen Beschäftigten wird, hat nun in jedem Fall die Höhe der Vergütung der Stammbelegschaft auch diesem Beschäftigungskreis zu bezahlen und die vollen Arbeitgeberpflichten einschließlich der Abführung von Sozialversicherungsbeiträgen zu erfüllen. Er setzt sich damit auch dem Risiko der Beitragshinterziehung zur Sozialversicherung gem. § 266a StGB aus. Diese Bedrohung haben Unternehmen bis heute dadurch abgewendet, dass der Scheinwerkunternehmer eine Überlassungserlaubnis erwirkt und nur für den Fall des Scheinwerkvertrags quasi als doppeltes Netz auf die Arbeitnehmerüberlassung zurückgreift. *Schüren* bezeichnet diesen Sicherungsanker als „Reservefallschirm“.[38] Dieser Schutz wird in Zukunft aber nicht mehr greifen. Bereits mit der gesetzlichen Neuregelung, wonach Arbeitnehmerüberlassungen nur „vorübergehend“ erfolgen dürfen, besteht jedenfalls immer dann, wenn der Werkvertrag auf unbefristete oder jedenfalls längere Zeit angelegt ist, das Problem, dass auch der Rückzug im Fall des Scheinwerkvertrags in die legale Arbeitnehmerüberlassung nicht mehr möglich ist. Darüber hinaus ist aufgrund der politischen Ausrichtung und Grundlage im Koalitionsvertrag sowie dem vorliegenden Gesetzesentwurf damit zu rechnen, dass diese Möglichkeit in Zukunft nicht mehr in Betracht kommen wird.

## IV. Checkliste

43

**Checkliste: Abgrenzung Werkvertrag/Arbeitnehmerüberlassung**

| **Werkvertrag** | **Arbeitnehmerüberlassung** |
|---|---|
| ☐ Keine Eingliederung in den Betrieb des Dritten | ☐ Eingliederung in den Betrieb<br>– Arbeitsteiliges Zusammenarbeiten mit Arbeitnehmern des Beschäftigungsbetriebs<br>– Nutzung der betrieblichen Einrichtungen und Arbeitsgeräte des Dritten |
| ☐ Keine Weisungsrechte des Dritten<br>– nur Abstimmung bezüglich des Werkergebnisses (Instandhaltung, Anlagenumbau)<br>– Arbeitsanweisungen an Einsatzkräftedurch eigenes qualifiziertes Personal des Unternehmers | ☐ Weisungsrechte<br>– Arbeitsanweisungen durch Mitarbeiter des Beschäftigungsbetriebs |

38 *Schüren*, NZA 2013, 176, 177.

| | |
|---|---|
| ☐ Bestimmbarkeit der Leistung<br>– eigene abgrenzbare Werkleistung | ☐ Einsatz der Arbeitskräfte ohne Konkretisierung eines abnahmefähigen Werkes |
| ☐ Gewährleistung<br>– Vereinbarung von (echten) Gewährleistungspflichten für Werkunternehmer | ☐ Keine Gewährleistung<br>– unverhältnismäßige Haftungsbeschränkung |
| ☐ Weitere Kriterien<br>– Rundschreiben zur Behandlung der Arbeitssicherheit sind unschädlich<br>– Abstimmung von Urlaub ist unschädlich<br>– Arbeitsanweisungen durch vorgesetzten weiteren Arbeitnehmer des vertraglichen Arbeitgebers<br>– Jahrelange vertragliche Verbindung ist unschädlich<br>– Abrechnung nach Stundenverrechnungssätzen ist unschädlich | ☐ Weitere Kriterien<br>– Überlassung von Werkzeugen und Arbeitskleidung<br>– Vorgesetzter bzw. vertraglicher Arbeitgeber ist fachlich bzw. technisch nicht in der Lage, die werkvertragliche Pflicht auszuführen |

# D. Arbeitnehmerüberlassung im Rahmen wirtschaftlicher Tätigkeit

## I. Erweiterter Anwendungsbereich des AÜG – generalisierte Erlaubnispflicht

### 1. Wirtschaftliche Tätigkeit

Das Arbeitnehmerüberlassungsgesetz fand bis zum Jahre 2011 grundsätzlich keine 44
Anwendung auf die **nicht gewerbsmäßige Arbeitnehmerüberlassung**. Um eine erlaubnispflichtige Arbeitnehmerüberlassung handelte es sich nur dann, wenn ein Arbeitgeber als Verleiher einem Dritten Arbeitnehmer gewerbsmäßig zur Arbeitsleistung überließ. Gewerbsmäßigkeit lag nach der Gesetzesbegründung[39] dann vor, wenn der Hauptzweck darauf gerichtet war, aus der Arbeitnehmerüberlassung einen wirtschaftlichen Gewinn zu erzielen.[40]

Die Neufassung des AÜG differenziert nunmehr nicht mehr zwischen gewerb- 45
licher und nicht gewerblicher Arbeitnehmerüberlassung. Vielmehr gilt das AÜG

39 BT-Drucks. VI/2303, S. 10.

40 BAG, Urt. v. 1.6.1994 – 7 AZR 419/92 – n.v.; BAG, Urt. v. 21.3.1990 – 7 AZR 198/89 – DB 1991, 282; BAG, Urt. v. 15.6.1983 – 5 AZR 111/81 – DB 1983, 2420; BAG, Urt. v. 8.11.1978 – 5 AZR 261/77 – EzAÜG Nr. 1 zu § 10 AÜG Fiktion; OLG Karlsruhe, Beschl. v. 9.10.1987 – 3 Ss 89/87 – NZA 1988, 616; LAG Hamburg, Urt. v. 18.1.1991 – 3 Sa 51/90 – LAGE Nr. 3 zu § 9 AÜG; BAG, Urt. v. 24.8.2006 – 8 AZR 317/05 – NZA 2007, 1287.

nach § 1 Abs. 1 S. 1 AÜG bereits dann, wenn die Arbeitnehmerüberlassung im Rahmen der wirtschaftlichen Tätigkeit des Verleihers erfolgt. Der Begriff der wirtschaftlichen Tätigkeit entstammt Art. 1 Abs. 2 der Leiharbeitsrichtlinie,[41] weswegen auch die hierfür entwickelte Definition zugrunde zu legen ist. Unter wirtschaftlicher Tätigkeit ist demnach jede Tätigkeit zu verstehen, die darin besteht, Güter oder Dienstleistungen auf einem bestimmten Markt anzubieten.[42] Eine wirtschaftliche Tätigkeit kann somit sogar dann vorliegen, wenn die Absicht der Gewinnerzielung fehlt, da das Angebot mit dem von Wirtschaftsteilnehmern konkurriert, die den gleichen Zweck verfolgen.[43]

**Praxishinweis**
Da es nur noch auf die wirtschaftliche Tätigkeit ankommt, bedeutet dies für die Praxis und den anwaltlichen Berater, dass im Regelfall von der Erlaubnispflicht einer Arbeitnehmerüberlassung auszugehen sein wird und eine entsprechende Erlaubnis eingeholt werden sollte. Eine vorsorgliche Erlaubniseinholung wird in der Praxis aber künftig nicht mehr über das Problem der Scheinwerkverträge hinweghelfen.

### 2. Vorübergehende Überlassung

#### a) Keine gesetzliche Vorgabe

46 Nach §1 Abs. 1 S. 2 AÜG erfolgt die Überlassung von Arbeitnehmern nunmehr „vorübergehend“. Damit will der Gesetzgeber klarstellen, dass das deutsche Modell der Arbeitnehmerüberlassung der europarechtlichen Vorgabe entspricht. Durch die Neuregelung des §1 Abs. 1 S. 2 AÜG sind dauerhafte Überlassungen nicht mehr zulässig, was sich vor allem auf die strukturell organisierte **konzerninterne Personalüberlassung** auswirken kann.[44] Was allerdings genau unter dem Begriff „vorübergehend“ zu verstehen ist, ist unklar. Eine Höchstdauer der Überlassung wurde vom Gesetzgeber bewusst **nicht vorgegeben.**[45] Aus diesem Grund entstanden verschiedene Ansätze, wie mit diesem Begriff umzugehen ist. Teilweise wird in Anlehnung an die Sachgründe des §14 Abs. 1 TzBfG zwar eine enge Auslegung der Neuregelung erwogen (z.B. vorübergehender Bedarf, Vertretung, Erprobung).[46] Eine Auslegung analog §14 TzBfG

41 RL 2008/104/EG des Europäischen Parlaments und des Rats v. 19.11.2008.
42 EuGH, Urt. v. 19.2.2002 – C-309/99 J.C.J. Wouters, J.W. Savelbergh, Price Waterhouse Belastingadviseurs BV/AlgemeneRaad van de NederlandseOrde van Advocaten – NJW 2002, 877; EuGH, Urt. v. 10.1.2006 – C-222/04 Ministeriodell'Economia e delle Finanze/Casse di Risparmio di Firenze SpA u.a. – EuZW 2006, 306.
43 EuGH, Urt. v. 10.1.2006 – C-222/04 Ministeriodell'Economia e delle Finanze/Casse di Risparmio di Firenze SpA u.a. – EuZW 2006, 306; *Lembke*, DB 2011, 414.
44 *Heuchemer/Schielke*, BB 2011, 758; krit. dazu *Böhm*, DB 2010, 672.
45 BT-Drucks. 17/4804, S. 8.
46 Vgl. dazu *Hamann*, NZA 2011, 70, 73f.

würde die Zeitarbeitsbranche jedoch stark einschränken, was der Intention des Gesetzgebers zuwiderlaufen dürfte.[47]

Dem Gesetzgeber zufolge ist das Merkmal „vorübergehend" der Richtlinienvor- 47
gabe entsprechend als **flexible Zeitkomponente** zu verstehen.[48] Das spricht für nur geringe Anforderungen an die Rückkehrprognose, z.B., dass bereits im Zeitpunkt der Überlassung feststehen muss, dass der Leiharbeiter nur einen zeitlich begrenzten Arbeitsbedarf ausgleicht.[49] Gleichzeitig wird man dem Ziel der Missbrauchsverhinderung der Arbeitnehmerüberlassung ausreichend gerecht, wenn man den Begriff „vorübergehend" im Sinne einer allgemeinen Missbrauchskontrolle versteht.[50] Es ist demnach zu fragen, ob der Einsatz des Leiharbeitnehmers im konkreten Fall offensichtlich **unsachlich, unvernünftig oder willkürlich** erfolgt. Dies wäre der Fall, wenn es für die Entscheidung zugunsten des Einsatzes von Leiharbeitnehmern keinen plausiblen, nachvollziehbaren Grund gibt.[51] Der Einsatz von Leiharbeitnehmern muss letztendlich zeitlich begrenzt sein und darf nicht zur Verdrängung von auf Dauerarbeitsplätzen eingesetzten eigenen Arbeitnehmern genutzt werden.[52] In der Praxis wird bis zu einer hinreichenden Klärung durch die Arbeitsgerichte darauf zu achten sein, dass eine Begrenzung der Überlassung möglichst schriftlich dokumentiert wird und das Leiharbeitsverhältnis die Dauer der Überlassung nicht übersteigt.

#### b) Neueste Rechtsprechung des BAG

Mit dem in der Praxis lang ersehnten Urteil vom 10.12.2013[53] hat das BAG zwar zu 48
den **Rechtsfolgen der nicht nur vorübergehenden Arbeitnehmerüberlassung** Stellung genommen, eine konkrete Überlassungshöchstdauer wurde jedoch abermals nicht erwähnt, da diese Frage nach Auffassung des Gerichts im vorliegenden Fall offenbleiben konnte.

So führte das BAG zu den Rechtsfolgen einer nicht nur vorübergehenden Ar- 49
beitnehmerüberlassung aus, dass – sofern der Arbeitgeber die nach § 1 Abs. 1 S. 1 AÜG erforderliche Erlaubnis besitzt, als Verleiher Dritten Arbeitnehmer im Rahmen seiner wirtschaftlichen Tätigkeit zu überlassen – zwischen einem Leiharbeitnehmer und einem Entleiher **kein Arbeitsverhältnis zustande kommt**, wenn der

---

47 BT-Drucks. 17/4804, S. 7.
48 BT-Drucks. 17/4804, S. 8.
49 *Rosenau/Mosch*, NJW-Spezial 2011, 242.
50 So auch *Hamann*, NZA 2011, 70, 74.
51 Vgl. BAG, Urt. v. 24.4.2008 – 2 AZR 1110/06 – NZA 2008, 939; BAG, Urt. v. 13.3.2008 – 2 AZR 1037/06 – NZA 2008, 878.
52 *Hamann*, RdA 2011, 321, 326.
53 BAG, Urt. v. 10.12.2013 – 9 AZR 51/13 – NZA 2014, 196.

Einsatz des Leiharbeitnehmers entgegen der Regelung in § 1 Abs. 1 S. 2 AÜG nicht nur vorübergehend erfolgt. § 10 Abs. 1 S. 1 AÜG fingiere das Zustandekommen eines Arbeitsverhältnisses ausschließlich bei fehlender Arbeitnehmerüberlassungserlaubnis des Verleihers. Eine **analoge Anwendung** dieser Norm auch für die Fälle der nicht nur vorübergehenden Arbeitnehmerüberlassung lehnte das Gericht mangels Vorliegen einer planwidrigen Regelungslücke ab. Der Gesetzgeber habe hier bewusst nicht die Rechtsfolge der Begründung eines Arbeitsverhältnisses mit dem Entleiher angeordnet. Auch aus dem Unionsrecht ergebe sich kein anderes Ergebnis, da auch die Leiharbeitsrichtlinie keine bestimmte Sanktion bei nicht nur vorübergehender Arbeitnehmerüberlassung vorsehe. Etwaige Sanktionen sind nach der Richtlinie den Mitgliedstaaten vorbehalten. Nach Auffassung des Gerichts obliegt es angesichts der Vielzahl möglicher Sanktionen aber dem Gesetzgeber, hier eine entsprechende Sanktion vorzusehen, nicht aber den Gerichten für Arbeitssachen, sodass es die analoge Anwendung des § 10 Abs. 1 S. 1 AÜG verneinte und im vorliegenden Fall kein fiktives Arbeitsverhältnis begründet wurde.

50 Da das Unternehmen im vorliegenden Fall eine Arbeitnehmerüberlassungserlaubnis besaß, bedurfte es nach Auffassung des Gerichts keiner Entscheidung darüber, ob der Leiharbeitnehmer hier nicht nur vorübergehend überlassen wurde.

---

! **Praxishinweis**

Für die geltende Rechtslage hat das BAG es eindeutig abgelehnt, die Fiktionswirkung des § 10 Abs. 1 S. 1 AÜG auch bei einer nicht nur vorübergehenden Arbeitnehmerüberlassung anzuwenden. Der jüngste Gesetzesentwurf des Bundesrats[54] hingegen will in diesen Fällen in einem neuen § 9 Nr. 1 lit. c AÜG ebenfalls die Fiktionswirkung eintreten lassen.

Hinsichtlich einer Überlassungshöchstdauer bzw. der Frage, was unter einer „vorübergehenden" Arbeitnehmerüberlassung zu verstehen ist, liegt auch nach dem lang ersehnten Urteil des BAG vom Dezember 2013 **keine Klärung** vor. Insofern ist in der Praxis weiter darauf zu achten, dass eine Begrenzung der **Überlassung möglichst schriftlich dokumentiert** wird und das Leiharbeitsverhältnis die Dauer der Überlassung nicht übersteigt.

---

### c) Koalitionsvertrag

51 Im Koalitionsvertrag wird eine **konkrete Überlassungshöchstdauer** von 18 Monaten angesprochen, die gesetzlich festgeschrieben werden soll,[55] sodass die derzeitige Unsicherheit in der Praxis ggf. bald beendet sein könnte.

---

54 BR-Drucks. 687/13.

55 Vgl. Koalitionsvertrag, S. 69, abrufbar unter http://www.bundesregierung.de/Content/DE/_Anlagen/2013/2013-12-17-koalitionsvertrag.pdf?__blob=publicationFile&v=2; auch näher dazu unter Rn 21.

## II. Erlaubnisvorbehalt

### 1. Verbot mit Erlaubnisvorbehalt

Nach § 1 Abs. 1 S. 1 AÜG unterliegt nun nicht mehr nur die gewerbsmäßige Arbeitnehmerüberlassung einer Erlaubnispflicht, sondern **jede Arbeitnehmerüberlassung** im Rahmen der wirtschaftlichen Tätigkeit des Verleihers. Insofern besteht weiterhin ein (nunmehr ausgeweitetes) grundsätzliches **Verbot mit Erlaubnisvorbehalt**, welches dem arbeits- und sozialversicherungsrechtlichen Schutz der Leiharbeitnehmer dienen soll. Dies führt zu einer wesentlichen Erweiterung des Anwendungsbereichs des AÜG. Nicht nur reine Verleiheragenturen oder Unternehmen, die gewerbsmäßige Arbeitnehmerüberlassung nur als Nebenzweck betreiben, unterliegen den Regularien des AÜG, sondern auch solche Unternehmen, die keine konkrete Gewinnerzielungsabsicht verfolgen.[56] Betroffen sind insbesondere auch die bislang teilweise erlaubnisfrei durchgeführten konzerninternen Verleihvorgänge,[57] da hierbei regelmäßig kein Gewinn aufseiten des verleihenden Konzernunternehmens generiert wurde[58] und das BAG deswegen eine gewerbsmäßige Betätigung als nicht gegeben ansah.[59] Erlaubnisfrei sind zukünftig wohl nur noch rein karitative,[60] soziale und private Überlassungen. 52

Die Erlaubnis zur Arbeitnehmerüberlassung muss **vor Beginn der Arbeitnehmerüberlassung** beantragt und erteilt worden sein. Die Erlaubnis wird auf **schriftlichen Antrag** von der Bundesagentur für Arbeit unter bestimmten Voraussetzungen erteilt. Nach § 2 Abs. 4 AÜG ist die Erlaubnis zunächst **auf ein Jahr zu befristen**. Die Erlaubnis kann unter Bedingungen und Auflagen sowie unter dem Vorbehalt des Widerrufs erteilt werden. Nach Ablauf der Befristung kann eine Verlängerung der Erlaubnis erfolgen. Eine unbefristete Erlaubnis wird frühestens nach drei Jahren andauernder erlaubter Arbeitnehmerüberlassung erteilt (§ 2 Abs. 5 AÜG). 53

Über Fragen des AÜG (z.B. die Erlaubnisvoraussetzungen) werden von den zuständigen Behörden allenfalls **Auskünfte allgemeiner Art** erteilt. Es werden jedoch keine Negativbescheinigungen ausgestellt bzw. verbindliche Auskünfte darüber erteilt, ob das AÜG in konkreten Sachverhalten anzuwenden ist und ggf. eine Erlaubnispflicht vorliegt. Das VwVfG sieht, anders als z.B. das Steuerrecht oder das 54

---

56 Zum Erstreben eines wirtschaftlichen Vorteils durch Arbeitnehmerüberlassung siehe Schüren/Hamann/*Schüren*, § 1 Rn 267 ff.

57 *Rosenau/Mosch*, NJW-Spezial 2011, 242.

58 Weswegen das BAG die gewerbsmäßige Betätigung als nicht gegeben sah.

59 BAG, Beschl. v. 22.3.2000 – 7 ABR 34/98 – BAGE 94, 144; a.A. LAG Schleswig-Holstein, Beschl. v. 3.7.2008 – 4 TaBV 9/08 – BeckRS 2008, 57778; LAG Schleswig-Holstein, Beschl. v. 18.6.2008 – 3 TaBV 12/08 – BeckRS 2008, 57064.

60 *Hamann*, NZA 2011, 70, 71; *Rosenau/Mosch*, NJW-Spezial 2011, 242; a.A. *Leuchten*, NZA 2011, 608.

Sozialversicherungsrecht, hinsichtlich Arbeitnehmer-Statusfragen, keine derartige Prüfung bzw. verbindliche Vorabfeststellung vor. Die Arbeitsagenturen sollen laut interner Durchführungsanweisung die Anfragenden insoweit auf die Beratung durch Rechtsanwälte verweisen.[61]

### 2. Ausnahmen von der Erlaubnispflicht

55 Der Gesetzgeber hat im AÜG einige **Ausnahmesituationen** aufgenommen, die von dem Grundsatz des Erlaubnisvorbehalts ausgenommen sind.

#### a) Arbeitsgemeinschaft

56 Nach § 1 Abs. 1 S. 3 AÜG gilt die Abordnung von Arbeitnehmern zu einer zur Herstellung eines Werkes gebildeten Arbeitsgemeinschaft unter bestimmten Voraussetzungen nicht als erlaubnispflichtige Arbeitnehmerüberlassung. Diese Vorschrift trägt den besonderen Bedürfnissen der Bauwirtschaft Rechnung, gilt aber **für alle Wirtschaftszweige**, wenn eine arbeitsteilig angelegte Projektorganisation zum Zusammenschluss in Arbeitsgemeinschaften führt.

57 Nach § 1 Abs. 1 S. 4 AÜG liegt auch keine Arbeitnehmerüberlassung vor, wenn ein Arbeitgeber mit **Geschäftssitz in einem anderen Mitgliedstaat** des Europäischen Wirtschaftsraums Arbeitnehmer zu einer zur Herstellung eines Werkes gebildeten Arbeitsgemeinschaft abordnet. Dies gilt selbst dann, wenn für den Arbeitgeber deutsche Tarifverträge desselben Wirtschaftszweiges wie für die anderen Mitglieder der Arbeitsgemeinschaft nicht gelten, er aber die übrigen Voraussetzungen des § 1 Abs. 1 S. 3 AÜG erfüllt. Diese Ergänzung erfolgte bereits durch die „Hartz-Reformen" und wurde aufgrund der Rechtsprechung des Europäischen Gerichtshofs erforderlich.[62] Nach § 1 Abs. 1 S. 4 AÜG ist für Unternehmer aus anderen Mitgliedstaaten des Europäischen Wirtschaftsraumes aber weiterhin Voraussetzung, dass sie demselben Wirtschaftszweig wie die anderen Mitglieder der Arbeitsgemeinschaft angehören. Dabei kommt es nicht darauf an, welchem Wirtschaftszweig die ausländischen Betriebe nach ihrer Tätigkeit in Deutschland angehören, sondern zu welchem Wirtschaftszweig sie nach ihrer Tätigkeit im gesamten Europäischen Wirtschaftsraum gehören.[63]

---

61 Geschäftsanweisung zum AÜG der BA, gültig ab 20.4.2013, S. 13 ff., abrufbar unter http://www.arbeitsagentur.de/zentraler-Content/A08-Ordnung-Recht/A083-AUEG/Publikation/pdf/GA-AUEG.pdf.

62 EuGH, Urt. v. 25.10.2001 – C-493/99 Kommission der EG/Bundesrepublik Deutschland – NZA 2001, 1299.

63 BT-Drucks. 15/25, S. 38.

### b) Vermeidung von Kurzarbeit und Entlassungen

Nach § 1 Abs. 3 Nr. 1 AÜG besteht keine Erlaubnispflicht für die Arbeitnehmerüber- 58 lassung zwischen Arbeitgebern desselben Wirtschaftszweiges zur **Vermeidung von Kurzarbeit oder Entlassungen**, wenn ein für den Entleiher und Verleiher geltender Tarifvertrag dies vorsieht. Dieser Ausnahmevorschrift kommt in der Praxis keine große Bedeutung zu, da die Tarifvertragsparteien die Regelungskompetenz bislang kaum aufgegriffen haben[64] und nur selten die beiderseitige Tarifgebundenheit gegeben sein dürfte.

### c) Konzernintern

Nach § 1 Abs. 3 Nr. 2 AÜG a.F. fand das AÜG auf die Arbeitnehmerüberlassung keine 59 Anwendung, wenn sie innerhalb von Konzernen i.S.d. § 18 AktG erfolgte und wenn der Arbeitnehmer seine Arbeit „vorübergehend“ nicht bei seinem Vertragsarbeitgeber leistete. Dieses sog. **Konzernprivileg** gilt in der Neufassung von § 1 Abs. 2 Nr. 2 AÜG nur noch für die konzerninterne Überlassung von Arbeitnehmern eines Konzerns i.S.d. § 18 AktG an ein anderes Konzernunternehmen, wenn der Arbeitnehmer von dem überlassenden Unternehmen nicht zum Zweck der Überlassung eingestellt und beschäftigt wurde. Erlaubnisfrei sind somit **nur noch „zufällige“ Überlassungen** zwischen Konzernunternehmen.[65] Im Zweifel wird vorsorglich aber auch hier eine Erlaubnis zur Arbeitnehmerüberlassung einzuholen sein.

### d) Gelegentliche Überlassung

Nach § 1 Abs. 3 Nr. 2a AÜG ist auch eine Überlassung zwischen Arbeitgebern von 60 der Erlaubnispflicht befreit, wenn die **Überlassung nur gelegentlich** erfolgt und der Arbeitnehmer nicht zum Zweck der Überlassung eingestellt und beschäftigt wurde. Damit wird die Zulässigkeit der gelegentlichen Überlassung auf alle Arbeitgeber ausgedehnt. Es fehlt allerdings an einer verbindlichen Definition des Begriffs „gelegentlich“. Dem Gesetzgeber nach sollen daran aber strenge Anforderungen geknüpft werden.[66] Gelegentliche Überlassung liegt demnach bei der **„Abdeckung kurzfristigen Spitzenbedarfs“** eines anderen Unternehmens vor. § 1 Abs. 3 Nr. 2a AÜG soll vor allem die gelegentliche Überlassung durch Handwerksbetriebe und gemeinnützige Organisationen ermöglichen. Begrüßenswert wäre (auch hier) eine klarstellende Regelung der Bundesagentur für Arbeit durch eine Dienstanweisung.

---

64 Tschöpe/*Hiekel*, Teil 6 D Rn 14.

65 *Leuchten*, NZA 2011, 608, 609.

66 BT-Drucks. 17/4804, S. 8.

#### e) Kollegenhilfe

61 **Kleinunternehmen** mit bis zu 50 Beschäftigten sind von der Erlaubnispflicht nach § 1a AÜG befreit, wenn sie **zur Vermeidung von Kurzarbeit oder Entlassungen** Arbeitnehmer an einen Dritten überlassen. Aber auch hier darf der Arbeitnehmer nicht zum Zweck der Überlassung eingestellt und beschäftigt worden sein. Die Überlassung ist bis zur Dauer von 12 Monaten ohne Erlaubnis zulässig, wenn sie vorher schriftlich bei der für den Geschäftssitz des Verleihers regional zuständigen Agentur für Arbeit angezeigt wurde. Die vorherige Anzeige ist aber auch gewahrt, wenn diese bei einer Dienststelle der Bundesagentur für Arbeit vor Beginn der Überlassung eingeht.[67] Für die Anzeige gibt es einen Vordruck der Bundesagentur für Arbeit. Die Anzeigen werden auf Vollständigkeit und Plausibilität hin geprüft. Liegen die Voraussetzungen des § 1a AÜG nicht vor, wird der Anzeigende hierauf hingewiesen und aufgefordert, vor Überlassung der Arbeitnehmer eine Erlaubnis zur gewerbsmäßigen Arbeitnehmerüberlassung zu beantragen. Unter Umständen wird die beabsichtigte Überlassung durch die Erlaubnisbehörde förmlich untersagt (§ 6 AÜG). Verstößt der Verleiher gegen die Anzeigepflicht oder wird die Überlassung untersagt, liegt ein Fall illegaler Arbeitnehmerüberlassung vor.

### 3. Sonderregelung: Baubetriebe

62 Die Arbeitnehmerüberlassung in Betrieben des Baugewerbes ist nach § 1b AÜG für Arbeiten, die üblicherweise von Arbeitnehmern verrichtet werden, nicht erlaubnisfähig. Dieses Verbot der Arbeitnehmerüberlassung im Baugewerbe gilt als **lex specialis** für alle Bestimmungen des AÜG zur Arbeitnehmerüberlassung nach § 1 AÜG, auch in den Fällen der §§ 1a und 1 Abs. 3 Nr. 1, 2, 2a und 3 AÜG. Bei der Abordnung von Arbeitnehmern zu einer Arbeitsgemeinschaft (ARGE) unter den Voraussetzungen des § 1 Abs. 1 S. 3 und S. 4 AÜG findet die Verbotsnorm keine Anwendung, da nach den dortigen Bestimmungen in diesem Fall keine Arbeitnehmerüberlassung im Rechtssinne vorliegt.

63 Seit 1.1.2004 ist nach § 1b S. 2 AÜG die Arbeitnehmerüberlassung im Baugewerbe dagegen gestattet, wenn für **allgemeinverbindlich erklärte Tarifverträge** die Arbeitnehmerüberlassung für diese Betriebe zulassen oder wenn der verleihende Baubetrieb nachweislich seit mindestens drei Jahren von denselben **Rahmen- und Sozialkassentarifverträgen** oder von deren Allgemeinverbindlichkeit erfasst wird. § 1b S. 3 AÜG bestimmt zudem, dass abweichend von S. 2 für Betriebe des Baugewerbes mit Geschäftssitz in einem anderen Mitgliedstaat des Europäi-

---

67 Vgl. Geschäftsanweisung zum AÜG der BA, gültig ab 20.4.2013, S. 24, abrufbar unter http://www.arbeitsagentur.de/zentraler-Content/A08-Ordnung-Recht/A083-AUEG/Publikation/pdf/GA-AUEG.pdf.

schen Wirtschaftsraumes gewerbsmäßige Arbeitnehmerüberlassung auch gestattet ist, wenn die ausländischen Betriebe nicht von deutschen Rahmen- und Sozialkassentarifverträgen oder für allgemeinverbindlich erklärten Tarifverträgen erfasst werden, sie aber nachweislich seit mindestens drei Jahren überwiegend Tätigkeiten ausüben, die unter den Geltungsbereich derselben Rahmen- und Sozialkassentarifverträge fallen, von denen der Betrieb erfasst wird.[68] Allerdings sind Betriebe mit Geschäftssitz im Europäischen Wirtschaftsraum nach § 1b S. 2 AÜG nur dann in Deutschland zum Verleih an Baubetriebe, die ihrer Tätigkeit entsprechen, berechtigt, wenn sie über eine deutsche Verleiherlaubnis und – bei Erlaubnispflicht im anderen Mitgliedstaat – auch über eine Erlaubnis ihres Heimatstaates verfügen.[69]

Durch diese Änderungen sollen die Tarifvertragsparteien zusätzliche Möglich- 64
keiten erhalten, durch einen für allgemein verbindlich erklärten Tarifvertrag des Baugewerbes Ausnahmen vom Verbot der Arbeitnehmerüberlassung im Baugewerbe zuzulassen.

### 4. Sonderfälle

Weitere Ausnahmen zum Grundsatz der Erlaubnispflicht nach dem AÜG ergeben 65
sich aus zum Teil sondergesetzlichen Bestimmungen, die bereits vor Inkrafttreten des AÜG bestanden.

#### a) Personenbeförderung

Die **Vermietung eines Kraftfahrzeugs mit Fahrer** bedarf keiner zusätzlichen 66
Erlaubnis nach dem AÜG, wenn das Mietwagenunternehmen nach §§ 9 Abs. 1 Nr. 4, 49 PBefG eine Genehmigung hat und wenn sich die Überlassung des Fahrers auf das Fahren des Mietwagens beschränkt.[70] Das Gleiche gilt für die **Überlassung eines Gütertransportkraftfahrzeugs mit Fahrer**, wenn der Wert der Überlassung des Fahrzeugs eindeutig den Wert der Überlassung des Fahrers überwiegt (§§ 8, 80 GüKG).[71] Eine Genehmigung nach dem PBefG oder dem GüKG erstreckt sich jedoch nicht auf den Verleih von Fahrzeugführern ohne Kraftfahrzeug.

---

**68** Diese Änderung sollte die vom EuGH festgestellte Europarechtswidrigkeit der Vorgängerregelung beseitigen, vgl. EuGH, Urt. v. 25.10.2001 – C-493/99 Kommission der EG/Bundesrepublik Deutschland – NZA 2001, 1299.

**69** BT-Drucks. 15/25, S. 38.

**70** Boemke/Lembke/*Boemke*, § 1 Rn 62.

**71** *Marschall*, S. 40.

### b) Gesamthafenbetriebe

67 Für die Überlassung von Arbeitnehmern durch **Gesamthafenbetriebe an Hafeneinzelbetriebe für Hafenarbeiten** gelten die Sonderbestimmungen des GHf-BetrG.[72]

### c) Bewachungsgewerbe

68 Unternehmen des Bewachungsgewerbes bedürfen für ihre Tätigkeit einer **eigenständigen Erlaubnis** nach § 34a GewO. Diese bereits erfolgte gewerberechtliche Erlaubnis machte aus Sicht der Bundesanstalt für Arbeit eine Verleiherlaubnis nach dem AÜG früher entbehrlich.[73] Für den Fall, dass die Fachleute des Bewachungsunternehmens den Weisungen des Inhabers des bewachten Betriebs unterworfen sind und gemeinsam mit den Wachleuten des bewachten Betriebs eingesetzt werden, bejaht das BAG Arbeitnehmerüberlassung und somit eine eigenständige Erlaubnispflicht.[74] Dieser Ansicht folgen heute auch die Erlaubnisbehörden.[75] Arbeitnehmerüberlassung im Sinne des AÜG liegt dagegen nicht vor, wenn der zugrunde liegende Bewachungsvertrag die Pflichten der Wachleute einzeln regelt. In diesem Fall führt das Bewachungspersonal die Anweisungen des Bewachungsunternehmens und nicht des bewachten Betriebs aus.[76]

---

**Praxishinweis**

Grundsätzlich gilt bei der Arbeitnehmerüberlassung ein Verbot mit Erlaubnisvorbehalt. Aus dem AÜG und weiteren sondergesetzlichen Bestimmungen können sich jedoch Ausnahmen zur Erlaubnispflicht ergeben.

---

## 5. Versagungsgründe nach § 3 AÜG

69 In Ergänzung zu § 1 Abs. 1 S. 1 AÜG, wonach gewerbsmäßige Arbeitnehmerüberlassung nur mit Erlaubnis der Bundesanstalt für Arbeit zulässig ist, legt § 3 AÜG die Voraussetzungen fest, unter denen die Erlaubnis zur gewerbsmäßigen Arbeitnehmerüberlassung **zwingend versagt werden muss**. Mit Ausnahme des Abs. 3, der für Antragsteller greift, die nicht Deutsche i.S.d. Art. 116 des GG sind, steht der Er-

---

72 Ausführlicher hierzu Tschöpe/*Hiekel*, Teil 6 D Rn 18a m.w.N.

73 *Marschall*, S. 41.

74 BAG, Beschl. v. 28.11.1989 – 1 ABR 90/88 – BB 1990, 1343; auch OLG Hamm, Urt. v. 14.12.1990 – 11 U 153/90 – EzAÜG Nr. 22 zu § 1 AÜG Erlaubnispflicht.

75 Geschäftsanweisung zum AÜG der BA, gültig ab 20.4.2013, S. 9f., abrufbar unter http://www.arbeitsagentur.de/zentraler-Content/A08-Ordnung-Recht/A083-AUEG/Publikation/pdf/GA-AUEG.pdf.

76 BAG, Urt. v. 31.3.1993 – 7 AZR 338/92 – DB 1993, 2337.

laubnisbehörde **kein Ermessen** bei der Entscheidung zu. Der Katalog der Versagungsgründe in § 3 AÜG ist nach herrschender Meinung abschließend.

Die Versagungsgründe des Abs. 1 verfolgen den Zweck, den Leiharbeitnehmer 70
vor **unzuverlässigen Verleihern** zu schützen sowie die **Sicherstellung bestehender Dauerarbeitsplätze** im Entleiherbetrieb zu gewährleisten.[77] Mit der Änderung des AÜG durch das Job-AQTIV-Gesetz zum 1.1.2002 und das 1. Arbeitsmarkt-Gesetz zum 1.1.2004 wurden einige der folgenden Versagungsgründe gestrichen, sodass **nur noch 3 Gründe maßgeblich** sind:

- Mangelnde **Zuverlässigkeit** des Antragstellers (§ 3 Abs. 1 Nr. 1 AÜG);
- Mängel in der **Betriebsorganisation** des Verleihers (§ 3 Abs. 1 Nr. 2 AÜG);
- Unzulässige Ungleichbehandlung bzw. **Verstoß gegen das „Equal Pay"-**Gebot. § 3 Abs. 1 Nr. 3 AÜG wurde am 1.12.2011 ebenso wie § 9 Nr. 2 AÜG dahingehend geändert, dass die Grundsätze von „Equal Pay" und **„Equal Treatment"** zwingend für Leiharbeitnehmer gelten, die in den letzten 6 Monaten vor der Überlassung aus einem Arbeitsverhältnis mit dem Entleiher oder einem konzernangehörigen Arbeitgeber ausgeschieden sind. Damit wurde auf Fälle reagiert, bei denen Arbeitnehmer von ihrem Arbeitgeber entlassen wurden, um sie sodann unmittelbar über ein (konzernnahes) Verleihunternehmen auf dem bisherigen Arbeitsplatz, allerdings zu günstigeren Konditionen, weiterhin zu beschäftigen (sog. Drehtüreffekt). Vormaliger Arbeitgeber und nachfolgender Entleiher müssen demnach zwar nicht identisch sein, jedoch demselben Konzern angehören. Das Leiharbeitsunternehmen als Vertragsarbeitgeber muss dagegen selbst nicht dem Konzern angehören. Es ist zudem ohne Bedeutung, ob der ausgeschiedene Arbeitnehmer als Leiharbeitnehmer bei dem vormaligen Arbeitgeber bzw. einem anderen konzernangehörigen Entleiher auf demselben Arbeitsplatz eingesetzt wird.[78] Die Neuregelung verhindert zugleich die Anwendung von Tarifverträgen zur Vermeidung von „Equal Pay" nach § 3 Abs. 1 Nr. 3 S. 2 AÜG auf (Leih-)Arbeitnehmer, die in den vergangenen 6 Monaten bereits bei demselben Arbeitgeber (Entleiher) oder innerhalb eines Konzerns tätig waren.

### 6. Rücknahme der Erlaubnis

Eine bereits erteilte Erlaubnis zur gewerbsmäßigen Arbeitnehmerüberlassung kann 71
**mit Wirkung für die Zukunft** nach § 4 AÜG zurückgenommen werden, wenn die Erlaubnis zum Zeitpunkt der Entscheidung **rechtswidrig erteilt** wurde. Die Erlaubnis ist rechtswidrig erteilt worden, wenn zum Zeitpunkt ihres Wirksamwerdens Versagungsgründe i.S.d. § 3 AÜG vorlagen oder die Behörde sonstige zwingende gesetz-

---

77 Ausführlich zu den einzelnen Versagungsgründen Ulber/*Ulber*, § 3 Rn 6 ff.; Schüren/Hamann/*Schüren*, § 3 Rn 38 ff.

78 *Hamann*, RdA 2011, 321, 328.

liche Bestimmungen bei der Erteilung missachtet hat. Dabei kommt es nicht darauf an, worauf die falsche Entscheidung zurückzuführen ist. Anders als bei der Rücknahme rechtswidriger begünstigender Verwaltungsakte im sonstigen Verwaltungsrecht enthält § 4 Abs. 1 AÜG für die Rücknahme rechtswidrig erteilter Erlaubnisse keine einschränkenden Voraussetzungen (sog. freie Rücknehmbarkeit der rechtswidrigen Erlaubnis).[79] Etwas anderes gilt nur, wenn der Grund der Rechtswidrigkeit mittlerweile entfallen ist oder die Rechtswidrigkeit durch nachträgliche Auflagen i.S.d. § 2 Abs. 2 AÜG beseitigt werden kann.[80]

72 Die Rücknahme ist **nur innerhalb eines Jahres** seit dem Zeitpunkt zulässig, in dem die Erlaubnisbehörde von den Tatsachen **Kenntnis** erhalten hat, die den Widerruf der Erlaubnis rechtfertigen. Eine Rückwirkung der Rücknahme ist ausgeschlossen. Im Übrigen steht dem Verleiher, dessen Erlaubnis zurückgenommen wird, nach § 4 Abs. 2 AÜG ein Nachteilsausgleichsanspruch zu, wenn sein Vertrauen auf den Fortbestand der Erlaubnis unter Abwägung mit dem öffentlichen Interesse schutzwürdig ist. Dies wird regelmäßig dann bejaht, wenn die Erlaubnisbehörde die Erlaubnis unter Verletzung ihrer Prüfungspflichten trotz Kenntnis des korrekten Sachverhalts erteilt hat.

### 7. Widerruf der Erlaubnis

73 § 5 AÜG regelt im Unterschied zur Rücknahme einer rechtswidrig erteilten Erlaubnis die **Aufhebung einer Erlaubnis**, die **anfänglich rechtmäßig** erteilt wurde. Die Widerrufsgründe sind in § 5 Abs. 1 AÜG abschließend aufgeführt. Die Widerrufsfrist und die Rechtsfolgen des Widerrufes stimmen im Wesentlichen mit der Situation bei der Rücknahme überein.[81]

### 8. Erlöschen der Erlaubnis

74 Die (zunächst auf ein Jahr befristet erteilte) behördliche Erlaubnis zur Arbeitnehmerüberlassung erlischt **nach einem Jahr**, wenn nicht 3 Monate vor Ablauf des Jahres ein Verlängerungsantrag vom Verleiher gestellt wird (§ 2 Abs. 4 AÜG).

! **Praxishinweis**
Nach dem erst jüngst eingereichten Gesetzesentwurf des Bundesrats[82] kann eine Verlängerung auch versagt werden, wenn der Antragsteller seit Erteilung der Erlaubnis keine kenntlich gemachte und eindeutig als solche bezeichnete Arbeitnehmerüberlassung betrieben hat.

---

**79** Schüren/Hamann/*Schüren*, § 4 Rn 17 ff.
**80** Ulber/*Ulber*, § 4 Rn 7; Boemke/Lembke/*Boemke*, § 4 Rn 5, 7.
**81** BT-Drucks. VI/2303, S. 2 f., 21-24; BT-Drucks. VI/3505, S. 3.
**82** BR-Drucks. 687/13.

Sofern nach frühestens 3 Jahren die Erlaubnis unbefristet erteilt wird, erlischt diese nach § 2 Abs. 5 S. 2 AÜG, wenn der Verleiher von der **Erlaubnis 3 Jahre lang keinen Gebrauch** macht. Die Erlaubnis ist grundsätzlich personengebunden. Deshalb erlischt die Erlaubnis auch im Fall des Todes der natürlichen Person oder der Auflösung der juristischen Person des Erlaubnisinhabers. 75

Geht ein Verleihunternehmen im Wege eines Betriebsübergangs gem. § 613a BGB auf eine **andere Person über**, muss diese eine **eigene Erlaubnis** zur Arbeitnehmerüberlassung innehaben, ansonsten wird die Arbeitnehmerüberlassung beim Betriebserwerber illegal. Unter Umständen kann sogar das dem Betriebsübergang zugrunde liegende Rechtsgeschäft zwischen Veräußerer und Erwerber wegen Sittenwidrigkeit nichtig sein, wenn der Erwerb des Betriebs dem Zwecke zukünftiger illegaler Arbeitnehmerüberlassung dient.[83] Wegen des persönlichen Charakters der Erlaubnis zur Arbeitnehmerüberlassung erlischt diese auch mit der Verschmelzung des über die Erlaubnis verfügenden Rechtsträgers mit einem anderen Rechtsträger.[84] 76

## III. Erlaubniserteilungsverfahren

### 1. Zuständigkeit: Bundesagentur für Arbeit

Nach § 17 AÜG ist die Bundesagentur für Arbeit die zuständige Behörde zur Durchführung des **Erlaubnisverfahrens** sowie zur **Erteilung und Überwachung der Erlaubnis**. Der Antrag kann unabhängig vom Geschäftssitz des Antragstellers bei jeder Dienststelle der Bundesagentur für Arbeit gestellt werden. Behördenintern ist die Zuständigkeit so geregelt, dass für die Antragsbearbeitung die Agenturen für Arbeit – je nach Bundesland des Dienstsitzes des Verleihers – in Düsseldorf, Kiel und Nürnberg zuständig sind. Auch für ausländische Antragsteller ist je nach Ausland eine der drei Agenturen für Arbeit zuständig.[85] 77

### 2. Verfahrensregeln

Das Verfahren der Erlaubniserteilung ist in § 2 AÜG geregelt. Nach § 2 Abs. 1 AÜG ist die Erlaubnis **schriftlich zu beantragen**. Weitere Formvorschriften enthält das Gesetz nicht. Dessen ungeachtet empfiehlt sich die Verwendung der von der Bundesagentur für Arbeit ausgegebenen Antragsunterlagen, die über jede Agentur für Ar- 78

---

**83** Schüren/Hamann/*Schüren*, § 2 Rn 107.

**84** LAG Düsseldorf, Urt. v. 27.8.2007 – 17 Sa 864/07 – BeckRS 2008, 50288.

**85** Vgl. zur Übersicht der Agenturen, abrufbar unter http://www.arbeitsagentur.de/zentralerContent/A08-Ordnung-Recht/A083-AUEG/Publikation/pdf/Informationen-zur-Arbeitnehmerueberlassung.pdf.

beit bezogen werden können. Entsprechende Formularantragsvordrucke sind bei der Bundesagentur für Arbeit (auch im Internet)[86] erhältlich.

79 Die Erteilung der Erlaubnis ist ein **mitwirkungsbedürftiger, begünstigender Verwaltungsakt**. Soweit das AÜG in den §§ 2ff. keine besonderen Verfahrensvorschriften enthält, bilden die Grundsätze des Verwaltungsverfahrensrechtes sowie zum Verwaltungsakt, die keine unmittelbare Anwendung finden, die Richtschnur.[87] Die Erlaubnisbehörde ermittelt von Amts wegen den Sachverhalt und gewährt dem Antragsteller rechtliches Gehör.

80 Für die Bearbeitung von Anträgen auf Erteilung und Verlängerung der Erlaubnis wird vom Antragsteller eine **Gebühr** erhoben. Sie beträgt derzeit für die Erteilung oder Verlängerung einer befristeten Erlaubnis 750 €, für die Erteilung einer unbefristeten Erlaubnis 2.000 €.

81 Der Erlaubnisbescheid wird als Verwaltungsakt mit seiner Bekanntgabe wirksam, **d.h. mit Zugang beim Antragsteller**. Die Arbeitnehmerüberlassung kann erst mit diesem Zeitpunkt aufgenommen werden. Da die Erlaubnis regelmäßig zunächst befristet erteilt wird, muss der Erlaubnisinhaber nach § 2 Abs. 4 S. 2 AÜG zur Vermeidung von Rechtsnachteilen den Antrag auf Verlängerung spätestens **3 Monate vor Ablauf** der Befristung stellen. Lehnt die Behörde eine Verlängerung des Antrags ab, erlischt nach Ablauf der Befristung die Erlaubnis. Der bisherige Erlaubnisinhaber darf in diesem Fall lediglich zum Zwecke der Abwicklung bereits bestehender Vertragsverbindungen nach § 2 Abs. 4 S. 4 AÜG für einen Zeitraum von höchstens 12 Monaten weiterhin gewerbsmäßig Arbeitnehmerüberlassung betreiben.

82 Gegen einen ablehnenden Bescheid kann der Antragsteller **Widerspruch** und bei erfolglosem Vorverfahren (§§ 78ff. SGG) **Verpflichtungsklage** beim Sozialgericht (§ 51 SGG) erheben.

## IV. Rechtsbeziehung Verleiher – Arbeitnehmer

### 1. Abschluss des Leiharbeitsvertrags

83 Zwischen Verleiher und Leiharbeitnehmer wird ein **Arbeitsvertrag** geschlossen, in welchem sich der Leiharbeitnehmer verpflichtet, seine Arbeitsleistung bei einem Dritten zu erbringen. Die zu übernehmende Arbeitsaufgabe wird in der Regel ihrer Art nach im Leiharbeitsvertrag näher dargelegt. Der Inhalt des Arbeitsvertrags zwischen Verleiher und Arbeitnehmer ist maßgeblich für die Einsatzmöglichkeit des Arbeitnehmers bei dem Entleiher.

---

86 Abrufbar unter http://www.arbeitsagentur.de/web/wcm/idc/groups/public/documents/wedatei/mdaw/mdk1/~edisp/l6019022dstbai378403.pdf?_ba.sid=L6019022DSTBAI378406.

87 LSG Bayern, Urt. v. 7.8.1980 – L9/Al 181/78 – EzAÜG Nr. 1 SGB X; *Becker/Wulfgramm*, vor Art. 1 § 2 Rn 6.

Die entscheidende Besonderheit des Arbeitsvertrags zwischen Verleiher und Arbeitnehmer besteht darin, dass der Verleiher als Arbeitgeber in Abweichung zum gesetzlichen Regelfall die Berechtigung erhält, das Weisungsrecht auf andere Arbeitgeber zu übertragen. Die Übertragbarkeit des Weisungsrechts auf den Entleiher setzt voraus, dass der Verleiher den Arbeitnehmer auf die Tätigkeit im Rahmen wirtschaftlicher Überlassung hinweist. 84

§ 11 Abs. 1 AÜG verpflichtet den Verleiher, den **Nachweis der Vertragsbedingungen** des Leiharbeitsverhältnisses nach den Bestimmungen des Nachweisgesetzes in eine von ihm zu unterzeichnende Urkunde aufzunehmen und dem Leiharbeitnehmer diese Urkunde vor Beginn der Beschäftigung, bei einer Auslandstätigkeit spätestens vor der Abreise, auszuhändigen. Dabei müssen zusätzlich zu den im Nachweisgesetz genannten Angaben auch die Firma und Anschrift des Verleihers, die Erlaubnisbehörde, Ort und Datum der Erlaubnis sowie Art und Höhe der Leistungen für Zeiten, in denen der Leiharbeitnehmer nicht verliehen ist, angegeben werden. Entsprechendes gilt für Änderungen. Ferner muss der Verleiher nach § 11 Abs. 2 AÜG dem Leiharbeitnehmer bei Vertragsschluss ein Merkblatt der Erlaubnisbehörde über den wesentlichen Inhalt des AÜG in der jeweiligen Muttersprache des Arbeitnehmers aushändigen. Die Verletzung dieser Pflichten führt zu Schadensersatzansprüchen des Leiharbeitnehmers, nicht aber zur Nichtigkeit des Arbeitsvertrags.[88] 85

### 2. Gleichbehandlung, insbesondere Lohngleichheit

In Anlehnung an die gesetzgeberischen Regelungen in der Mehrheit der EU-Staaten[89] sind an einen Leiharbeitnehmer seit dem 1.1.2004 die im Betrieb des Entleihers für einen vergleichbaren Arbeitnehmer geltenden **wesentlichen Arbeitsbedingungen** einschließlich des **Arbeitsentgeltes** zu gewähren. Es gilt insofern der Grundsatz „gleicher Lohn für gleiche Arbeit".[90] Einem Verleiher, der dem Leiharbeitnehmer nicht die vergleichbaren Arbeitsbedingungen gewährt, wird nach § 3 Abs. 1 Nr. 3 AÜG die Erlaubnis versagt bzw. i.V.m. §§ 4, 5 AÜG zurückgenommen oder widerrufen. Nach § 9 Nr. 2 AÜG sind Vereinbarungen, die für den Leiharbeitnehmer für die Zeit der Überlassung schlechtere als die im Betrieb des Entleihers geltenden wesentlichen Arbeitsbedingungen vorsehen, unwirksam. 86

Mit Beschluss von 29.12.2004 wies das BVerfG die durch verschiedene Zeitarbeitsfirmen und Verbände erhobene **Verfassungsbeschwerde** gegen den „Equal 87

**88** Schüren/Hamann/*Schüren*, § 11 Rn 147 ff.

**89** Österreich, Dänemark, Niederlande, Belgien, Frankreich, Italien, Portugal, Spanien, Luxemburg und Griechenland, nähere Informationen hierzu bei *Kokemoor*, NZA 2003, 238, 239 Fn 9.

**90** Krit. hierzu mit Hinweis auf verfassungsrechtliche Bedenken *Waas*, BB 2003, 2175.

Pay"-Grundsatz (§§ 3 I Nr. 3, 9 Nr. 2, 10 IV AÜG) aufgrund fehlender Erfolgsaussicht zurück.[91] Die Kammer erkannte dabei weder einen rechtswidrigen Eingriff in die Vertrags- noch in die Koalitionsfreiheit.

**88** § 13 AÜG gewährt dem Leiharbeitnehmer einen **Auskunftsanspruch** über die wesentlichen Arbeitsbedingungen im Unternehmen des Entleihers. § 12 Abs. 1 AÜG verpflichtet den Entleiher in diesem Zusammenhang, dem Verleiher die entsprechenden Informationen im schriftlichen Arbeitnehmerüberlassungsvertrag zu erteilen.

**89** Nach der Gesetzesbegründung sind unter den Arbeitsbedingungen alle nach dem **allgemeinen Arbeitsrecht vereinbarten Bedingungen** wie Dauer der Arbeitszeit und des Urlaubs oder die Nutzung sozialer Einrichtungen zu verstehen. Unter Arbeitsentgelt ist nicht nur das laufende Entgelt, sondern auch Ansprüche auf Entgeltfortzahlung, Zuschläge, Sozialleistungen und auch weitere Lohnbestandteile zu verstehen. Unklar ist, ob in den Bereich der Sozialeinrichtungen auch Leistungen der betrieblichen Altersversorgung fallen. Problematisch ist auch, welcher Vergleichsmaßstab bei Entleihunternehmen heranzuziehen ist, in welchen unterschiedlichen Tarifverträgen oder Betriebsvereinbarungen zur Anwendung kommen.[92]

**90** Ausnahmen von dem Gleichbehandlungsgrundsatz bestehen gemäß den Sonderregelungen in § 9 Nr. 2 AÜG:

- Bis zum 30.4.2011 durfte der Verleiher bei Vermittlung eines zuvor Arbeitslosen für die Dauer von höchstens 6 Wochen ein Nettoarbeitsentgelt in Höhe des zuletzt vom Leiharbeitnehmer **bezogenen Arbeitslosengeldes** zahlen. Diese Ausnahme wurde vom Gesetzgeber aufgrund europarechtlicher Bedenken aufgehoben. Im Einzelfall kann diese Ausnahme jedoch ggf. noch auf Altfälle Anwendung finden, vor allem falls sich Leiharbeitnehmer aufgrund der aktuellen Entwicklungen rückwirkend auf die Nichtigkeit von Tarifverträgen berufen und Gehaltszahlungen auf höherer Basis nachfordern.
- Unterschreitungen der Arbeitsbedingungen des Entleihers oder ein geringeres Entgelt sind somit nach aktuellem Gesetzesstand nur noch durch einen **anwendbaren Tarifvertrag** möglich. Im Geltungsbereich eines solchen Tarifvertrags können darüber hinaus nicht tarifgebundene Arbeitgeber und Arbeitnehmer die Anwendung der tariflichen Regelung im Arbeitsvertrag vereinbaren.

---

**91** BVerfG, Beschl. v. 29.12.2004 – 1 BvR 2582/03, 1 BvR 2283/03, 1 BvR 2504/03 – NZA 2005, 153; krit. dazu *Bayreuther*, NZA 2005, 341; *Schüren*, RdA 2006, 303.

**92** Vgl. zu den ausführlichen Überlegungen zur Bestimmung des Kreises der bereits nach der seit dem 1.1.2002 geltenden Regelung nach Ablauf der ersten 12 Monate nach § 10 Abs. 5 AÜG a.F. vergleichbaren Arbeitnehmer sowie der einzubeziehenden Arbeitsbedingungen *Behrend*, NZA 2002, 372, 373 f.; *Boemke/Lembke*, DB 2002, 893, 897 f.; zum neuen Recht: *Lembke*, BB 2003, 98, 100; *Rieble/Klebeck*, NZA 2002, 23, 24.

Dies soll auch dann gelten, wenn nur eine Partei nicht an den Tarifvertrag gebunden ist. Auch § 9 Nr. 2 AÜG in seiner neuen Fassung verhindert die Anwendung von Tarifverträgen zur Vermeidung des Gleichstellungsgrundsatzes für Arbeitnehmer, die in den vergangenen 6 Monaten bereits bei demselben Arbeitgeber oder innerhalb dessen Konzerns tätig waren („Drehtürklausel"). Der Leiharbeitnehmer kann im Falle des § 9 Nr. 2 AÜG gem. § 10 Abs. 4 AÜG vom Verleiher für die Zeiten des Verleihs die Arbeitsbedingungen vergleichbarer Stammarbeitnehmer des Entleihers verlangen.

- Bereits kurze Zeit nach Einführung der Ausnahmebestimmung zur Vermeidung des „Equal Pay"-Anspruchs kam es zu **entsprechenden Tarifabschlüssen in der Zeitarbeitsbranche**. Diese Tarifverträge, insbesondere die der christlichen Gewerkschaften, standen jedoch unter Kritik, da sie das Lohnniveau der Leiharbeitsbranche drastisch senkten.
- Tarifverträge sind dann wirksam, wenn die tarifschließenden Parteien **tariffähig** sind. Hoch umstritten war die Tariffähigkeit der Tarifgemeinschaft Christliche Gewerkschaften für Zeitarbeit und Personalserviceagenturen (CGZP). Diese hatte im Bereich Zeitarbeit eine Vielzahl von Tarifverträgen abgeschlossen. Das BAG hatte in seinem Beschluss vom 14.12.2010[93] die CGZP weder als Gewerkschaft nach § 2 Abs. 1 TVG noch als Spitzenorganisation nach § 2 Abs. 3 TVG für tariffähig anerkannt. Das BAG stellte in seiner weiteren Entscheidung vom 23.5.2012[94] klar, dass die CGZP zu keinem Zeitpunkt tariffähig war.[95]
- Die von der CGZP abgeschlossenen Tarifverträge entfalten somit mangels Tariffähigkeit der CGZP **keine Wirkung**. Zahlreiche Leiharbeitnehmer, deren Arbeitsverträge Verweisungsklauseln auf die von der CGZP abgeschlossenen Tarifverträge enthalten, haben damit Anspruch auf Entgeltnachzahlung, soweit vergleichbare Arbeitnehmer im Einsatzbetrieb ein höheres Entgelt erhalten haben. Der „Equal Pay"-Anspruch der betroffenen Leiharbeitnehmer konnte somit nicht ausgeschlossen werden. Für Zeitarbeitsunternehmen besteht nun das Risiko etwaiger Lohndifferenzklagen, wobei diese nicht immer auch erfolgreich sind, da die tatsächlichen Voraussetzungen für den Anspruch im Einzelnen konkret dargelegt und bewiesen werden müssen.[96] Auch die Sozialversicherungsträger haben gegenüber Verleihunternehmen Nachzahlungsansprüche.
- Die Ansprüche verjähren grundsätzlich erst in 3 bzw. 4 Jahren ab Schluss des Jahres, in dem der Schuldner von den anspruchsbegründenden Umständen Kenntnis erlangt oder ohne grobe Fahrlässigkeit erlangen musste, es sei denn,

**93** BAG, Beschl. v. 14.12.2010 – 1 ABR 19/10 – NZA 2011, 289.
**94** BAG, Urt. v. 23.5.2012 – 1 AZB 58/11 – NZA 2012, 623.
**95** Krit. zu den Entscheidungen des BAG Boemke/Lembke/*Lembke*, § 9 Rn 296 ff.
**96** Vgl. dazu auch *Schindele/Söhl*, ArbRAktuell 2013, 63.

es greift ausnahmsweise eine wirksame **Ausschlussfrist**. Unklarheit besteht aber darüber, wann der Fristbeginn zeitlich zu verorten ist, möglicherweise sogar erst 2010 mit dem Urteil des BAG zur CGZP.[97] Zwischenzeitlich hat das BAG in mehreren Verfahren über Ansprüche von Leiharbeitnehmern auf „Equal Pay" infolge fehlender Tariffähigkeit der CGZP entschieden.[98] Bezüglich des Beginns des Fristablaufs folgte das BAG nicht der vorgenannten Auffassung der Instanzgerichte, sondern ist der Auffassung, dass der Anspruch auf gleiches Arbeitsentgelt nach § 10 Abs. 4 AÜG ein gesetzlicher Entgeltanspruch ist, der mit der Überlassung entsteht und zu dem für die Arbeitsvergütung bestimmten Zeitpunkt fällig wird.

- Darüber hinaus hat das BAG in seinen Entscheidungen auch zu weiteren Fragestellungen in diesem Bereich Stellung genommen. So hat es etwa auch gewisse **Beweiserleichterungen** für den Leiharbeitnehmer angenommen. Der Leiharbeitnehmer kann nämlich der ihm für die Höhe des Anspruchs auf gleiches Arbeitsentgelt obliegenden Darlegungslast zunächst dadurch genügen, dass er sich auf eine Auskunft nach § 13 AÜG beruft und diese in den Prozess einführt. Sodann ist es im Rahmen einer abgestuften Darlegungslast Sache des Verleihers, die maßgeblichen Umstände der Auskunft in erheblicher Art und im Einzelnen zu bestreiten.
- Stützt sich der Leiharbeitnehmer hingegen nicht auf eine Auskunft nach § 13 AÜG, muss er zur Darlegung des Anspruchs auf gleiches Arbeitsentgelt alle für dessen Berechnung erforderlichen Tatsachen vortragen. Dazu gehören vorrangig die Benennung eines vergleichbaren Stammarbeitnehmers und das diesem vom Entleiher gewährte Arbeitsentgelt. Beruft sich der Leiharbeitnehmer auf ein allgemeines Entgeltschema, hat er nicht nur dessen Inhalt darzulegen, sondern auch dass ein solches im Betrieb des Entleihers im Überlassungszeitraum tatsächlich Anwendung fand und wie er danach fiktiv einzugruppieren gewesen wäre.[99]
- Ein Rückwirkungsverbot oder aber Vertrauensschutz für die Verleihunternehmen lehnt das BAG ab. Darüber hinaus sind nach Auffassung des BAG **allenfalls einzelvertragliche Ausschlussfristen** wirksam, jedoch auch nur dann, wenn diese ausdrücklich völlig unabhängig von der Geltung eines Tarifvertrags und der einzelvertraglichen Bezugnahme eines Tarifvertrags gelten sollen.[100]

---

**97** So LAG Berlin-Brandenburg, Urt. v. 20.9.2011 – 7 Sa 1318/11 – BeckRS 2011, 76625; auch LAG Baden-Württemberg, Urt. v. 27.8.2012 – 9 Sa 187/11 – BeckRS 2012, 74414 für den Beginn der Ausschlussfrist.

**98** Vgl. etwa BAG, Urt. v. 13.3.2013 – 5 AZR 146/12.

**99** Vgl. BAG, Urt. v. 13.3.2013 – 5 AZR 146/12 – BeckRS 2013, 697.

**100** Vgl. BAG, Urt. v. 13.3.2013 – 5 AZR 146/12 – BeckRS 2013, 697.

– Sofern Tarifverträge allerdings wirksam vereinbart wurden, ist ergänzend auf die ebenfalls neu in das AÜG aufgenommenen **Vorschriften zu Lohnuntergrenzen** in § 3a AÜG hinzuweisen. Auf gemeinsamen Vorschlag der Tarifvertragsparteien BAP, iGZ und den DGB-Gewerkschaften setzte das Bundesministerium für Arbeit und Soziales für die Zeitarbeit durch Rechtsverordnung eine **allgemeinverbindliche Lohnuntergrenze** fest, die seit dem 1.1.2012 verbindlich ist. Das Mindestarbeitsentgelt beträgt in Ostdeutschland zunächst 7,01 € brutto pro Stunde und in Westdeutschland 7,89 €, nach der Erhöhung ab dem 1.11.2012 7,50 € (Ost) bzw. 8,19 € (West). Maßgeblich für die Entlohnung gemäß Ost- oder Westlohn ist der konkrete Arbeitsort.

### 3. Befristung des Leiharbeitsverhältnisses

Im Gegenzug zum neu eingeführten Grundsatz der gleichen Entlohnung am 1.1.2004 91
wurde die Durchführung der Arbeitnehmerüberlassung durch Aufhebung des Synchronisationsverbotes, des Verbotes wiederholter Befristung, des Wiedereinstellungsverbotes und der maximalen Überlassungsdauer erheblich vereinfacht. Die Befristung von Arbeitsverträgen mit Leiharbeitnehmern unterliegt seitdem den auch für sonstige Arbeitsverträge geltenden **Regelungen des TzBfG**. Sofern also ein Sachgrund vorliegt oder Befristungen ohne Sachgrund im Einzelfall möglich sind, sind Befristungen des Leiharbeitsverhältnisses ohne weitere Beschränkung zulässig.

---

**Praxishinweis** !
Die Befristung von Arbeitsverträgen mit Leiharbeitnehmern ist möglich und unterliegt grundsätzlich den Regelungen des TzBfG.

---

Trotzdem ergeben sich bei der Leiharbeit einige Sonderkonstellationen im Befris- 92
tungsrecht:

#### a) Sachgrund des vorübergehenden Bedarfs

In der Literatur umstritten und von der Rechtsprechung nicht abschließend geklärt 93
ist die Frage, ob sich der Verleiher in Anwendung des § 14 Abs. 1 S. 2 Nr. 1 TzBfG auf einen nur vorübergehenden Bedarf im Unternehmen des einzelnen Entleihers berufen kann. Dagegen spricht, dass es bisher erkennbarer Wille des Gesetzgebers war, dass die Verleiher ihr unternehmerisches Risiko des Nichteinsatzes nicht auf den Leiharbeitnehmer übertragen können sollen. Bei den in § 14 Abs. 1 TzBfG geregelten Sachgründen ist daher maßgeblich auf das Verhältnis zwischen Verleiher und Leiharbeitnehmer abzustellen. Das bedeutet, dass ein **nur vorübergehender betrieblicher Bedarf** einer Beschäftigung beim Entleiher keinen sachlichen Grund i.S.d. § 14 Abs. 1 S. 2 Nr. 1 TzBfG darstellt. Es kommt vielmehr darauf an, dass der

Verleiher selbst nur einen solchen vorübergehenden Bedarf an der Arbeitsleistung hat.[101] Ein zulässiger Sachgrund kann deshalb nach § 14 Abs. 1 S. 2 Nr. 1 TzBfG ausschließlich bei einem nur vorübergehenden Bedarf der Arbeitsleistung im Verleiherbetrieb selbst bestehen.[102] Dies wird nur in Ausnahmefällen anzunehmen sein, da der Verleiher seine Arbeitnehmer typischerweise für jeweils vorübergehende Arbeitseinsätze bei verschiedenen Entleihern einsetzt. Bei Saisonarbeitskräften könnte ein solcher Ausnahmefall gegeben sein.

#### b) Weitere Sachgründe

94 Auch bei allen anderen Sachgründen gem. § 14 Abs. 1 TzBfG ist der besondere Charakter der Leiharbeit zu berücksichtigen. Ein möglicher Befristungsgrund muss sich stets unmittelbar auf das Leiharbeitsverhältnis beziehen. Von praktischer Bedeutung dürfte hierbei insbesondere die **Befristung zur Erprobung** gem. § 14 Abs. 1 S. 2 Nr. 5 TzBfG sowie die Befristung auf Wunsch des Arbeitnehmers gem. § 14 Abs. 1 S. 2 Nr. 6 TzBfG sein.[103]

95 Die weiteren Sachgründe scheinen im Verhältnis zwischen Leiharbeitnehmer und Entleiher zwar oftmals einzugreifen, im **Verhältnis zwischen Leiharbeitnehmer und Verleiher**, dessen Gewerbe es ist, neue Aufträge für die Überlassung von Leiharbeitnehmern zu akquirieren, rechtfertigen diese Sachgründe jedoch meist keine Befristung. Dies gilt insbesondere für den Sachgrund der Vertretung eines anderen Arbeitnehmers. Auch dabei ist nicht auf den Vertretungsfall beim Entleiher, sondern beim Verleiher abzustellen.[104] Echte Vertretertätigkeiten beim Verleiher sind aufgrund der typischen fluktuativen Beschäftigungssituation eher schwierig darstellbar. Schließlich kann der Leiharbeitnehmer auch mehrmals (befristet) eingestellt werden, da das Wiedereinstellungsverbot des § 3 Abs. 1 Ziff. 5 AÜG a.F. zum 31.12.2003 aufgehoben wurde.

---

**!** **Praxishinweis**

Bei der Beurteilung eines Befristungsgrundes kommt es immer auf die Zuordnung des Leiharbeitnehmers zum Verleiher, nicht hingegen zum Entleiher an.

---

**101** *Düwell/Dahl*, NZA 2007, 889-893; LAG Sachsen, Urt. v. 25.1.2008 – 3 Sa 458/07 – EzAÜG Nr. 3 zu § 14 TzBfG.

**102** So *Kokemoor*, NZA 2003, 238, 241; BAG, Urt. v. 25.8.2004 – 7 AZR 7/04 – NZA 2005, 357–359; BAG, Urt. v. 7.11.2007 – 7 AZR 484/06 – NZA 2008, 467.

**103** Schüren/Hamann/*Schüren*, § 3 Rn 96 ff.

**104** *Düwell/Dahl*, NZA 2007, 889–893.

### c) Befristung ohne Sachgrund

Daneben ist die Befristung ohne Sachgrund bei erstmaliger Einstellung eines Leiharbeitnehmers gem. § 14 Abs. 2 TzBfG[105] bis zur **Gesamtdauer von zwei Jahren** bei hierbei höchstens dreimaliger Verlängerungsmöglichkeit zulässig.[106] Für den Verleiher ist hierbei dringend zu beachten, dass eine beabsichtigte Verlängerung der Befristung nicht zeitgleich mit der Änderung der Arbeitsvertragsbedingungen, insbesondere etwa des Einsatzortes bzw. des jeweiligen Entleihers, einhergeht. Das BAG geht davon aus, dass eine solche Änderung der Arbeitsvertragsbedingungen schon vom Wortsinn her nicht zugleich eine Verlängerung des bisherigen Arbeitsvertrags darstellen kann mit der Folge, dass keine erstmalige Befristung mehr vorliegt und gem. § 16 TzBfG ein unbefristetes Arbeitsverhältnis entsteht.[107] Eine von der Verlängerungsabrede isolierte Veränderung der Arbeitsvertragsbedingungen und somit auch der Wechsel des Entleihers sind hingegen auch wiederholt unproblematisch zulässig.[108] 96

**Praxishinweis** !

Eine Verlängerung der Befristung sollte nicht mit der Änderung der Arbeitsvertragsbedingungen einhergehen, da das BAG darin keine Verlängerung des bisherigen Arbeitsvertrags sieht, sodass ein unbefristetes Arbeitsverhältnis entsteht.

Nach der Rechtsprechung des BAG ist es auch zulässig, einen Arbeitnehmer an seinen vormaligen Vertragsarbeitgeber, bei dem er zuvor bereits zwei Jahre sachgrundlos befristet beschäftigt war, zu überlassen und weiterhin **mit denselben Aufgaben** zu betrauen. Dies führt nicht zur Unwirksamkeit einer anschließend mit dem Verleiher nach § 14 Abs. 2 TzBfG „nochmals" unmittelbar vereinbarten sachgrundlosen Befristung.[109] Offengelassen hat das BAG jedoch die Frage, ob diese Konstruktion des Arbeitgeberwechsels bei gleichbleibender Tätigkeit am selben Einsatzort jedoch bei jeweils neuer Arbeitnehmerüberlassung auch mehrfach hintereinander erfolgen kann. Gerade im Zuge der vermehrt angewandten konzerninternen Personalleasinggesellschaften bietet sich hier zwar entsprechender Gestaltungsspielraum, jedoch birgt dies auch eine Missbrauchsgefahr, welche die Arbeitsgerichte reglementieren könnten. So liegt etwa dann ein Rechtsmissbrauch vor, wenn mehrere rechtlich und tatsächlich verbundene Vertragsarbeitgeber in bewusstem und ge- 97

105 Ulber/*Ulber*, § 9 Rn 348 ff. sieht § 14 Abs. 2 S. 1 Hs. 2, S. 2 und S. 3 TzBfG wegen Verstoßes gegen Art. 5 Abs. 5 der RL 2008/104/EG als gemeinschaftswidrig an.

106 BAG, Urt. v. 9.3.2011 – 7 AZR 657/09 – NZA 2011, 1147.

107 BAG, Urt. v. 18.1.2006 – 7 AZR 178/05 – NZA 2006, 605–607; auch BAG, Urt. v. 23.8.2006 – 7 AZR 12/06 – BB 2007, 383–388.

108 BAG, Urt. v. 18.1.2006 – 7 AZR 178/05 – NZA 2006, 605–607, insbesondere 2. Orientierungssatz.

109 BAG, Urt. v. 18.10.2006 – 7 AZR 145/06 – NZA 2007, 443–446; Boemke/Lembke/*Lembke*, § 9 Rn 543; Schüren/Hamann/*Schüren*, Einleitung Rn 260; krit. *Preis*/*Greiner*, RdA 2010, 148.

wolltem Zusammenwirken mit einem Arbeitnehmer aufeinanderfolgende befristete Arbeitsverträge ausschließlich deshalb schließen, um auf diese Weise über die nach § 14 Abs. 2 TzBfG vorgesehene Befristungsmöglichkeit mehrere sachgrundlose Befristungen aneinanderreihen zu können.[110]

98 Bei **neu gegründeten Verleihunternehmen** bietet sich ggf. die Möglichkeit an, in den ersten 4 Jahren ihres Bestehens gem. § 14 Abs. 2a TzBfG Leiharbeitnehmer bis zu 4 Jahre befristet einzustellen.

99 Die seit dem 1.5.2007 neu gestaltete Regelung zur Altersbefristung in § 14 Abs. 3 TzBfG dient wie die Regelungen des AÜG vor allem der Beschäftigungsförderung. Auch für Verleihunternehmen bietet sich daher die dementsprechende Anwendungsmöglichkeit einer **bis zu 5 Jahre** andauernden sachgrundlosen Befristung an, sofern die weiteren Voraussetzungen vorliegen, wie das Mindestalter von 52 Jahren sowie eine mindestens viermonatige vorausgegangene Beschäftigungslosigkeit in der Person des Leiharbeitnehmers bei Einstellung. Nach wie vor besteht jedoch auch bei der Neuregelung der Altersbefristung das Risiko, dass diese wie die Vorgängerregelung aufgrund Unvereinbarkeit mit dem Europarecht als unzulässig bzw. unanwendbar anzusehen ist.[111] Trotz des der Altersbefristung offensichtlich immanenten Zwecks der Beschäftigungsförderung ist die Rechtfertigung der Ungleichbehandlung der älteren Arbeitnehmer in beschäftigungskritischer Situation nicht ohne Weiteres erkenntlich.

### 4. Kündigung des Leiharbeitsvertrags

100 Das Leiharbeitsverhältnis kann wie jedes Arbeitsverhältnis von beiden Seiten unter Einhaltung der Bestimmungen des KSchG sowie der maßgeblichen Kündigungsfristen ordentlich gekündigt werden.

101 Bei einer betriebsbedingten Kündigung ist hierbei jedoch **ausschließlich auf den Betrieb des Verleihers** abzustellen.[112] Dabei ist es für die Bejahung des dringenden betrieblichen Erfordernisses nicht ausreichend, wenn der Leiharbeitgeber für den Leiharbeitnehmer lediglich vorübergehend keine Einsatzmöglichkeit hat. Vielmehr wird ihm über einen angemessenen Zeitraum zugemutet, das Arbeitsverhältnis auch bei fehlender Beschäftigungsmöglichkeit aufrechtzuerhalten.[113] Kurzfristige Auftragslücken stellen bei einem Leiharbeitsverhältnis gerade das typische Unternehmerrisiko des Verleihers dar, welches dieser bis zu einer gewissen Grenze zu tragen hat. Der Verleiher muss zur Begründung betriebsbedingter Kündigungen anhand

---

110 BAG, Urt. v. 9.3.2011 – 7 AZR 657/09 – NZA 2011, 1147.

111 Vgl. Schüren/Hamann/*Schüren*, § 3 Rn 126; *Bader*, NZA 2007, 713; *Waltermann* in: FS Birk, S. 915.

112 Tschöpe/*Hiekel*, Teil 6 D Rn 38.

113 LAG Köln, Urt. v. 10.12.1998 – 6 Sa 493/98 – EzAÜG Nr. 10 KSchG: Frist offengelassen, vgl. hierzu auch Schüren/Hamann/*Schüren*, Einleitung Rn 279.

der Auftrags- und Personalplanung darstellen, warum es sich nicht nur um eine kurzfristige Auftragsschwankung, sondern um einen dauerhaften Auftragsrückgang handelt und ein anderer Einsatz des Leiharbeitnehmers bei einem anderen Kunden nicht in Betracht kommt.[114] Teilweise wurde vertreten, dass Auftragsausfälle mindestens für 3 Monate zu erwarten sein müssten, um den dauerhaften Entfall des Arbeitskräftebedarfs darzulegen.[115] Eine solche zeitlich definierte „Mindestwartezeit" vor Ausspruch einer betriebsbedingten Kündigung erkennt das BAG jedoch nicht an. Eine derartige vom KSchG abweichende Sonderregelung ist dem AÜG (jedenfalls nach Aufhebung des § 9 Nr. 3 AÜG a.F.) nicht zu entnehmen.[116] Bei einem Leiharbeitsverhältnis kann der Wegfall des Beschäftigungsbedürfnisses insbesondere darauf beruhen, dass auf dem relevanten Arbeitsmarkt eine bestimmte berufliche Tätigkeit nicht mehr nachgefragt wird, sodass dem Arbeitgeber eine Vermittlung des Leiharbeitnehmers dauerhaft nicht mehr gelingen kann.[117]

Auch für personen- und verhaltensbedingte Kündigungen gelten im Leihar- **102**
beitsverhältnis grundsätzlich die allgemeinen kündigungsschutzrechtlichen Grundsätze. Besonderheiten können sich jedoch aus der **Natur der Arbeitnehmerüberlassung** ergeben. So ist etwa bei der krankheitsbedingten Kündigung bei der Frage, inwieweit die Fehlzeiten negative betriebliche Auswirkungen haben, sowohl auf den Betrieb des Verleihers als auch auf den Betrieb des Entleihers abzustellen. Demgegenüber ist bei der Höhe der Fehlzeiten zugunsten des Arbeitnehmers zu berücksichtigen, dass diese aus der Art der Tätigkeiten und dem Wechsel der Einsatzorte (mit-)resultieren kann.[118] Im Bereich der verhaltensbedingten Kündigung ist zu beachten, dass Abmahnungen nur durch den Verleiher, nicht durch den Entleiher ausgesprochen werden können, da es dem Entleiher an der Kündigungsbefugnis fehlt.[119] Die Abmahnung oder die verhaltensbedingte Kündigung kann sich demgegenüber sowohl auf Pflichtverletzungen des Arbeitnehmers im Rahmen seiner Tätigkeit im Entleiherbetrieb oder auf solche im Verleiherbetrieb stützen. Allerdings war bei Pflichtwidrigkeiten, die ihre Ursache in den besonderen Verhältnissen eines Entleiherbetriebs hatten, im Rahmen der Interessenabwägung zugunsten des Arbeitnehmers zu berücksichtigen, dass dieser nur im Rahmen der Überlassungsfrist bei einem Entleiher eingesetzt werden durfte.[120]

---

**114** BAG, Urt. v. 18.5.2006 – 2 AZR 412/05 – DB 2006, 1962.

**115** LAG Hessen, Urt. v. 17.11.1983 – 9 Sa 599/83 – EzAÜG Nr. 2 KSchG; LAG Köln, Urt. v. 3.6.2005 – 11 Sa 1014/04 – EzAÜG Nr. 14 KSchG.

**116** BAG, Urt. v. 18.5.2006 – 2 AZR 412/05 – DB 2006, 1962.

**117** LAG Baden-Württemberg, Urt. v. 12.4.2007 – 21 Sa 62/06 – n.v., Revision eingelegt BAG, Urt. v. 15.1.2009 – 2 AZR 641/07 – DB 2009, 1299.

**118** Ulber/*Ulber*, § 1 Rn 93.

**119** *Becker/Wulfgramm*, Art. 1 § 11 Rn 63a; Tschöpe/*Hiekel*, Teil 6 D Rn 39; Schüren/Hamann/*Schüren*, Einleitung Rn 290.

**120** LAG Hessen, Urt. v. 18.7.1978 – 9 Sa 104/78 – EzAÜG Nr. 1 zu § 626 BGB.

103 Bei schwerwiegenden Verstößen des Leiharbeitnehmers gegen Pflichten aus dem Arbeitsverhältnis ist daneben auch die außerordentliche Kündigung nach § 626 BGB grundsätzlich zulässig. Für die 2-Wochen-Ausschlussfrist des § 626 Abs. 2 BGB kommt es regelmäßig darauf an, wann der Verleiher als Arbeitgeber von dem zur Kündigung berechtigenden wichtigen Grund Kenntnis erlangt hat. Die Kenntnis des Entleihers kann dem Verleiher nicht zugerechnet werden.[121]

**Praxishinweis**
Wie jedes Arbeitsverhältnis kann auch das Leiharbeitsverhältnis unter Beachtung der Bestimmungen des Kündigungsschutzgesetzes gekündigt werden. Allerdings müssen einige Besonderheiten beachtet werden, die sich aus der Natur der Arbeitnehmerüberlassung ergeben.

#### 5. Nachvertragliches Tätigkeits- und Einstellungsverbot

104 Nach § 9 Nr. 3 AÜG sind Vereinbarungen unwirksam, die dem Entleiher für die Zeit nach Beendigung des Arbeitsverhältnisses untersagen, den Leiharbeitnehmer einzustellen. Korrespondierend hierzu untersagt § 9 Nr. 3 AÜG auch entsprechende Absprachen zwischen Verleiher und Arbeitnehmer, die auf die Untersagung von Arbeitsverhältnissen mit dem Entleiher nach Beendigung des Arbeitsverhältnisses mit dem Verleiher hinauslaufen. Der Schutzzweck dieser Normen ist darauf gerichtet, das **Grundrecht des Leiharbeitnehmers** auf freie Wahl des Arbeitsplatzes (Art. 12 Abs. 1 GG) zu schützen. Zudem ist es u.a. gerade Sinn und Zweck des AÜG, den Übergang des Leiharbeitnehmers in ein dauerhaftes „gewöhnliches" Arbeitsverhältnis (ggf. beim Entleiher) zu fördern.

105 Das Tätigkeits- und Einstellungsverbot erfasst sowohl **direkte Abwerbe- oder Einstellungsverbote** als auch **Nebenabreden**, wie etwa Vertragsstrafenversprechen oder Rückzahlungsklauseln bei Abfindungen, wenn sie darauf gerichtet sind, den Leiharbeitnehmer von der Begründung eines Arbeitsverhältnisses mit dem Entleiher abzuhalten.[122] Dabei ist es unerheblich, ob der Streitfall den Wechsel eines Arbeitnehmers in ein anderes Leiharbeitsverhältnis oder in ein normales Stammarbeitsverhältnis betrifft.

## V. Rechtsbeziehung Entleiher – Arbeitnehmer

### 1. Gesetzliches Schutzpflichtenverhältnis

106 Es gilt der Grundsatz, dass im Rahmen der erlaubten Arbeitnehmerüberlassung zwischen Entleiher und Arbeitnehmer **kein Arbeitsverhältnis** entsteht. Dies gilt auch

121 Tschöpe/*Hiekel*, Teil 6 D Rn 39.

122 BGH, Urt. v. 3.7.2003 – III ZR 348/02 – NJW 2003, 2906; BGH, Urt. v. 7.12.2006 – III ZR 82/06 – NJW 2007, 764; Schüren/Hamann/*Schüren*, § 9 Rn 88.

in Anschauung der aktuellen Rechtsprechung des EuGH, der in der Rechtssache „Albron" einen Leiharbeitnehmer in den Anwendungsbereich der Betriebsübergangsrichtlinie fallen ließ, nachdem sich dieser im Rahmen einer konzerninternen Betriebsübergangssituation auf den Fortbestand seines Leiharbeitsverhältnisses mit dem Betriebserwerber berief.[123] Die Entscheidung des EuGH zeigt jedoch, dass die Gerichte insbesondere bei konzerninternen Leiharbeitsstrukturen dem ggf. umgangenen (Leih-)Arbeitnehmerschutz im Einzelfall notfalls auch unter Durchbrechung des allgemeinen Vertragsrechts Geltung verleihen wollen.

**Praxishinweis** **!**
Bei der erlaubten Arbeitnehmerüberlassung besteht zwischen Entleiher und Leiharbeitnehmer kein Arbeitsverhältnis; dieses besteht nur zwischen Leiharbeitnehmer und Verleiher.

Die Rechtsbeziehung zwischen Entleiher und Arbeitnehmer ist als gesetzliches Schutzpflichtenverhältnis zu bezeichnen. Im Rahmen seiner **Fürsorgepflicht** ist der Entleiher verpflichtet, ausreichende Schutzmaßnahmen für den Leiharbeitnehmer zu treffen. Insbesondere hat er die geltenden öffentlich-rechtlichen Vorschriften des Arbeitsschutzes (z.B. ArbSchG, ArbZG, MuSchG, AEVU, Unfallverhütungsvorschriften nach §§ 15ff. SGB VII, Gefahrenschutzverordnungen nach §§ 120eff. GewO u.ä.) einzuhalten. Auch das AGG verpflichtet in § 6 Abs. 2 S. 2 AGG den Entleiher unmittelbar zur Einhaltung der Antidiskriminierungsvorschriften zugunsten der von ihm eingesetzten Leiharbeitnehmer, indem es dem Entleiher insoweit (systemwidrig) die Stellung eines Arbeitgebers verleiht. 107

### 2. Weisungsrecht des Entleihers

Die entscheidende Besonderheit bei erlaubter Arbeitnehmerüberlassung besteht darin, dass der Entleiher trotz fehlender Arbeitgeberposition das **arbeitsbezogene Weisungsrecht** gegenüber dem Leiharbeitnehmer ausübt. Ihm wird das Weisungsrecht vom Verleiher übertragen, wozu dieser in Abweichung vom gesetzlichen Regelfall durch entsprechende Vereinbarung im Arbeitsvertrag die Befugnis hat. Allerdings ist der Entleiher bei der Ausübung seines Weisungsrechts durch den Inhalt des Arbeitsvertrags zwischen Verleiher und Arbeitnehmer und die dort vereinbarte Leiharbeitnehmerklausel beschränkt. Widerspricht eine Weisung des Entleihers einer Weisung des Verleihers, geht die Weisung des Verleihers als Arbeitgeber vor. 108

123 EuGH, Urt. v. 21.10.2010 – C-242/09 Albron Catering BV/FNV Bondgenoten, John Roest – NJW 2011, 439.

### 3. Informationspflicht des Entleihers über freie Arbeitsplätze

109 Durch die Neufassung des AÜG wurden mit den §§ 13a, 13b AÜG weitere neue „Equal Treatment"-Vorschriften eingeführt. § 13a AÜG verpflichtet den Entleiher hierbei zunächst, die bei ihm eingesetzten Leiharbeitnehmer über bestehende freie Arbeitsplätze (im Entleiherbetrieb) zu informieren.[124] Es wird daher zu empfehlen sein, freie Stellen an einem **allgemein einsehbaren Ort** im Betrieb auszuhängen, sofern die Leiharbeitnehmer beim Entleiher keinen ständigen Zugang zu Intranet- oder E-Mail-Systemen haben, über die eine Information ebenfalls erfolgen könnte. Da die gesetzlichen Regelungen keine nähere Definition einer „freien Stelle" liefern, wird teilweise vertreten, dass sämtliche Stellen zu veröffentlichen seien, auch die in leitenden Positionen sowie Stellen in Teilzeit und mit Befristung.[125] Es ist hierbei allerdings nach Sinn und Zweck eine Beschränkung dahingehend vorzunehmen, dass nur solche Stellen zu veröffentlichen sind, auf die sich ein im Betrieb tätiger Leiharbeitnehmer auch tatsächlich (erfolgreich) bewerben könnte.

110 Da die Regelung des § 13a AÜG im Weiteren keine Aussage zur Gestaltung eines sich anschließenden Bewerbungsverfahrens macht, kommen den Leiharbeitnehmern hierbei keine Sonderrechte zu.[126] Es darf allerdings vor dem Hintergrund der Richtlinieninhalte zu keiner Benachteiligung der Leiharbeitnehmer im Auswahlverfahren kommen.

### 4. Zugang der Leiharbeitnehmer zu Gemeinschaftseinrichtungen des Entleihers

111 Zudem haben Leiharbeitnehmer nach § 13b AÜG seit dem 1.12.2011 einen Anspruch auf Zugang zu den Gemeinschaftseinrichtungen[127] und Gemeinschaftsdiensten des Entleihers. § 13b S. 2 AÜG nennt in Anlehnung an die Leiharbeitsrichtlinie als Beispiele für Gemeinschaftseinrichtungen oder -dienste die Kinderbetreuungseinrichtungen, Gemeinschaftsverpflegung und Beförderungsmittel.

112 Das Gesetz verlangt somit nunmehr vom Entleiher, obwohl dieser nicht der Vertragsarbeitgeber ist, dem Leiharbeitnehmer den Zugang zu Gemeinschaftseinrichtungen unter den **gleichen Bedingungen** wie **vergleichbaren Arbeitnehmern** zu gewähren, sofern es keine entgegenstehenden sachlichen Gründe gibt. Ein sachlicher Grund kann z.B. dann vorliegen, wenn der Entleiher gemessen an der individuellen Einsatzdauer einen unverhältnismäßigen Organisations- bzw. Verwaltungsaufwand bei der Gewährung des Zugangs hat.[128]

---

124 Ausführlich zu dem damit umgesetzten Art. 6 Abs. 1 der RL 2008/104/EG *Hamann*, EuZA 2009, 287, 315 f.

125 Ulber/*Ulber*, § 13a Rn 4 f.

126 Einschränkend Ulber/*Ulber*, § 13a Rn 14 ff.

127 Vgl. hierzu *Lembke*, NZA 2011, 319.

128 BT-Drucks. 17/4804, S. 10.

Zweck dieser Gesetzesänderung ist zum einen die Umsetzung der Leiharbeitsrichtlinie, zum anderen stellt § 13b AÜG aber auch eine besondere Ausprägung des Gleichbehandlungsgrundsatzes dar. Die Leiharbeitnehmer sollen im Entleiherbetrieb ein Teil der sozialen Gemeinschaft werden, ohne dort als „Fremdkörper" angesehen zu werden. Zudem sollen die Chancen auf eine unmittelbare Anschlussbeschäftigung beim Entleiher gesteigert werden. 113

Die Besonderheit der Norm liegt vor allem darin, dass der Gleichbehandlungsanspruch nach § 13b AÜG hinsichtlich des Zugangs zu Gemeinschaftseinrichtungen unmittelbar gegen den Entleiher besteht, obwohl dieser nicht Vertragsarbeitgeber ist.[129] 114

Eine gesetzliche Definition, was unter Gemeinschaftseinrichtungen oder Gemeinschaftsdiensten zu verstehen ist, existiert nicht, sodass die Begriffe auszulegen sind. Dabei ist zu beachten, dass die Vorschrift des § 13b AÜG **Ausnahmecharakter** hat, weil sie den gegen den Vertragsarbeitgeber (Verleiher) gerichteten Anspruch auf Gleichbehandlung auf einen Dritten (Entleiher) erstreckt. Die Begriffe sind deshalb eng auszulegen. In Anbetracht der engen Auslegung sowie der in § 13b S. 2 AÜG aufgezählten Beispiele ergibt sich, dass unter Gemeinschaftseinrichtungen und -diensten nur die mit einer bestimmten Ausstattung versehenen beweglichen oder unbeweglichen Sachen des Entleihers oder mit bzw. an diesen Sachen erbrachten Leistungen fallen, die der Entleiher der Gemeinschaft seiner Arbeitnehmer – also nicht individuell ausgewählten Arbeitnehmern, sondern einer generell-abstrakt bestimmten Gruppe von Arbeitnehmern – zur Verfügung stellt.[130] Deshalb können darunter auch **keine individuellen Leistungen mit Entgeltcharakter** fallen. So werden weder finanzielle Beteiligungsoptionen noch Ansprüche auf betriebliche Altersversorgung vom Anwendungsbereich des § 13b AÜG erfasst. Die Aufzählung der Gemeinschaftseinrichtungen in § 13b S. 2 AÜG ist allerdings nicht abschließend, wie durch das Wort „insbesondere" auch zum Ausdruck gebracht wird. Es ist mithin notwendig, jede einzelne Gemeinschaftseinrichtung gesondert dahingehend zu bewerten, ob sie vom Anwendungsbereich des § 13b AÜG erfasst wird. Der Anspruch richtet sich allerdings nur auf die Nutzung bereits vorhandener Gemeinschaftseinrichtungen. Eine Pflicht zur Schaffung neuer Einrichtungen besteht nicht. 115

Der Anspruch auf Zugang zu Gemeinschaftseinrichtungen kann dann ausgeschlossen sein, wenn **sachliche Gründe** dies rechtfertigen. Sachliche Gründe können insbesondere vorliegen, wenn die Kurzzeitigkeit der Beschäftigung des Leiharbeitnehmers oder eine Befristung des Arbeitsverhältnisses den Zugang zur Gemeinschaftseinrichtung unmöglich macht oder mit einem unverhältnismäßig hohen, unvertretbaren Organisations- oder Verwaltungsaufwand verbunden ist.[131] 116

---

**129** *Lembke*, NZA 2011, 323.

**130** *Lembke*, NZA 2011, 323; *Rosenau/Mosch*, NJW-Spezial 2011, 242.

**131** Amtl. Gesetzesbegründung BT-Drucks. 17/4808, S. 13.

117 Als zu weitgehend ist die Auffassung zu bewerten, dass dem Leiharbeitnehmer, der unter Beachtung des Gleichbehandlungsgrundsatzes zulässigerweise vom Zugang zu einer Gemeinschaftseinrichtung ausgeschlossen wurde, ein Ersatzanspruch in Geld zustehe.[132] Denn weder der Richtlinienvorgabe noch der deutschen gesetzlichen Neuregelung ist ein Hinweis auf einen zwingend einhergehenden Zuflusszweck dieser Vorschrift zu entnehmen. Ziel der Richtlinienvorgabe ist es lediglich, die Leiharbeitnehmer im sozialen Gefüge des Entleiherbetriebs möglichst auf dieselbe Stufe zu stellen wie die Stammarbeitnehmer.

118 Aus der pflichtwidrigen Nichterfüllung von Zugangsrechten können dem Leiharbeitnehmer jedoch **Schadensersatzansprüche** erwachsen, z.B. wenn der Leiharbeitnehmer ohne sachliche Begründung nicht zur Kantine zugelassen wurde und sich deshalb außerhalb des Betriebs eine teurere Mittagsmahlzeit leisten musste.[133]

119 Soweit in den Überlassungsverträgen zwischen Verleiher und Entleiher (grundsätzlich anzuratende) Vereinbarungen zur Handhabung oder Finanzierung des Zugangs zu Gemeinschaftseinrichtungen getroffen werden, dürfen diese nach § 9 Nr. 2a AÜG inhaltlich nicht gegen die Vorgaben des § 13b AÜG verstoßen.

**Praxishinweis**
Der Leiharbeitnehmer hat nach § 13b AÜG einen direkten Anspruch gegen den Entleiher auf die Nutzung der bei ihm vorhandenen Gemeinschaftseinrichtungen. Der Anspruch kann nur ausgeschlossen werden, wenn sachliche Gründe bestehen. In keinem Fall besteht aber eine Pflicht des Entleihers zur Schaffung neuer Einrichtungen.

### 5. Betriebsbedingte Kündigung durch den Entleiher

120 Von besonderer Bedeutung ist die Frage, ob im Fall einer betriebsbedingten Kündigung eigener Arbeitnehmer des Entleihers im Entleiherbetrieb zuvor **vorrangig** die dort **eingesetzten Leiharbeitnehmer** den Betrieb, etwa durch Kündigung des Arbeitnehmerüberlassungsvertrags, verlassen müssen. Für eine betriebsbedingte Kündigung der Stammbelegschaft muss das Merkmal der Dringlichkeit betrieblicher Erfordernisse erfüllt sein. Eine solche Dringlichkeit könnte aber immer dann zu verneinen sein, wenn ein Arbeitsplatz noch mit einem Leiharbeitnehmer besetzt ist.

121 In Literatur[134] und Rechtsprechung der Instanzgerichte[135] ist diese Frage umstritten. Teilweise wird vertreten, dass es Teil der **unternehmerischen Entscheidungsfreiheit** ist, wen der Arbeitgeber/Entleiher zuerst „kündigt", weil es sich auch beim

---

132 Ulber/*Ulber*, § 13b Rn 12.
133 *Leuchten*, NZA 2011, 608 ff.
134 *Düwell/Dahl*, DB 2007, 1699–1701 m.w.N.
135 LAG Köln, Urt. v. 7.8.2006 – 14 Sa 84/06 – BeckRS 2006, 45084; LAG Hamm, Urt. v. 5.3.2007 – 11 Sa 1338/06 – DB 2007, 1701.

Einsatz von Leiharbeitnehmern um eine freie unternehmerische Entscheidung handelt, die von Arbeitsgerichten nicht zu überprüfen ist.[136] Andererseits wird der Standpunkt vertreten, dass der Arbeitgeber aufgrund des **Ultima-Ratio-Prinzips** als Ausprägung des Verhältnismäßigkeitsgrundsatzes zunächst dafür sorgen muss, dass Leiharbeitnehmer Arbeitsplätze frei machen, bevor die Stammbelegschaft gekündigt werden darf.[137]

Höchstrichterlich wurde zu dieser Frage noch keine unmittelbare Entscheidung getroffen. Jedoch lässt sich aus zwei Entscheidungen des BAG[138] zu angrenzenden Thematiken eine **gewisse Tendenz** ableiten. Von einem Wegfall des Bedarfs an Arbeitsleistung kann laut BAG nicht gesprochen werden, wenn im Einsatzbereich des betroffenen Arbeitnehmers Leiharbeitnehmer eingesetzt werden. Dies muss unabhängig davon gelten, ob der Beschäftigung von Leiharbeitnehmern ein unternehmerisches Konzept zugrunde liegt oder nicht. Der Schutz der unternehmerischen Entscheidung zur Nutzung von Arbeitnehmerüberlassung kann sich nur darauf erstrecken, gerade für Fälle des Auftragsrückgangs die Leiharbeitnehmer möglichst schnell und effektiv wieder abbauen zu können. Ein darüber hinaus gehender Schutz der unternehmerischen Freiheit zum Einsatz von Leiharbeitnehmern soll daher nicht bestehen.[139] Allerdings sind in letzter Zeit der Rechtsprechung des BAG auch wieder vermehrt Hinweise zu entnehmen, die für eine stärkere Berücksichtigung der unternehmerischen Freiheit hinsichtlich betriebsinterner personeller Organisationsentscheidungen sprechen.[140] Zumindest soweit der Einsatz von Leiharbeitnehmern im Betrieb nicht missbräuchlich zur Umgehung des Kündigungsschutzes der Stammbelegschaft erfolgt, ist die Organisationsentscheidung eines Unternehmers, zu einem gewissen Prozentsatz oder in bestimmten Arbeitsbereichen Leiharbeitnehmer einzusetzen, zu respektieren und gerichtlich nicht zu überprüfen. 122

### 6. Weitere arbeitsrechtliche Besonderheiten

Die Bestimmung von Beginn und Ende der Arbeitszeit, Lage der Arbeitszeit, die Anordnung von Mehrarbeit und die Gewährung von Urlaub durch den Entleiher müssen sich immer in dem rechtlichen Rahmen bewegen, den der Arbeitsvertrag zwischen Verleiher und Leiharbeitnehmer und die dort vereinbarte **Leiharbeitneh-** 123

---

**136** LAG Köln, Urt. v. 7.8.2006 – 14 Sa 84/06 – BeckRS 2006, 45084, wobei dies nicht bei ordentlich unkündbaren Arbeitnehmern gelten soll.

**137** LAG Hamm, Urt. v. 5.3.2007 – 11 Sa 1338/06 – DB 2007, 1701; auch LAG Berlin-Brandenburg, Urt. v. 3.3.2009 – 12 Sa 2468/08 – BeckRS 2009, 67921.

**138** BAG, Urt. v. 26.9.1996 – 2 AZR 200/96 – DB 1997, 178; BAG, Urt. v. 17.1.2007 – 7 AZR 20/06 – DB 2007, 863.

**139** *Düwell/Dahl*, DB 2007, 1699–1701 m.w.N.

**140** BAG, Urt. v. 13.3.2008 – 2 AZR 1037/06 – NZA 2008, 878.

**merklausel** festgelegt haben. Legt z.B. der Verleiher den Beginn der Arbeitszeit auf einen bestimmten Zeitpunkt fest, kann der Entleiher den Arbeitnehmer nicht zu einem früheren Zeitpunkt zur Arbeit einteilen. Friktionen können sich auch im Bereich der Vorgaben zur Einhaltung der Grenzen der Arbeitszeit nach dem ArbZG ergeben. Für den Entleiherbetrieb geltende tarifliche Ausnahmeregelungen zur höchst zulässigen Arbeitszeit oder zur Sonntagsarbeit erfassen den Leiharbeitnehmer nicht.

124 Verursacht der Leiharbeitnehmer beim Entleiher Schadensfälle, so trifft ihn eine Haftung aus Vertragsverletzung. Die Grundsätze über die Haftungsbeschränkung im Arbeitsverhältnis sind für das Schutzpflichtenverhältnis zwischen Entleiher und Leiharbeitnehmer entsprechend anzuwenden.[141]

125 Im Bereich der Erfindung und technischen Verbesserungsvorschläge nach dem Gesetz über Arbeitnehmererfindungen **gilt der Entleiher als Arbeitgeber** im Sinne dieses Gesetzes. Dem Arbeitnehmer steht somit gegen den Entleiher ein Vergütungsanspruch zu, soweit dieser Erfindungen oder technische Verbesserungsvorschläge, die auf den Betrieb bezogen sind, in Anspruch nimmt.[142]

126 Im Falle von prozessualen Auseinandersetzungen zwischen dem Leiharbeitnehmer und dem Entleiher ist nach der vorherrschenden Auffassung der Landesarbeitsgerichte der **Rechtsweg zu den Arbeitsgerichten** eröffnet. Die Zuständigkeit der Gerichte für Arbeitssachen ergibt sich aus § 2 Abs. 1 Nr. 3a ArbGG.[143]

## VI. Rechtsbeziehung Verleiher – Entleiher

### 1. Arbeitnehmerüberlassungsvertrag

127 Der Arbeitnehmerüberlassungsvertrag wird zwischen Verleiher und Entleiher geschlossen und unterliegt nach § 12 AÜG **besonderen Inhaltsanforderungen**, da die im Betrieb des Entleihers für einen vergleichbaren Arbeitnehmer wesentlichen Arbeitsbedingungen einschließlich des Arbeitsentgeltes angegeben werden müssen. Ferner unterliegt der Arbeitnehmerüberlassungsvertrag der **Schriftform**. Schließlich hat der Verleiher zu erklären, dass er die **Erlaubnis** nach § 1 AÜG besitzt. Der Entleiher ist demgegenüber verpflichtet, die besonderen Merkmale anzugeben, welche für die für den Leiharbeitnehmer **vorgesehene Tätigkeit** bestehen und für die **berufliche Qualifikation** erforderlich sind.

128 Die vertragliche Hauptleistungspflicht des Verleihers besteht gegenüber dem Entleiher darin, geeignete Arbeitnehmer entsprechend der vom Entleiher vorgegebenen Merkmale auszuwählen und ihm für die Dauer des Vertrags zur Verfügung zu

141 Tschöpe/*Hiekel*, Teil 6 D Rn 44.
142 *Bartenbach/Volz*, § 1 Rn 59 ff.
143 LAG Düsseldorf, Beschl. v. 14.10.2010 – 15 Ta 588/10 – n.v.; LAG Hamburg, Urt. v. 24.10.2007 – 4 Ta 11/07 – n.v.; LAG Hamm, Beschl. v. 4.8.2003 – 2 Ta 739/02 – EzAÜG Nr. 11 zu § 611 BGB.

stellen. Dem Entleiher wird die Befugnis zugewiesen, die Leiharbeitnehmer wie eigene Arbeitskräfte einzusetzen und sie voll in den eigenen Betrieb zu integrieren.[144]

## 2. Vermittlungsprovision

Es ist bisher gängige Praxis, dass Leiharbeitnehmer vom Entleiher bereits während 129 ihres Einsatzes einen Arbeitsplatz angeboten bekommen. Nach einer vom internationalen Verband der Zeitarbeitsunternehmen initiierten Umfrage unter Leiharbeitnehmern fanden in Deutschland im Jahre 2000 bereits 29% innerhalb eines Jahres nach Aufnahme der Arbeit für ein Zeitarbeitsunternehmen einen **langfristigen Arbeitsplatz**, eine Vielzahl davon im Entleiherbetrieb.[145] Deshalb werden Zeitarbeitsfirmen nicht zu Unrecht von vielen dieser Arbeitnehmer als „Sprungbrett" angesehen. Für diese Fälle ist in den Allgemeinen Geschäftsbedingungen (AGB) der Zeitarbeitsunternehmen regelmäßig eine „Vermittlungsprovision" vorgesehen, die der Entleiher bei Übernahme des Leiharbeitnehmers zu zahlen hat.

Der BGH hat diesbezüglich in seiner Entscheidung vom 7.12.2006 klargestellt, 130 dass sich der Verleiher vom Entleiher seit Inkrafttreten des § 9 Nr. 3 AÜG auch **formularmäßig** eine angemessene Vermittlungsprovision für den Fall versprechen lassen kann, wenn der Entleiher den Leiharbeitnehmer im Anschluss an die Überlassung übernimmt.[146] Damit wurde der Streit zwischen den Instanzgerichten und der Literatur entschieden, ob eine solche Provisionsabrede eine unangemessene Benachteiligung oder eine überraschende Klausel darstellt – und damit im Fall der formularmäßigen Vereinbarung unwirksam ist. Der BGH hat in seiner Entscheidung vom 7.12.2006 ausdrücklich festgestellt, dass für eine gem. § 9 Nr. 3 Hs. 2 AÜG grundsätzlich zulässige Vereinbarung eines Personalvermittlungsentgelts bei Arbeitnehmerüberlassung weder eine Individualvereinbarung noch ein gesonderter Personalvermittlungsvertrag erforderlich ist. Grund für die **gesetzliche Anerkennung** der Vereinbarung eines Personalvermittlungsentgelts bei Arbeitnehmerüberlassung ist der Umstand, dass die Arbeitnehmerüberlassung nicht in seltenen Fällen zum selben Ergebnis wie die Arbeitsvermittlung führt, nämlich zur Übernahme des Leiharbeitnehmers in die Stammbelegschaft des entleihenden Unternehmers (sog. Klebeeffekt). Der positive beschäftigungspolitische Effekt soll honoriert werden. Vor dem Hintergrund dieser gesetzgeberischen Zielsetzung muss es für unerheblich erachtet werden, ob die regelmäßig im Verkehr zwischen Unternehmern verabredete Personalvermittlungsprovision individualvertraglich, eventuell in einem besonderen Arbeitsvermittlungsvertrag, oder bloß formularmäßig in dem Arbeitnehmer-

**144** BAG, Urt. v. 8.11.1978 – 5 AZR 261/77 – AP Nr. 2 zu § 1 AÜG; BAG, Urt. v. 22.6.1994 – 7 AZR 286/93 – AP Nr. 16 zu § 1 AÜG.

**145** Ausführlich hierzu *Rambach/Begerau*, BB 2002, 937 ff. m.w.N.

**146** BGH, Urt. v. 7.12.2006 – III ZR 82/06 – DB 2007, 526 f.; *Reiserer*, EWiR 2004, 3.

überlassungsvertrag vereinbart wurde. Die Übernahme des Leiharbeitnehmers in ein normales Arbeitsverhältnis ist in jedem Fall „honorarwürdig".[147] Der BGH hat damit auf die am 1.1.2004 geänderte Gesetzeslage reagiert und die Intention des Gesetzgebers[148] aufgegriffen.

## VII. Stellung des Betriebsrats

### 1. Mitwirkungs- und Mitbestimmungsrechte des Betriebsrats des Entleiherbetriebs gem. § 14 AÜG

131 Nach § 14 AÜG hat der Betriebsrat des Entleiherbetriebs im Rahmen der Arbeitnehmerüberlassung bereits gesetzlich eingeräumte Mitwirkungs- und Mitbestimmungsrechte. Gleichwohl stellt § 14 Abs. 1 AÜG klar, dass Leiharbeitnehmer auch während der Zeit ihrer Arbeitsleistung bei einem Entleiher Angehörige des entsendenden Betriebs des Verleihers bleiben.

132 § 14 Abs. 3 AÜG bestimmt jedoch, dass der Betriebsrat des Entleiherbetriebs vor der Übernahme eines Leiharbeitnehmers zur Arbeitsleistung nach § 99 BetrVG zu beteiligen ist. Dabei hat der Entleiher dem Betriebsrat auch die schriftliche Erklärung des Verleihers nach § 12 Abs. 1 S. 2 AÜG vorzulegen. Er ist ferner verpflichtet, Mitteilungen des Verleihers nach § 12 Abs. 2 AÜG unverzüglich dem Betriebsrat bekanntzugeben. Eine „Übernahme" i.S.d. § 14 Abs. 3 S. 1 AÜG liegt vor, wenn der Leiharbeitnehmer in den Entleiherbetrieb eingegliedert, d.h. tatsächlich dort beschäftigt wird. Die Aufnahme des Leiharbeitnehmers in einen Stellenpool ist dagegen noch keine mitbestimmungspflichtige Übernahme.[149] Auch der Abschluss des Arbeitnehmerüberlassungsvertrags mit dem Verleiher löst das Mitbestimmungsrecht noch nicht aus.

133 Unerheblich ist die Dauer der geplanten Übernahme des Leiharbeitnehmers, sodass **jeder zeitlich noch so geringfügige Einsatz** das Beteiligungsrecht des Betriebsrats auslöst. Die Verlängerung der Tätigkeit des Leiharbeitnehmers im Entleiherbetrieb oder dessen Austausch steht einer Übernahme gleich.

134 Für den Inhalt des Mitbestimmungsrechts des Betriebsrats des Entleiherbetriebs gelten die allgemeinen Regeln des § 99 Abs. 2 BetrVG, wonach der Betriebsrat unter den gesetzlich fixierten Voraussetzungen die **Zustimmung verweigern** kann. In diesem Fall hat der Entleiher das sog. gerichtliche Zustimmungsersetzungsverfahren einzuleiten, § 99 Abs. 4 BetrVG. Der Betriebsrat kann die Zustimmung zur Einstellung jedoch nicht aufgrund der **allgemeinen Nachteile eines Leiharbeitnehmers** gegenüber den Arbeitnehmern des Entleiherbetriebs, die nicht

147 Im Ergebnis ebenso ErfK/*Wank*, § 9 AÜG Rn 8f.; Boemke/Lembke/*Lembke*, § 9 Rn 500ff.
148 BT-Drucks. VI/2303, S. 13.
149 BAG, Beschl. v. 23.1.2008 – 1 ABR 74/06 – BAG NZA 2008, 603.

dem Diskriminierungsverbot des §§ 3 Abs. 1 Nr. 3, 9 Nr. 2 AÜG unterfallen, verweigern. Nach einer neueren Entscheidung des BAG kann der Betriebsrat die Zustimmung zur Einstellung eines Leiharbeitnehmers aber verweigern, wenn der Arbeitgeber eine Leiharbeitskraft zeitlich unbefristet auf einem Dauerarbeitsplatz einsetzen will.[150]

### 2. Weitere Beteiligungsrechte des Betriebsrats

Neben den ausdrücklichen in § 14 AÜG normierten Mitwirkungsrechten stehen dem 135
Betriebsrat des Entleiherbetriebs noch weitere Beteiligungsrechte zu. So kommen vor allem noch **allgemeine Rechte und Aufgaben des Betriebsrats** nach §§ 75, 80 BetrVG, die Mitbestimmungsrechte in sozialen Angelegenheiten nach § 87 BetrVG sowie Unterrichtungs- und Beratungsrechte in Bezug auf die Gestaltung der Arbeitsplätze gem. §§ 90 f. BetrVG in Betracht.[151]

Dabei ist immer die allgemeine Grundregel zu beachten, dass betriebsverfas- 136
sungsrechtliche Befugnisse des Entleiherbetriebsrats in Bezug auf Leiharbeitnehmer überall dort bestehen, wo diese die **Eingliederung in eine fremde Arbeitsorganisation** voraussetzen (z.B. Einhaltung einer Betriebsordnung, von Sicherheitsvorschriften) oder an die Erbringung der Arbeitsleistung im fremden Betrieb anknüpfen (Festlegung der Lage der Arbeitsschichten, Anordnung von Überstunden). Soweit Beteiligungsrechte aber eine arbeitsvertragliche Bindung voraussetzen, ist allein der Verleiherbetriebsrat zuständig.[152]

**Praxishinweis** !
Bei der echten Arbeitnehmerüberlassung können sowohl Beteiligungsrechte des Betriebsrats des Verleiherbetriebs als auch des Entleiherbetriebs bestehen.

## E. Illegale Arbeitnehmerüberlassung

### I. Grundsatz und Bedeutung

Nach der Grundstruktur des Arbeitnehmerüberlassungsrechts ist Arbeitnehmer- 137
überlassung verboten, soweit der Verleiher sich nicht im Besitz einer besonderen Erlaubnis der Bundesagentur für Arbeit befindet. Mit dieser Grundsatzaussage will das AÜG den **Anforderungen des sozialen Rechtsstaats** entsprechen und eine

150 BAG, Beschl. v. 10.7.2013 – 7 ABR 91/11 – NZA 2013, 1296.
151 Vgl. hierzu im Einzelnen bspw. Schüren/Hamann/*Hamann*, § 14 Rn 218 ff.; Boemke/Lembke/*Boemke*, § 14 Rn 85 ff.
152 Schüren/Hamann/*Hamann*, § 14 Rn 218.

Ausbeutung der betroffenen Arbeitnehmer ausschließen.[153] Der Erlaubnis kommt somit die Funktion zu, die Einhaltung der Rechte des Leiharbeitnehmers aus dem Arbeitsverhältnis sicherzustellen und illegale Formen der Beschäftigung präventiv zu verhindern.

138 Für den Fall, dass die Vorgaben des AÜG durch den Verleiher oder ggf. den Entleiher nicht eingehalten werden, hat der Gesetzgeber verschiedene Rechtsfolgen festgelegt. Neben den Möglichkeiten zur Rücknahme bzw. zum Widerruf der Erlaubnis steht hierbei die Fiktion eines Arbeitsverhältnisses zwischen Entleiher und Leiharbeitnehmer nach § 10 Abs. 1 AÜG im Vordergrund.[154]

## II. Hauptfälle

### 1. Arbeitnehmerüberlassung ohne Erlaubnis

139 Laut § 9 Nr. 1 AÜG sind Verträge zwischen Verleihern und Entleihern – also der Arbeitnehmerüberlassungsvertrag – sowie Verträge zwischen Verleihern und Leiharbeitnehmern – der Leiharbeitsvertrag – **unwirksam**, wenn der Verleiher nicht die nach § 1 AÜG erforderliche Erlaubnis hat. Einer nachträglich erteilten Erlaubnis kommt **keine Rückwirkung** zu, sodass selbst bei einer später erteilten Erlaubnis der Vertrag von Anfang an unwirksam ist.[155] Der unwirksame Arbeitnehmerüberlassungsvertrag begründet keine Primäransprüche auf Leistung, sondern ist nach Bereicherungsrecht rückabzuwickeln.[156] Daneben kommt eine Schadenersatzhaftung des Verleihers nach §§ 280 Abs. 1, 241 Abs. 2, 311 Abs. 2 Nr. 1 BGB in Betracht. Schließlich können Verstöße gegen die Erlaubnispflicht der Arbeitnehmerüberlassung auch gewerberechtlich unter Einsatz von Verwaltungszwang gegenüber dem Verleiher unterbunden werden (§ 6 AÜG) sowie als Ordnungswidrigkeit oder Straftat für Verleiher (§§ 15, 16 Abs. 1 Nr. 1 AÜG) und Entleiher (§ 16 Abs. 1 Nr. 1a AÜG) geahndet werden.

### 2. Vermutete Arbeitsvermittlung

140 Von der Arbeitnehmerüberlassung ohne Erlaubnis ist die in § 1 Abs. 2 AÜG geregelte vermutete Arbeitsvermittlung zu unterscheiden. Die Vermutungswirkungen

153 Begründung des Regierungsentwurfes vom 15.6.1971 BT-Drucks. VI/2303, S. 9.

154 § 10 AÜG gilt infolge der Gleichstellung von gewerbsmäßiger und nicht gewerbsmäßiger Arbeitnehmerüberlassung durch das Erste Gesetz zur Änderung des Arbeitnehmerüberlassungsgesetzes ab dem 1.12.2011 auch für die nicht gewerbsmäßige Arbeitnehmerüberlassung.

155 LAG Köln, Urt. v. 20.8.1985 – 1 Sa 416/85 – EzAÜG Nr. 43 zu § 10 AÜG Fiktion; *Becker/Wulfgramm*, Art. 1 § 9 Rn 11.

156 BGH, Urt. v. 8.11.1979 – VII ZR 337/78 – AP Nr. 2 zu § 10 AÜG; BGH, Urt. v. 25.6.2002 – X ZR 83/00 – NJW 2002, 3317; ausführlich hierzu Boemke/Lembke/*Lembke*, § 9 Rn 49 ff.

nach § 1 Abs. 2 AÜG, die sowohl für **gewerbsmäßige** als auch **nicht gewerbsmäßige** Formen der Arbeitnehmerüberlassung gelten, treten aber nur ein, wenn der Arbeitgeber hinsichtlich des konkret überlassenen Arbeitnehmers nicht die üblichen Arbeitgeberpflichten oder das Arbeitgeberrisiko übernimmt (§ 3 Abs. 1 Nr. 1 bis 3 AÜG).

Sind die Voraussetzungen des Abs. 2 erfüllt, wird vermutet, dass der überlas- 141
sende Arbeitgeber Arbeitsvermittlung betreibt. Dabei ging das BAG seit seiner Entscheidung vom 23.11.1988[157] davon aus, dass die Vermutung jedenfalls im Bereich der gewerbsmäßigen Arbeitnehmerüberlassung unwiderlegbar ist.[158] Seit der Gleichstellung von gewerbsmäßiger und nicht gewerbsmäßiger Arbeitnehmerüberlassung wird davon ausgegangen, dass eine unterschiedliche Behandlung der beiden Formen hinsichtlich der Widerlegbarkeit ausscheidet.[159]

Mit der Aufgabe der Erlaubnispflicht für Arbeitsvermittlung durch den Gesetz- 142
geber am 27.3.2002 ist jedoch der strenge Sanktionscharakter des § 1 Abs. 2 AÜG entfallen. Da die Arbeitsvermittlung nach der gesetzlichen Neuregelung nicht mehr der Erlaubnispflicht unterliegt, kommt der Vermutung, dass Arbeitgeber unter bestimmten Voraussetzungen Arbeitsvermittlung betreibt, kein eigenständiger Sanktionscharakter mehr zu.

## III. Rechtsfolgen für Arbeitsverhältnis Verleiher – Arbeitnehmer

### 1. Arbeitnehmerüberlassung ohne Erlaubnis

Hat der Verleiher nicht die erforderliche Erlaubnis, ordnet § 9 Abs. 1 Nr. 1 AÜG 143
sowohl die Unwirksamkeit des gesamten Arbeitnehmerüberlassungsvertrags als auch die Unwirksamkeit des Leiharbeitnehmervertrags an. Damit entfällt der Vergütungsanspruch des Verleihers gegenüber dem Entleiher als auch der Anspruch des Entleihers auf Überlassung der Arbeitnehmer.[160] Auch der zwischen Verleiher und Leiharbeitnehmer geschlossene Leiharbeitnehmervertrag ist nach § 9 Nr. 1 Alt. 2 AÜG unwirksam. Die Rückabwicklung erfolgt beim unwirksamen Leiharbeitsverhältnis in Anlehnung an die arbeitsrechtlichen Grundsätze über das faktische Arbeitsverhältnis.[161] Ferner ist der ohne Erlaubnis tätige Verleiher, der das vereinbarte

157 BAG, Urt. v. 23.11.1988 – 7 AZR 34/88 – AP Nr. 14 zu § 1 AÜG.
158 Vgl. auch BAG, Urt. v. 26.4.1995 – 7 AZR 850/94 – AP Nr. 19 zu § 1 AÜG; BAG, Urt. v. 28.6.2000 – 7 AZR 45/99 – BB 2001, 98, 99; LAG Hessen, Urt. v. 26.5.2000 – 2 Sa 423/99 – DB 2000, 1968; Ulber/*Ulber*, § 1 Rn 278 ff. m.w.N.
159 Ulber/*Ulber*, § 1 Rn 279.
160 Zu weiteren Rechtsfolgen vgl. Ulber/*Ulber*, § 9 Rn 16 ff.
161 BGH, Urt. v. 31.3.1982 – 2 StR 744/81 – AP Nr. 4 zu § 10 AÜG; *Becker/Wulfgramm*, Art. 1 § 9 Rn 18.

Arbeitsentgelt oder Teile davon in tatsächlicher Hinsicht an den Arbeitnehmer zahlt, nach § 10 Abs. 1 AÜG verpflichtet, gegenüber Dritten bestehende Zahlungspflichten so zu erfüllen wie bei einem wirksamen Arbeitsvertrag. Insoweit kann der Verleiher trotz fehlender Arbeitgeberposition gesamtschuldnerisch in Anspruch genommen werden (Abs. 3 S. 2).

144 Schließlich kann der Leiharbeitnehmer im Fall der Unwirksamkeit des Leiharbeitnehmervertrags wegen fehlender Erlaubnis nach § 10 Abs. 2 AÜG Schadensersatzansprüche gegenüber dem Verleiher geltend machen.

### 2. Vermutete Arbeitsvermittlung

145 § 1 Abs. 2 AÜG enthält keine konkrete Regelung, welche Rechtsfolgen eintreten, wenn die Vermutung der unerlaubten Arbeitsvermittlung nicht widerlegt werden kann. Solange noch das Arbeitsvermittlungsmonopol der Bundesagentur für Arbeit galt, war in § 13 AFG bestimmt, dass arbeitsrechtliche Ansprüche des Arbeitnehmers gegen den (neuen vermittelten) Arbeitgeber nicht durch Vereinbarung ausgeschlossen werden können, wenn der Überlassende entgegen § 4 AFG a.F. Arbeitsvermittlung ausübt. Nach der bisher ständigen Rechtsprechung des BAG war § 13 AÜG a.F. eine § 10 Abs. 1 AÜG a.F. ergänzende Regelung, durch die bei einer als unerlaubte Arbeitsvermittlung anzusehenden Überlassung nach § 1 Abs. 2 AÜG kraft Gesetzes ein Arbeitsverhältnis mit dem neuen, vermittelten Arbeitgeber begründet wurde. Das ursprüngliche Arbeitsverhältnis zwischen dem Entleiher und dem Leiharbeitnehmer war hingegen unwirksam. Damit bestand bezüglich der Rechtsfolgen illegaler Arbeitnehmerüberlassung kein Unterschied zwischen der Arbeitnehmerüberlassung ohne Erlaubnis und der vermuteten Arbeitsvermittlung nach § 1 Abs. 2 AÜG.[162] Die Vorschrift des § 13 AÜG wurde jedoch durch Art. 63 Nr. 9 AFRG vom 24.3.1997[163] mit Wirkung vom 1.4.1997 ersatzlos aufgehoben. Nach Auffassung des BAG gibt es daher in den Fällen der nach § 1 Abs. 2, § 3 Abs. 1 Nr. 6 AÜG vermuteten Arbeitsvermittlung keine gesetzliche Grundlage mehr für das Entstehen eines Arbeitsverhältnisses zwischen dem Leiharbeitnehmer und dem Entleiher.[164] Für das Verhältnis Verleiher – Arbeitnehmer führt dies dazu, dass zwischen beiden das einmal begründete Arbeitsverhältnis trotz der Vermutung des § 1 Abs. 2 AÜG bestehen bleibt.[165]

146 Die kontroverse Auseinandersetzung um die Rechtsfolgen des § 1 Abs. 2 AÜG hat mit der gesetzlichen Neuregelung zum 27.3.2002 und der damit verbundenen

---

162 BAG zuletzt im Urt. v. 15.4.1999 – 7 AZR 437/97 – AP Nr. 1 zu § 13 AÜG.

163 BGBl. I 1997 S. 594.

164 BAG, Urt. v. 28.6.2000 – 7 AZR 100/99 – BB 2000, 2522 m. Anm. *Boemke*.

165 So *Boemke*, BB 2000, 2522, 2524; krit. hierzu *Mohr/Pomberg*, DB 2001, 590; zust. *Säcker/Kühnast*, ZFA 2001, 117, 129 m.w.N.; Schüren/Hamann/*Schüren*, § 1 Rn 398 ff.

Abschaffung der Erlaubnispflicht für private Arbeitsvermittler ihre Bedeutung verloren. Da die Arbeitsvermittlung seitdem als gewerbliche Tätigkeit nur noch angemeldet werden muss, ist der Sanktionscharakter des § 1 Abs. 2 AÜG vollständig entfallen.

§ 1 Abs. 2 AÜG ist heute nur noch eine bloße Beweislastregel, die es in Zweifels- 147
fällen erleichtert, unter dem Deckmantel der Überlassung betriebene Arbeitsvermittlung zu identifizieren.[166]

### IV. Rechtsfolgen für Arbeitsverhältnis Entleiher – Arbeitnehmer

#### 1. Fiktives neues Arbeitsverhältnis

Nach § 10 Abs. 1 AÜG wird in den Fällen, in denen das Arbeitsverhältnis zwischen 148
Verleiher und Leiharbeitnehmer wegen fehlender Erlaubnis unwirksam ist, ein Arbeitsverhältnis zum Entleiher fingiert (§ 10 Abs. 1 S. 1 AÜG). Mit dem fingierten Arbeitsverhältnis zum Entleiher wollte der Gesetzgeber den sozialen **Schutz des Arbeitnehmers** sichern und ihm anstelle der nicht entstandenen Ansprüche auf Arbeitslohn gegen den illegalen Verleiher arbeitsrechtliche Ansprüche gegen den Entleiher einräumen. Mit der **gesetzlichen Fiktion** wird der Grundsatz durchbrochen, dass Arbeitsverhältnisse aufgrund eines Arbeitsvertrags entstehen. Dabei greift die gesetzliche Fiktion des § 10 Abs. 1 AÜG unabhängig vom Willen, ja sogar unabhängig von der Kenntnis der Beteiligten ein. Letztlich ergibt sich damit eine dem Betriebsübergang nach § 613a BGB verwandte Situation.

Verletzt hingegen der Verleiher nur das Gleichstellungsgebot nach §§ 3 Abs. 1 149
Nr. 3, 9 Nr. 2 AÜG, besitzt jedoch eine behördliche Erlaubnis zur gewerbsmäßigen Arbeitnehmerüberlassung, wird der Leiharbeitnehmer nicht Arbeitnehmer des Entleihers.[167]

Die Fiktionswirkung des § 10 AÜG tritt nach Auffassung des BAG auch dann 150
nicht ein, wenn zwar eine Erlaubnis besteht, jedoch eine nicht nur vorübergehende Arbeitnehmerüberlassung vorliegt.[168]

#### 2. Beginn und Dauer

Der Beginn des fingierten Arbeitsverhältnisses wird in § 10 Abs. 1 S. 1 AÜG geregelt. 151
Dabei knüpft die Vorschrift an den Eintritt der Unwirksamkeit des Arbeitsvertrags zwischen illegalem Verleiher und Leiharbeitnehmer nach § 9 Nr. 1 AÜG an. Fehlte

---

**166** So Schüren/Hamann/*Schüren*, § 1 Rn 418; a.A. Boemke/Lembke/*Boemke*, § 1 Rn 171 ff.

**167** LAG Niedersachsen, Beschl. v. 26.11.2007 – 6 TaBV 32/07 – EzAÜG Nr. 25 zu § 9 AÜG, Rechtsbeschwerde eingelegt unter Az.: 1 ABR 10/08.

**168** Vgl. BAG, Urt. v. 10.12.2013 – 9 AZR 51/13 – NZA 2014, 196; siehe auch Rn 48 ff.

die Erlaubnis bereits bei Abschluss des Leiharbeitsvertrags, kommt das fingierte Arbeitsverhältnis zwischen Entleiher und Arbeitnehmer in dem Zeitpunkt zustande, zu dem die **Aufnahme der Tätigkeit des Arbeitnehmers beim Entleiher** in tatsächlicher Hinsicht beginnt. Das Arbeitsverhältnis entsteht also noch nicht mit dem Abschluss des ursprünglichen Arbeitsvertrags mit dem Verleiher. Fallen die tatsächliche Tätigkeitsaufnahme beim Entleiher und der vertraglich vorgesehene Zeitpunkt für den Beginn der Tätigkeit beim Entleiher auseinander, so ist die im Vertrag vorgesehene Absprache maßgebend.[169]

152 Entfällt die Erlaubnis zur Arbeitnehmerüberlassung erst nach Aufnahme der Tätigkeit beim Entleiher, so entsteht das fingierte Arbeitsverhältnis nach § 10 Abs. 1 S. 1 Hs. 2 AÜG erst bei Eintritt der Unwirksamkeit des bisherigen Arbeitsverhältnisses mit dem Verleiher, also z.B. mit dem Wegfall der Verleiherlaubnis.

153 Nach der Sonderregelung in § 10 Abs. 1 S. 2 AÜG bestimmt sich die Dauer des fingierten Arbeitsverhältnisses nach der **ursprünglichen Vereinbarung** zwischen Verleiher und Entleiher über die Dauer der Überlassung. Wurde im Arbeitnehmerüberlassungsvertrag die Tätigkeit des Leiharbeitnehmers beim Entleiher befristet vereinbart, so gilt auch das fingierte Arbeitsverhältnis zwischen Entleiher und Leiharbeitnehmer als befristet, sofern ein die Befristung sachlich rechtfertigender Grund vorliegt. Fehlt es an einer solchen Befristungsabrede, so ist das fingierte Arbeitsverhältnis ein unbefristetes.

### 3. Vollwertiges Arbeitsverhältnis

154 Mit dem Eintritt der gesetzlichen Fiktion entsteht ein vollwertiges Arbeitsverhältnis zwischen Entleiher und Leiharbeitnehmer, in dem den Entleiher als Arbeitgeber die **vollen Arbeitgeberpflichten** uneingeschränkt treffen. Über den Inhalt des fingierten Arbeitsverhältnisses trifft § 10 Abs. 1 S. 2 bis 5 AÜG eine umfassende Regelung. Dabei bestimmen sich Inhalt und Dauer des neuen Arbeitsverhältnisses zwischen Entleiher und Leiharbeitnehmer nach § 10 Abs. 1 S. 4 AÜG nach den für den Betrieb des Entleihers geltenden Vorschriften und sonstigen Regelungen. Davon umfasst sind nicht nur die für den Entleiherbetrieb anwendbaren arbeitsrechtlichen Gesetze und Verordnungen, sondern auch die tarifvertraglichen Vorschriften, Betriebsvereinbarungen und Betriebsübungen, die sämtlich für den Leiharbeitnehmer im fingierten Arbeitsverhältnis gelten. Letztlich unterscheidet sich das fingierte Arbeitsverhältnis damit nicht von einem „normalen“ aufgrund eines Arbeitsvertrags begründeten Arbeitsverhältnis.[170] Nur für die Arbeitszeit gilt zum Schutz des illegal verliehenen Leiharbeitnehmers nach § 10 Abs. 1 S. 3 AÜG auch für das fingierte Ar-

---

169 *Becker/Wulfgramm*, § 10 Rn 12; a.A. Ulber/*Ulber*, § 10 Rn 22; Schüren/Hamann/*Schüren*, § 10 Rn 46 ff.; Boemke/Lembke/*Lembke*, § 10 Rn 25 ff.

170 LAG Köln, Urt. v. 29.3.1984 – 8 Sa 793/83 – EzAÜG Nr. 27 zu § 10 AÜG Fiktion.

beitsverhältnis die in dem unwirksamen Arbeitnehmerüberlassungsvertrag zwischen Verleiher und Entleiher vorgesehene Arbeitszeit als vereinbart. Für die Höhe des Arbeitsentgelts gilt der allgemeine Grundsatz des § 10 Abs. 1 S. 4 AÜG. Danach gilt die im Betrieb des Entleihers an vergleichbare Arbeitnehmer zu zahlende Vergütung als vereinbart. Fehlt ein vergleichbares Stammpersonal beim Entleiher, stellt § 10 Abs. 4 S. 4 Hs. 2 AÜG klar, dass in diesem Fall die Regelungen vergleichbarer Betriebe anzuwenden sind.

Sozialversicherungsrechtlich gilt der Entleiher im Rahmen der Fiktion des § 10 155
AÜG als Arbeitgeber mit der Folge, dass ihn sowohl die Meldepflichten nach § 28a SGB IV als auch die Beitragspflicht nach § 28e Abs. 1 SGB IV bezogen auf die **Gesamtsozialversicherungsbeiträge** trifft.[171] Für die Lohnsteuer haftet der Entleiher nach § 42d Abs. 6 S. 1 EStG. Im Einzelfall kann das Recht des Leiharbeitnehmers, sich gegenüber dem Entleiher auf ein vollwertiges fingiertes Arbeitsverhältnis zu berufen, nach Treu und Glauben verwirkt werden.[172] Alleine der Umstand, dass der Leiharbeitnehmer auch arbeitsrechtliche Ansprüche gegenüber dem Verleiher geltend macht, führt nicht zur Verwirkung.[173] Ein Aufhebungsvertrag zwischen dem Verleiher ohne Erlaubnis und dem Leiharbeitnehmer beendet regelmäßig auch das fingierte Arbeitsverhältnis zwischen dem Entleiher und dem Arbeitnehmer, sofern sich der Arbeitnehmer bis zum Zeitpunkt des Abschlusses des Aufhebungsvertrags nicht auf die Fiktion berufen hat.[174]

**Praxishinweis** !
Für den Entleiher ist die Arbeitnehmerüberlassungserlaubnis von großer Bedeutung, da er im Falle der illegalen Arbeitnehmerüberlassung Arbeitsverhältnisse mit den „Leiharbeitnehmern" aufgrund der gesetzlichen Fiktion des § 10 Abs. 1 AÜG hat und somit auch sämtliche Arbeitgeberpflichten erfüllen muss.

## 4. Beendigung

Die Beendigung des fingierten Arbeitsverhältnisses richtet sich grundsätzlich nach 156
den allgemeinen Regeln. Mit Ausschluss der Anfechtung kommt somit eine Beendigung durch Aufhebungsvertrag oder durch Kündigung in Betracht. Die Kündigung des fingierten Arbeitsverhältnisses kann **durch den illegalen Entleiher** als fiktiver

171 BGH, Urt. v. 31.3.1982 – 2 StR 744/81 – AP Nr. 4 zu § 10 AÜG; BSG, Urt. v. 28.8.1987 – 2 RU 41/85 – NZA 1988, 263; BSG, Urt. v. 18.3.1987 – 9b RU 16/85 – BSGE 61, 209.
172 BAG, Urt. v. 30.1.1991 – 7 AZR 497/89 – NZA 1992, 19; LAG Köln, Urt. v. 14.11.1991 – 6 Sa 543/91 – LAGE Nr. 5 zu § 242 BGB Prozessverwirkung, bei einer Untätigkeit von 4 Monaten.
173 LAG Berlin, Urt. v. 25.7.1988 – 12 Sa 9/88 – EzAÜG Nr. 63 zu § 10 AÜG Fiktion.
174 LAG München, Urt. v. 7.9.1998 – 10 Sa 130/98 – EzAÜG Nr. 95 zu § 10 AÜG Fiktion; nachgehend BAG, Urt. v. 19.1.2000 – 7 AZR 11/99 – EzAÜG Nr. 100 zu § 10 AÜG Fiktion.

Arbeitgeber erfolgen.[175] Eine Kündigung aus wichtigem Grund, die auf die für den Entleiher mit der Fiktion des Arbeitsverhältnisses verbundenen Belastungen gestützt wird, ist wegen Verstoßes gegen den Schutzzweck des § 10 Abs. 1 AÜG ausgeschlossen.[176]

157 Bei der ordentlichen Kündigung hat der Entleiher betriebliche, tarifliche und gesetzliche Vorgaben zu beachten. Dies gilt auch für die Sozialauswahl bei der betriebsbedingten Kündigung, bei der sowohl der vermeintliche Leiharbeitnehmer als auch die übrige Stammbelegschaft mit einzubeziehen sind.[177] Kommt es bei der Sozialauswahl auf die Betriebszugehörigkeit an, ist auch die vor Beginn des fingierten Arbeitsverhältnisses zurückgelegte Beschäftigungszeit beim Entleiher mitzuzählen. Das Gleiche gilt für das Erfüllen der sechsmonatigen Wartefrist nach § 1 Abs. 1 S. 1 KSchG.[178]

### 5. Widerspruchsmöglichkeiten

158 In Anlehnung an die gefestigte Rechtsprechung zu § 613a BGB steht nach teilweise vertretener Auffassung dem Leiharbeitnehmer gegen die Begründung des fiktiven Arbeitsverhältnisses mit dem Entleiher ein Widerspruchsrecht zu.[179] Anders sieht dies das BAG in seiner Entscheidung vom 18.2.2003. Demnach kann der Arbeitnehmer den Eintritt der Fiktion nicht durch seinen Widerspruch verhindern.[180] Unabhängig von diesem Widerspruchsrecht hat der Leiharbeitnehmer die Möglichkeit, den mit dem fingierten Arbeitsverhältnis verbundenen Wechsel des Arbeitgebers durch Ausspruch einer außerordentlichen Kündigung zu vermeiden.[181]

### 6. Durchsetzung von Rechten

159 Der Leiharbeitnehmer kann das Bestehen des fingierten Arbeitsverhältnisses im Wege der allgemeinen **Feststellungsklage** vor dem Arbeitsgericht geltend machen.

---

175 Nicht durch den illegalen Verleiher, so LAG Köln, Urt. v. 28.11.1986 – 4 Sa 918/86 – DB 1987, 2419 ausdrücklich.

176 Ulber/*Ulber*, § 10 Rn 44; Thüsing/*Mengel*, § 10 Rn 45.

177 *Becker/Wulfgramm*, Art. 1 § 10 Rn 37a.

178 Ulber/*Ulber*, § 10 Rn 45; a.A. ArbG Bochum, Urt. v. 14.1.1982 – 2 Ca 495/81 – EzAÜG Nr. 1 KSchG; *Becker/Wulfgramm*, Art. 1 § 10 Rn 37a; Schüren/Hamann/*Schüren*, § 10 Rn 107.

179 ArbG Köln, Urt. v. 7.3.1996 – 17 Ca 6257/95 – DB 1996, 1342 m. zust. Anm. *Wrede;* bejahend LAG Köln, Urt. v. 11.12.1996 – 7 (11) 802/96 – NZA-RR 1997, 244; offengelassen von BAG, Urt. v. 3.12.1997 – 7 AZR 764/96 – NZA 1998, 876.

180 BAG, Urt. v. 18.2.2003 – 3 AZR 160/02 – EzA § 10 AÜG Nr. 11; Schüren/Hamann/*Schüren*, § 10 Rn 41.

181 *Becker/Wulfgramm*, Art. 1 § 10 Rn 38; Ulber/*Ulber*, § 10 Rn 44; a.A. Schüren/Hamann/*Schüren*, § 10 Rn 112.

Die das Arbeitsverhältnis zum Entleiher begründenden Tatsachen sind dabei vom Arbeitnehmer darzulegen und ggf. unter Beweis zu stellen, wobei die jüngste instanzgerichtliche Rechtsprechung dem Arbeitnehmer die Grundsätze zur abgestuften Darlegungs- und Beweislast zugutekommen lässt.[182]

Bei fortlaufender Tätigkeitsausübung unterliegt die Geltendmachung von **160**
Rechten aus dem entstandenen Arbeitsverhältnis zum Entleiher keiner Frist.[183] Ist der vermeintliche Leiharbeitnehmer aus dem Vertragsverhältnis zum Verleiher bereits ausgeschieden, muss er im Falle einer vormaligen Befristung die dreiwöchige Klagefrist des § 17 TzBfG beachten, ansonsten unterliegt die Geltendmachung von Rechten aus dem fingierten Arbeitsverhältnis zum Entleiher lediglich den Grundsätzen der Verwirkung. Diese kann bei Untätigbleiben des Leiharbeitnehmers bereits nach 3 Monaten eintreten, jedenfalls aber nach spätestens einem Jahr.[184]

## F. Fallgruppen der Abgrenzung zwischen Werkvertrag und unerlaubter Arbeitnehmerüberlassung

Gerade in der neuen Diskussion wird häufig versucht, den Personaleinsatz nicht **161**
mehr durch Arbeitnehmerüberlassung, sondern durch Werkverträge zu bewerkstelligen. Dabei stehen in der heutigen Praxis **bestimmte Berufsgruppen** besonders im Fokus der Diskussion um die Problematik der (Schein-)Werkverträge. Im Folgenden sollen deshalb einige vieldiskutierte und im Fokus stehende Fallgruppen dargestellt und insbesondere die bereits bestehende Rechtsprechung – speziell erst- und zweitinstanzliche – dazu erläutert werden. Damit kann für die Praxis auch ein entsprechender Hinweis bezüglich der Fallgestaltung gegeben werden, der als erste Orientierung für die jeweilige Ausgestaltung dienen kann. Im Einzelfall bleibt eine Prüfung nach den konkreten Umständen aber unerlässlich.

---

**182** LAG Düsseldorf, Urt. v. 27.8.2007 – 17 Sa 864/07 – BeckRS 2008, 50288; vgl. auch LAG Baden-Württemberg, Urt. v. 1.8.2013 – 2 Sa 6/13 – NZA 2013, 1017; LAG Berlin-Brandenburg, Urt. v. 5.9.2013 – 33 Ca 5347/13 – BeckRS 2013, 72711.

**183** ArbG Krefeld, Urt. v. 19.4.2011 – 4 Ca 3047/10 – JurionRS 2011, 17971.

**184** LAG Köln, Urt. v. 3.6.2003 – 13 (3) Sa 2/03 – EzAÜG Nr. 13 zu § 9 AÜG; Schüren/Hamann/*Schüren*, § 10 Rn 140; vgl. aber auch LAG Düsseldorf, Urt. v. 25.8.2008 – 17 Sa 153/08 – EzA-SD 2008 Nr. 22, 8 und BAG, Urt. v. 10.10.2007 – 7 AZR 448/06 – EzAÜG Nr. 4 zu § 10 AÜG Verwirkung, wonach 6 Monate bzw. ein Jahr der Untätigkeit nicht zur Verwirkung führen.

### I. Reinigung

162 Ein viel diskutierter Bereich, in dem Leistungen aufgrund eines Werkvertrags erbracht werden, ist der Reinigungssektor.

163 Im Bereich der Gebäudereinigung wurde zur Abgrenzung der Arbeitnehmerüberlassung vom Werkvertrag vom Hessischen LAG[185] entschieden, dass im vorliegenden Fall, bei dem es um die **Gebäudereinigung einer Eissporthalle** ging, von keinem Arbeitsverhältnis, sondern von einem Vertrag mit dienst- und werkvertraglichen Elementen auszugehen war.

164 Das Berufungsgericht begründete dies u.a. damit, dass die Durchführung der Leistungen dem Unternehmer aufgegeben war, der diese **mit eigenen von ihm auszuwählenden Arbeitnehmern** und **eigenem Objektleiter** zu erfüllen hatte. Die Überlassung von Arbeitnehmern nebst Übertragung des Weisungsrechts sei gerade nicht Gegenstand des vorgelegten Gebäudereinigungsvertrags gewesen.

165 Das LAG Hessen stellte in seiner Entscheidung fest, dass selbst bei Abweichung der tatsächlichen Handhabung vom Vertragsinhalt eines Gebäudereinigungsvertrags, welcher als **typengemischter Vertrag** sowohl werk- als auch dienstvertragliche Elemente aufweise, nicht zwingend von einer Arbeitnehmerüberlassung auszugehen sei. Im Falle eines Abweichens der tatsächlichen Handhabung vom Vertragsinhalt komme es zwar auf die tatsächliche Durchführung an. Dies setze aber voraus, dass die tatsächliche Durchführung auch vom Willen der am Abschluss beteiligten Arbeitgeber umfasst ist. Es sei hingegen nicht ausreichend, dass der Mitarbeiter eines Reinigungsunternehmens behaupte, Weisungen durch den Betriebsleiter der zu reinigenden Eissporthalle zu erhalten und durch diesen kontrolliert zu werden. Es bedarf vielmehr – sofern wie im vorliegenden Fall der Betriebsleiter nicht zum Abschluss eines Gebäudereinigungsvertrags befugt sei – der Kenntnis der Vertragsparteien, dass eine solche Praxis gewollt sei oder zumindest geduldet werde.

---

! **Praxishinweis**
Es kommt zwar grundsätzlich auf die tatsächlich gewollte Vertragsdurchführung an, wenn sich vertragliche Regelung und praktische Durchführung widersprechen. Die Vertragspraxis lässt allerdings nur dann Rückschlüsse auf den wirklichen Geschäftswillen der Vertragspartner zu, wenn die zum Vertragsschluss berechtigten Personen die vom Vertragswortlaut abweichende Praxis kennen und sie zumindest billigen.[186]

---

**185** LAG Hessen, Urt. v. 9.4.2013 – 8 Sa 1270/12 – juris, die Revision beim BAG wurde verworfen BAG, Beschl. v. 11.9.2013 – 9 AZN 515/13 –.

**186** Vgl. auch BAG, Urt. v. 13.8.2008 – 7 AZR 269/07 – EzAÜG Nr. 121 zu § 10 AÜG Fiktion.

## II. Security/Sicherheitsgewerbe

Das BAG[187] hatte sich im Bereich der Security mit einer zwischen der Bundespolizei und der F-GmbH geschlossenen Vereinbarung über die Durchführung von Aufgaben der Luftsicherheit auf dem Flughafen H zu beschäftigen und nahm eine Tätigkeit auf dienstvertraglicher Grundlage an. 166

Die Tätigkeit war so ausgestaltet, dass der F-GmbH die notwendigen technischen Mittel zur Verfügung gestellt wurden sowie auch ein **Handbuch** erstellt wurde, welchem Dienstanweisungen der Bundespolizei, etwa das Verhalten am Arbeitsplatz oder Anweisung zum äußeren Erscheinungsbild, beigelegt waren. Es erfolgten darüber hinaus direkte Weisungen durch die Beamten der Bundespolizei gegenüber den Mitarbeitern der F-GmbH bei Fehlern im Kontrollablauf oder bei der Durchführung der Kontrolltätigkeit sowie auch bei Entscheidungen in Gefahrensituationen. Das BAG führte hierzu aber ausdrücklich aus, dass solche Weisungen der Annahme eines Dienstvertrags nicht entgegenstehen würden, da der Auftraggeber – wie sich bereits aus § 645 S. 1 BGB ergibt – dem Werkunternehmer oder dessen Erfüllungsgehilfen **Anweisungen für die Ausführungen des Werks** erteilen könne. § 645 S. 1 BGB gelte entsprechend für Dienstverträge. Der Bundespolizei kam schließlich auch nur in dringenden Fällen ein fachliches Weisungsrecht zu, die Mitarbeiter der F-GmbH unterlagen als Luftsicherheitsassistenten grundsätzlich den Weisungen der F-GmbH. Dafür beschäftigte die F-GmbH in jeder Schicht einen Bereichsleiter, einen Personaldisponenten sowie zwei Ausbilder als Führungspersonal. Nach Auffassung des BAG würden auch die detaillierten Vorgaben der Bundespolizei im Rahmen des Handbuchs nicht für eine Arbeitnehmerüberlassung sprechen, da der Auftraggeber im Sicherheitsgewerbe regelmäßig bestimme, wie die Sicherheitskontrollen durchzuführen seien, wobei dieser seinerseits normative Vorgaben zu beachten habe. Das Handbuch spiegle damit als **projektbezogene Anweisung** lediglich den vom Auftraggeber gewünschten gesetzeskonformen Qualitätsstandard wider. 167

**Praxishinweis** !

Der Auftraggeber darf den Werkunternehmer oder dessen Erfüllungsgehilfen Anweisungen für die Ausführungen des Werks erteilen. Dies ergibt sich aus § 645 S. 1 BGB, was das BAG in seiner Entscheidung ausdrücklich betont.

Der Auftraggeber bestimmt im Sicherheitsgewerbe regelmäßig, wie Sicherheitskontrollen durchzuführen sind, wobei gesetzliche Vorgaben zu beachten sind. Insofern sprechen auch detaillierte Vorgaben des Auftraggebers – etwa in einem Handbuch – in diesem Bereich nicht zwingend gegen einen Dienst- bzw. Werkvertrag.

187 BAG, Urt. v. 18.1.2012 – 7 AZR 723/10 – NZA-RR 2012, 455.

### III. Catering, Küchen- und Hauswirtschaftstätigkeiten

168 Bei einer Fremdvergabe der Essensversorgung in einem Seniorenheim hat das LAG Berlin-Brandenburg mit seinem Urteil vom 5.3.2013 eine **illegale Arbeitnehmerüberlassung** angenommen.[188] Der Arbeitgeber hatte sich hier zur Rechtfertigung einer betriebsbedingten Kündigung auf den Wegfall des Arbeitsplatzes durch Fremdvergabe der bisher vom gekündigten Arbeitnehmer verrichteten Arbeiten berufen, tatsächlich erfolgte die „Fremdvergabe" aber nicht in selbstständiger Erledigung durch den Dritten, sondern dieser war vielmehr in den Arbeitsbetrieb des Arbeitgebers eingegliedert. Entgegen der vertraglichen Vereinbarung erfolgte keine Küchenbewirtung durch die externe Firma A, sondern die Speisen wurden nach wie vor von den Mitarbeitern des Seniorenheims in dessen Küche zubereitet. Das LAG war der Auffassung, dass es zur Aufgabenerfüllung durch die Mitarbeiter der Firma A einer vollständigen Eingliederung in den Betrieb des Seniorenheims bedurfte. Die Küchenmitarbeiter erhielten auch fachliche Weisungen von den Mitarbeitern der Firma A und die Einsatzplanung erfolgte in Absprache, sodass eine illegale Arbeitnehmerüberlassung vom Gericht angenommen wurde.

169 Das LAG Berlin-Brandenburg führte zwar aus, dass bei fremdvergebenen Diensten höherer Art das Weisungsrecht kein typisches Merkmal der Arbeitnehmerstellung sei. In diesem Fall könne sich die für die Arbeitnehmerüberlassung maßgebliche Eingliederung in den Betrieb des Bestellers/Entleihers auch aus der Art oder der Organisation der Tätigkeit unter Einbindung in die Betriebsstruktur ergeben.

---

**!** **Praxishinweis 1**

Die Abgrenzung des Werkvertrags von der unerlaubten Arbeitnehmerüberlassung kann auch bei einer **betriebsbedingten Kündigung** eine Rolle spielen.

Wie der Fall zeigt, kann insbesondere der Ersatz eines Arbeitnehmers durch einen Leiharbeitnehmer den Wegfall des Arbeitsplatzes i.S.v. § 1 Abs. 2 KSchG für eine betriebsbedingte Kündigung nicht begründen. Dabei handele es sich nämlich nur um eine **Austauschkündigung**, für die dringende betriebliche Erfordernisse nicht feststellbar sind. Insofern kann auch bei einer betriebsbedingten Kündigung die Abgrenzung eines echten Werkvertrags von einer unerlaubten Arbeitnehmerüberlassung eine entscheidende Rolle spielen. Da das Gericht für diesen Fall entschied, dass eine unerlaubte Arbeitnehmerüberlassung, nicht hingegen ein Werkvertrag vorgelegen hat, war die betriebsbedingte Kündigung nicht gerechtfertigt, weil es sich nach Auffassung des Gerichts lediglich um eine sog. Austauschkündigung handelte.

---

**!** **Praxishinweis 2**

Bei der Fremdvergabe einer bestimmten Tätigkeit ist streng darauf zu achten, dass die Fremdvergabe in selbstständiger Erledigung durch einen Dritten erfolgt und der Dritte nicht in den Arbeitsbe-

---

**188** LAG Berlin-Brandenburg, Urt. v. 5.3.2013 – 12 Sa 1624/12 – NZA-RR 2013, 466.

trieb des Arbeitgebers eingegliedert ist. Die Fremdleistung muss in eigener betrieblicher Organisation erfolgen. Nur so kann eine verdeckte Arbeitnehmerüberlassung ausgeschlossen werden und eine ggf. auf die Fremdvergabe gestützte betriebsbedingte Kündigung wirksam sein.

## IV. Hausmeistertätigkeiten, Facility-Management

Ein besonders brisantes und in der Presse diskutiertes Verfahren einer Bertelsmann-Tochter spielte sich im Bereich der Reinigung, aber auch des Facility Managements – welches hier im Fokus der Entscheidung stand – vor dem ArbG Bielefeld[189] und in zweiter Instanz vor dem LAG Hamm[190] ab. 170

### 1. Urteil des ArbG Bielefeld vom 5.12.2012

In dem der Entscheidung zugrunde liegenden Fall war eine Rahmenvereinbarung zwischen der Beklagten 1) und Beklagten 2) dahingehend getroffen worden, dass die Beklagte 2) (im Folgenden Werkunternehmer) Reinigungsleistungen nach einem **bestimmten aufgelisteten Katalog** für die Beklagte zu 1) (im Folgenden Werkbesteller) erbringt. Der Kläger, welcher mit seiner Klage ein Arbeitsverhältnis aufgrund einer unerlaubten Arbeitnehmerüberlassung geltend machen wollte, war bei dem Werkunternehmer beschäftigt und erbrachte Facility Management-Leistungen beim Werkbesteller. Über die Facility Management-Leistungen wurde zwischen den Beklagten zunächst **keine schriftliche Vereinbarung** getroffen, später erfolgte lediglich ein **Leistungsverzeichnis der zu erbringenden Leistungen**. Für das ArbG Bielefeld stand nach der Verhandlung fest, dass der Kläger in einem Arbeitsverhältnis zum „Werkbesteller" stehe, da es sich um eine unerlaubte Arbeitnehmerüberlassung handelte und somit die Fiktionswirkung des § 10 Abs. 1 S. 1 AÜG eingriff. Der Werkbesteller war damit Arbeitgeber des Klägers. Maßgebend für die Entscheidung des ArbG Bielefeld war, dass der Kläger in den Betrieb des Werkbestellers vollständig eingegliedert und integriert gewesen sei, darüber hinaus auch dessen Weisungen unterlag. Die Gesamtbetrachtung der einzelnen Umstände ergab für die Kammer somit, dass eine unerlaubte Arbeitnehmerüberlassung und nicht eine werkvertragliche Basis der Tätigkeit anzunehmen sei. Im Einzelnen war für das Gericht im konkreten Fall ausschlaggebend: 171

- Der Kläger arbeitete mit Mitarbeitern des „Werkbestellers" zusammen.
- Der Kläger erbrachte Tätigkeiten, die zuvor von **eigenen Mitarbeitern** des „Werkbestellers" wahrgenommen wurden.

---

**189** ArbG Bielefeld, Urt. v. 5.12.2012 – 6 Ca 1016/12 – juris.
**190** LAG Hamm, Urt. v. 24.7.2013 – 3 Sa 1749/12 – juris.

- Der „Werkbesteller“ stellte dem Kläger vollständig das **Material** und sämtliche **Werkzeuge** für die Erledigung seiner Aufgaben zur Verfügung; die Sicherheitskleidung in Form von Sicherheitsschuhen wurde ebenfalls gestellt. Der Kläger nutzte auch diese Betriebsmittel, obwohl ihm teilweise vom Werkunternehmer ebenfalls Betriebsmittel zur Verfügung gestellt wurden.
- Die Ausführung der Tätigkeit durch den Kläger war nach den Betriebsabläufen des „Werkbestellers“ vorzunehmen; der Werkunternehmer bzw. der Kläger hatte keine Möglichkeit, den **Ablauf** der Arbeitstätigkeit selbst zu bestimmen.
- Das Gericht stellte auch darauf ab, dass es nach den neuen Maßstäben des BAG im Wesentlichen nur noch auf die **Eingliederung in den Betrieb** sowie die Ausübung des **arbeitgeberseitigen Weisungsrechtes** ankommt. Auch nach der neuen Rechtsprechung ergebe sich vorliegend keine andere Einschätzung.
- Auch die Urlaubshandhabung sprach im vorliegenden Fall für eine unerlaubte Arbeitnehmerüberlassung. Der Kläger beantragte zwar seinen **Urlaub** beim Werkunternehmer und er wurde auch von diesem gewährt. Die Vertretung erfolgte ebenfalls von Mitarbeitern des Werkunternehmers, jedoch wurde als Absicherung eine Mitarbeiterin des „Werkbestellers“ zum reibungslosen Ablauf hinzugezogen.
- Schließlich wurde der Kläger vor Einstellung durch den Werkunternehmer auch Mitarbeitern des „Werkbestellers“ vorgestellt, sodass daraus auch eine enge Verzahnung der Tätigkeit des Klägers mit Mitarbeitern des „Werkbestellers“ ersichtlich sei, was nach Auffassung des Gerichts ebenfalls für eine Arbeitnehmerüberlassung spricht.
- Das arbeitgeberseitige Weisungsrecht wurde nach Auffassung des Gerichts ebenfalls ausschließlich von dem „Werkbesteller“ ausgeübt; der Werkunternehmer setzte zwar einen Objektleiter für die Tätigkeiten beim „Werkbesteller“ ein, dieser erteilte jedoch keinerlei Weisungen im Hinblick auf die Durchführung und Organisation der Arbeit des Klägers.

### 2. Urteil des LAG Hamm vom 24.7.2013, zweite Instanz

172 Die Bertelsmann-Tochter legte gegen das erstinstanzliche Urteil Berufung ein, diese **blieb jedoch erfolglos**, sodass es nach wie vor an der Beurteilung eines Scheinwerkvertrags in der vorliegenden Konstellation verbleibt. Das LAG folgte der Argumentation des Erstgerichtes.[191]

173 Auch für die Kammer war von einer unerlaubten Arbeitnehmerüberlassung auszugehen, da insbesondere hinreichende Indizien vorgetragen wurden, dass der Kläger – der Hausmeister – in die betriebliche Organisation eingegliedert war und

191 LAG Hamm, Urt. v. 24.7.2013 – 3 Sa 1749/12 – juris.

den Weisungen der Bertelsmann-Tochter unterlag. Darüber hinaus war von der vertraglichen Vereinbarung die Tätigkeit des Hausmeisters nicht umfasst und es konnten im Prozess auch keine konkreten Tatsachen dazu vorgetragen werden, welche Abreden mit der Reinigungsfirma der Tätigkeit des Hausmeisters zugrunde lagen. Da es nach Auffassung des LAG Hamm allerdings um eine Einzelfallentscheidung ging und der Rechtsstreit keine grundsätzliche Bedeutung habe, wurde die Revision nicht zugelassen.

**Praxishinweis** !

Wie in vielen anderen Fällen wurde auch in diesem Fall die Staatsanwaltschaft Bielefeld eingeschaltet, die wegen des Verdachts des Verstoßes gegen das Arbeitnehmerüberlassungsgesetz sowie aber auch des Vorenthaltens und Veruntreuens von Arbeitsentgelt ermittelte. Sofern die Gerichte die Auslagerung von Arbeiten auf Fremdfirmen als Scheinwerkvertrag werten, ist dies rechtlich als unerlaubte Arbeitnehmerüberlassung anzusehen. Neben den strafrechtlichen Sanktionen, die drohen, besteht eine weitere Konsequenz darin, dass die Unternehmen als neuer Arbeitgeber die betroffenen Arbeitnehmer in ihre eigene Belegschaft eingliedern müssen und in vielen Fällen auch höhere Löhne zahlen sowie Sozialabgaben nachentrichten müssen.

## V. Ausbeiner

In der Fleischindustrie ist insbesondere ein Urteil des LAG Berlin-Brandenburg[192] zu 174
erwähnen. Die betreffende Person war aufgrund eines Werkvertrags bei einem Fleisch- und Wurstproduktionsbetrieb eingesetzt, bei welchem sie die fachgerechte Ausführung von Arbeiten in der Fleisch- und Wurstproduktion mitsamt dazugehörigen Verpackungs- und Nebentätigkeiten angeboten hatte. Die zu erbringenden Leistungen richteten sich nach dem Bedarf der eingesetzten Gesellschaft. Ein Weisungsrecht der Gesellschaft bestand gegenüber der tätigen Person nicht. Die Vergütung bemaß sich dabei nach Kilogramm und Stück.

Das LAG Berlin-Brandenburg nahm hier eine (illegale) Arbeitnehmerüberlas- 175
sung an und stützte seine Auffassung insbesondere darauf, dass der Vertragsgegenstand hier unbestimmt, also nicht konkret bezeichnet war und es deshalb einer laufenden **Konkretisierung vonseiten der Auftraggeberin** bedurft habe. Vertragsgegenstand war lediglich, dass sich die zu erbringenden Leistungen nach dem Bedarf des Auftraggebers richten. Eine illegale Arbeitnehmerüberlassung liegt nach Ansicht des LAG Berlin-Brandenburg deshalb vor, weil sich die Leistung des Unternehmens darin erschöpft habe, eine gewisse Anzahl von Produktionsmitarbeitern einschließlich eines Vorarbeiters einem anderen Unternehmen zur Abarbeitung dessen Bedarfs zur Verfügung zu stellen. Die zu erbringende Leistung richtete sich

**192** LAG Berlin-Brandenburg, Urt. v. 12.12.2012 – 15 Sa 1217/12 – BB 2013, 1020.

somit nach dem Bedarf der Beklagten, was für eine Eingliederung der Arbeitnehmer in den Betrieb des Auftraggebers spreche und somit zu einer illegalen Arbeitnehmerüberlassung führt. Darüber hinaus führte das Gericht an, dass es an einer organisatorischen Selbstständigkeit bezüglich der Tätigkeit im Betrieb fehle und ihm kein konkreter Tätigkeitsbereich zugewiesen wurde. Es fehle also an einem abgrenzbaren, dem Auftragnehmer als eigene Leistung **zurechenbarem und abnahmefähigem Werk.** Schließlich hatte der Beschäftigte hier auch **Vertretungseinsätze** bei Urlaub oder Krankheit von Mitarbeitern der Gesellschaft gemacht, sodass dies ebenfalls für eine Arbeitnehmerüberlassung und gegen einen Werkvertrag spreche.

---

**!** **Praxishinweis**

Wichtig für den Werkvertrag ist es, dass zumindest im Vertrag ein gewisser Werkerfolg rahmenmäßig festgelegt ist. Im Laufe der Vertragsabwicklung kann eine Konkretisierung durch die Parteien erfolgen, wenn allerdings zumindest rahmenmäßig eine vertragliche Anknüpfung zum Werkerfolg besteht. Die Tätigkeit sollte zwischen den Parteien aber konkret und so genau wie möglich vereinbart werden. Verbleibt ein Spielraum für den Auftraggeber, den dieser durch Weisungen ausfüllen kann, spricht dies für eine (illegale) Arbeitnehmerüberlassung.

Entscheidend ist darüber hinaus, dass dem Werkunternehmer eine eigenständige Tätigkeit übertragen wird, die er selbst und eigenständig zu erledigen hat.

---

## VI. Automobilbranche

176 Ungeachtet der Tatsache, dass der Automobilhersteller Daimler bereits jüngst in die Kritik geraten war, weil nach Recherchen des SWR Menschen über **Werkverträge an Fließbändern** beschäftigt worden sein sollen, stand der Konzern auch in dem der Entscheidung des LAG Baden-Württemberg zugrunde liegenden Fall vor Gericht.

### 1. Grundsätze des Urteils des LAG Baden-Württemberg vom 1.8.2013

177 Nach Ansicht des LAG Baden-Württemberg hat der Konzern zwei frühere IT-Experten in Scheinwerkverträgen beschäftigt.[193] Zwischen den beiden Beschäftigten und dem Automobilhersteller habe insoweit ein Arbeitsverhältnis bestanden, da in Wahrheit eine unerlaubte Arbeitnehmerüberlassung vorlag. Die beiden Kläger hatten vor dem LAG Baden-Württemberg geklagt, weil sie zwar Verträge mit einem IT-Systemhaus hatten und dort als sog. freie Mitarbeiter tätig waren, aus ihrer Sicht wurden sie bei dem Autobauer aber wie Arbeitnehmer behandelt, sodass die Fiktionswirkung des § 10 AÜG greift und sie deshalb ein Arbeitsverhältnis zu Daimler

---

193 LAG Baden-Württemberg, Urt. v. 1.8.2013 – 2 Sa 6/13 – NZA 2013, 1017.

begründet sahen. Vor dem Stuttgarter ArbG waren die Kläger gescheitert, vor dem LAG Baden-Württemberg hatten sie jedoch mit Urteil vom 1.8.2013 Erfolg.

In dem der Entscheidung zugrunde liegenden Fall ging es um den Einsatz von 178 IT-Beratern bei Daimler, die aufgrund eines mit dem IT-Dienstleister vereinbarten Ticketsystems eingesetzt wurden und nach der vertraglichen Regelung auch nur auf Basis des **Ticketsystems** tätig werden sollten. Aufgrund dieses Ticketsystems sollten EDV-spezifische Aufträge von Arbeitnehmern des Unternehmens nach Eröffnung eines Tickets von dem Dritten bearbeitet werden. Dies ist grundsätzlich dem Werkvertragsrecht zuzuordnen. Nach Auffassung des Gerichts war deshalb nach der vertraglichen Grundlage eine **werkvertragliche Basis** der Tätigkeit gegeben, jedoch wurde tatsächlich von den vertraglichen Regelungen massiv abgewichen, sodass im Ergebnis eine unerlaubte Arbeitnehmerüberlassung vorlag. Das vereinbarte Ticketsystem wurde in vielen Fällen umgangen, sodass die Kläger von Arbeitnehmern der Beklagten **tatsächlich und unmittelbar Weisungen** sowohl in arbeitsvertraglicher als auch in werkvertraglicher Hinsicht erhalten haben.

**Praxishinweis** !
Bei Erteilung arbeitsrechtlicher Weisungen durch den Werkbesteller gegenüber dem Fremdpersonal liegt in keinem Fall eine werkvertragliche Basis mehr vor.

Das Gericht führte hier auch nochmals zu der Rechtsprechung des BAG aus, wo- 179 nach dieses bei den erteilten Weisungen streng zwischen **arbeitsrechtlichen/personenbezogenen Weisungen** und **werkbezogenen/objekt-bezogenen Anweisungen** i.S.d. § 645 Abs. 1 S. 1 BGB unterscheidet. Nach dieser Rechtsprechung wird die Grenze zur arbeitsvertraglichen Anweisung insbesondere dann überschritten, wenn der Dritte erst durch seine Anweisungen den Gegenstand der von dem Erfüllungsgehilfen des Werkherstellers zu erbringenden Leistungen bestimmt. Weisungen des Dritten, die die Art und Weise der Arbeitsleistungen (Inhalt, Zeit, Ort, Tempo, Ausführung) betreffen, indizieren eine Arbeitnehmerüberlassung, wohingegen werkbezogene Anweisungen (z.B. bestimmte Fertigungsmethoden, Qualitätsanforderungen, Reihenfolge, Stückzahl) dagegen keine Arbeitnehmerüberlassung indizieren.

**Praxishinweis** !
Es sollte immer darauf geachtet werden, dass allenfalls nur werkbezogene Anweisungen gegeben werden! Werden arbeitsvertragliche Weisungen vom Werkbesteller an die Mitarbeiter des Werkunternehmens erteilt, spricht dies für eine Arbeitnehmerüberlassung.

Im vorliegenden Fall war es nach der Überzeugung des Gerichts so, dass die Kläger 180 auch maßgeblich Weisungen von der Beklagten bzw. deren Mitarbeiter erhalten haben und die Kläger somit in das Gefüge der Beklagten eingebunden waren. Die Eingliederung ergab sich auch daraus, dass die Kläger bestimmte Anwesenheitszeiten im Betrieb der Beklagten hatten sowie eigene Räume mit ausgestattetem Material von der Beklagten erhielten.

181 Im Ergebnis war nach Auffassung des Gerichts somit von einer unerlaubten Arbeitnehmerüberlassung auszugehen, sodass die Kläger in einem Arbeitsverhältnis zur Beklagten standen.

### 2. Darlegungs- und Beweislast

182 Darüber hinaus führte das LAG Baden-Württemberg auch noch Vorgaben zur Darlegungs- und Beweislast in einem solchen Fall aus. Es geht von dem Grundsatz aus, dass die Darlegungs- und Beweislast für Umstände, aus denen sich ergeben soll, dass es sich bei einem drittbezogenen Personaleinsatz um Arbeitnehmerüberlassung handelt, diejenige Partei trägt, die daraus für sich günstigere Rechtsfolgen herleiten will. Es erkennt allerdings auch die Problematik, dass viele auf eine Arbeitnehmerüberlassung hindeutende Tatsachen, wie etwa die vertragliche Vereinbarung zwischen dem Dritten und dem vermeintlichen Werkunternehmer oder auch die Weisungsstruktur außerhalb des Wahrnehmungsbereichs des Arbeitnehmers liegen, sodass eine eklatante **Darlegungs- und Beweisnot** droht. Aus diesem Grund ist dem Arbeitnehmer nach den Grundsätzen der sekundären Darlegungs- und Beweislast die Möglichkeit einzuräumen, sich zunächst auf die Darlegung und den Beweis solcher Umstände zu beschränken, die seiner Wahrnehmung zugänglich sind und die für eine Zuordnung zum Arbeitnehmerüberlassungsrecht sprechen. Dann ist es Sache des beklagten Arbeitgebers, die für das Gegenteil sprechenden Tatsachen darzulegen und zu beweisen, wonach die Abgrenzungskriterien Weisungsstruktur und Risikotragung auch in der gewählten Vertragsdurchführung werksvertragstypisch ausgestaltet sind.[194]

---

**!** **Praxishinweis**

Es ist nach der Rechtsprechung auch zu berücksichtigen, dass im Falle der Werkvertragsproblematik eine sekundäre Darlegungs- und Beweislast gilt, sodass der Arbeitgeber schnell in die Darlegungs- und Beweislast kommen kann, wenn der Arbeitnehmer gewisse Umstände vorträgt, die auf eine Zuordnung zum Arbeitnehmerüberlassungsrecht hindeuten.

---

## VII. Baubranche

183 Gerade auch in der Baubranche spielt die Problematik der Werkverträge eine besonders große Rolle. Nicht zuletzt, weil hier auch ausländische Personen zur Tätig-

194 So auch LAG Berlin-Brandenburg, Urt. v. 5.9.2013 – 33 Ca 5347/13 – BeckRS 2013, 72711.

keit herangezogen werden, verschärft sich die Problematik und die Diskussion darum.

### 1. Urteil des LSG Baden-Württemberg vom 16.10.2012

So ist etwa die Entscheidung des LSG Baden-Württemberg[195] besonders relevant. 184
Hier ging es um **Verfugungsarbeiten**, die durch polnische Bauarbeiter zu erbringen waren. Grundlage der Tätigkeit war eine Vereinbarung der deutschen Bauunternehmensgesellschaft, welche einen Gebäudeanbau zu errichten hatte, und der Firma S-Bau Dienstleistungsgesellschaft über die Verfugung von 900 m² Sichtmauerwerk. Die beauftragte S-Bau GmbH verfügte weder über einen eigenen Geschäftsbetrieb, einen Bauhof oder Fuhrpark, noch lag ihr eine Erlaubnis zur Arbeitnehmerüberlassung vor. Fünf polnische Bauarbeiter der S-GmbH führten die Verfugungsarbeiten mit dem Material und dem Werkzeug der Bauunternehmergesellschaft aus.

Die Vereinbarung zwischen dem Bauunternehmen und der S-Bau GmbH wurde 185
vom LSG Baden-Württemberg als illegale Arbeitnehmerüberlassung qualifiziert. Das Gericht war zwar der Auffassung, dass die **klar definierte und auch abgrenzbare Tätigkeit** grundsätzlich für einen Werkvertrag spricht, jedoch sei die S-Bau GmbH nicht in der Lage gewesen, den Einsatz auf werkvertraglicher Basis durchzuführen. Dazu gehöre nicht nur der Einsatz eigener Mitarbeiter, sondern auch der Einsatz eigenen Materials bzw. eigener Werkzeuge. Darüber hinaus sei die S-Bau GmbH auch nicht in der Lage gewesen, einzuschätzen, wie viele Arbeitskräfte für die Verfugung notwendig seien, woraufhin die Bauunternehmensgesellschaft die Planung vornahm.

Für eine illegale Arbeitnehmerüberlassung spricht die **Nutzung des Materials** 186
sowie der Werkzeuge der Bauunternehmensgesellschaft, was zu einer **Eingliederung in die Arbeitsabläufe** des Bauunternehmens führte. Die **Abrechnung** erfolgte ebenfalls nach Anzahl der für die Arbeiten benötigten Arbeitsstunden und die Arbeiten sind von der Baugesellschaft unmittelbar vor Ort kontrolliert und notfalls sofort beanstandet worden. Darüber hinaus konnte das Bauunternehmen direkt Weisungen an die Bauarbeiter der S-Bau GmbH erteilen. Nach Auffassung des Gerichts erschöpfte sich die Leistungspflicht der S-Bau GmbH damit allein in der Zurverfügungstellung der benötigten Arbeitskräfte, was eine illegale Arbeitnehmerüberlassung mangels Arbeitnehmerüberlassungserlaubnis zur Folge hatte.

---

**Praxishinweis** !

Entscheidend ist bei der werkvertraglichen Grundlage auch immer, dass die betriebliche Organisation und die Abläufe so gestaltet sind, dass das versprochene bzw. vereinbarte Werk auch tatsächlich hergestellt werden kann. Es muss somit die Möglichkeit bei dem Auftragnehmer bestehen, das vereinbarte Werk in eigener Verantwortung auch herzustellen.

---

195 LSG Baden-Württemberg, Urt. v. 16.10.2012 – L 11 KR 19/11 – juris.

**Praxishinweis**
Grundsätzlich sollte darauf geachtet werden, dass der Werkunternehmer auch eigenes Material und eigene Werkzeuge verwendet. In Einzelfällen spricht das Überlassen von Material aber nicht zwingend gegen einen Werkvertrag.[196]

### 2. Urteil des LAG Rheinland-Pfalz vom 3.2.2011

187 Auch das LAG Rheinland-Pfalz[197] hatte sich mit der Abgrenzung zwischen werkvertraglicher Fremdvergabe und verdeckter Arbeitnehmerüberlassung in der Baubranche zu beschäftigen. Hier ging es um das **Outsourcen von verschiedenen Arbeiten** wie Schneide-, Biege-, Ablade-, Einlagerungs- und Positionierarbeiten. Für das Gericht waren sämtliche Eigenheiten eines Werkvertrags gegeben. Es spreche insbesondere nicht gegen einen Werkvertrag, dass der Besteller die Einzelheiten des gewünschten Werkes bestimme und diese auch noch während der Ausführung kontrolliert, wie insbesondere die gesetzliche Regelung des §645 Abs.1 S.1 BGB zeigt. Aus diesem Grund spreche auch ein projektbegleitendes Qualitätsmanagement nicht gegen das Vorliegen eines Werkvertrags. Entscheidend war für das Gericht, dass der Auftraggeber nicht über den Arbeitseinsatz des Fremdpersonals disponiert, sondern lediglich die Verwirklichung seines Projekts fördert. In der Vereinbarung zwischen den Parteien war auch die typische Regelung der Haftung und Gewährleistung des Auftragnehmers vereinbart, sodass dies nach Auffassung des Gerichts ebenfalls für den Werkvertrag spricht. Insofern war nach Überzeugung des Gerichts eine tatsächliche Fremdvergabe an selbstständige Fremdfirmen gegeben, sodass die auf der Fremdvergabe basierende betriebsbedingte Kündigung des Mitarbeiters gerechtfertigt war.

**Praxishinweis**
Ein projektbezogenes Qualitätsmanagement kann von § 645 Abs. 1 S. 1 BGB gedeckt sein, sodass dies nicht gegen einen Werkvertrag spricht.
Es sollte immer darauf geachtet werden, dass für den Werkvertrag typische Regelungen zur Haftung und Gewährleistung getroffen werden.

## G. Beteiligungsrechte des Betriebsrats beim Fremdpersonaleinsatz

188 Bei dem Einsatz von Fremdpersonal stellt sich auch dem Betriebsrat in jeder Hinsicht die Frage, ob diesem **ggf. Beteiligungs- oder zumindest Informations-**

196 Vgl. etwa im Fall des LAG Düsseldorf, Urt. v. 27.8.2007 – 17 Sa 270/07 – juris Rn 83.
197 LAG Rheinland-Pfalz, Urt. v. 3.2.2011 – 11 Sa 314/10 – juris.

**rechte** zustehen. Die Rechtsprechung neigt dazu, auch im Falle des Fremdpersonaleinsatzes dem Betriebsrat immer mehr Beteiligungs- und Informationsrechte zuzugestehen, sodass dies in der Praxis ebenfalls zu berücksichtigen ist. Die Rechte des Betriebsrats dürften angesichts der politischen Diskussion in den nächsten Jahren noch weiter verstärkt werden. Für die Arbeitnehmerüberlassung sind bestimmte Mitwirkungsrechte bereits gesetzlich in § 14 AÜG festgeschrieben.[198]

**Praxishinweis**
Auch beim Einsatz von Fremdpersonal können Beteiligungsrechte des Betriebsrats betroffen sein.

## I. Gesetzesentwurf des Bundesrats

Der erst jüngst vom Bundesrat vorgelegte Gesetzesentwurf[199] der Länder Niedersachsen, Baden-Württemberg, Bremen, Nordrhein-Westfalen und Rheinland-Pfalz zum Entwurf eines Gesetzes zur Bekämpfung des Missbrauchs von Werkverträgen und zur Verhinderung der Umgehung von arbeitsrechtlichen Verpflichtungen sieht neben Änderungen des Arbeitnehmerüberlassungsgesetzes auch die **Stärkung der Beteiligungsrechte** des Betriebsrats vor, sodass auch Änderungen des Betriebsverfassungsgesetzes vorzunehmen wären. 189

Aufgrund der aktuellen politischen Diskussion über die Scheinwerkverträge ist nun eine erste Reaktion vonseiten der Politik aufgetreten, womit gegen den Missbrauch von Werkverträgen vorgegangen werden soll. Denn **auch der Koalitionsvertrag** setzt sich das Ziel der Bekämpfung von Scheinwerkverträgen. Darin ist ebenfalls verankert, dass die Informations- und Unterrichtungsrechte des Betriebsrats in diesen Fällen gewährleistet sein sollen. 190

## II. Informations- und Beratungsrechte, § 80 Abs. 2 BetrVG

Eine wichtige Anspruchsgrundlage für den Betriebsrat im Rahmen des Fremdpersonaleinsatzes – insbesondere auch bei Werkverträgen – stellt § 80 Abs. 2 BetrVG dar. Danach ist der Betriebsrat zur Durchführung seiner Aufgaben **rechtzeitig und umfassend** vom Arbeitgeber zu unterrichten, wobei sich diese Unterrichtung auch auf die Beschäftigung von Personen erstreckt, die nicht in einem Arbeitsverhältnis zum 191

198 Vgl. Rn 131 ff.
199 Gesetzesantrag v. 11.9.2013, BR-Drucks. 687/13, BT-Drucks. 18/14.

Arbeitgeber stehen, § 80 Abs. 2 Hs. 2 BetrVG. Die Vorschrift erfasst daher **auch Werkverträge.**[200] Sie ist insbesondere auch deshalb besonders beachtenswert, weil der Betriebsrat in eigener Verantwortung beurteilen können soll, ob seinerseits Mitbestimmungs- oder Beteiligungsrechte bestehen, also ob tatsächlich ein Werkvertrag oder gar Leiharbeit vorliegt.[201] Grundsätzlich müssen jedoch Beteiligungsrechte des Betriebsrats überhaupt in Betracht kommen. Je nach Einordnung der jeweiligen Tätigkeit als Werkvertrag oder Leiharbeit wären unterschiedliche Beteiligungs- und Informationsrechte des Betriebsrats gegeben.

**!** **Praxishinweis**
Bei einem echten Werkvertrag bestehen nur wenige Rechte des Betriebsrats, wie etwa das Informationsrecht nach § 80 Abs. 2 BetrVG.

192 Der Entwurf des Bundesrats für ein Gesetz zur Bekämpfung des Missbrauchs von Werkverträgen und zur Verhinderung der Umgehung von arbeitsrechtlichen Verpflichtungen[202] sieht vor, dass in § 80 Abs. 2 BetrVG eine **gesetzliche Klarstellung der Befugnisse** des Betriebsrats beim Fremdpersonaleinsatz erfolgen soll. Auch nach derzeitiger Rechtslage stehen dem Betriebsrat aber bereits Auskunftsansprüche beim Einsatz von Fremdpersonal zu. Nach dem Gesetzesentwurf soll deshalb folgender neuer Hs. 2 in § 80 Abs. 2 BetrVG eingefügt werden:

**!** **Gesetzesentwurf**
*„Im Fall von Personen, die nicht in einem Arbeitsverhältnis zum Arbeitgeber stehen und länger als einen Monat auf dem Betriebsgelände tätig sind, sind dem Betriebsrat die Verträge des Arbeitgebers mit diesen Personen oder mit deren Arbeit- oder Auftraggebern einschließlich der Unterlagen bei Einsatztagung, Einsatzzeiten sowie Informationen zu den Arbeitsaufgaben und den Arbeitsabläufen einschließlich der Zusammenarbeit mit dem Betriebsangehörigen zur Verfügung zu stellen."*

193 Bei der Unterrichtungspflicht ist generell zu beachten, dass die Information grundsätzlich so rechtzeitig erfolgen muss, dass der Betriebsrat auch noch **Alternativvorschläge** einbringen kann. Die Information bzw. Unterrichtung muss darüber hinaus auch umfassend sein, d.h. der Arbeitgeber muss dem Betriebsrat **alle Informationen mitteilen**, die der Betriebsrat für seine Arbeit benötigt.

---

**200** Vgl. etwa Richardi/*Thüsing*, § 80 Rn 51 b.
**201** Vgl. dazu näher *Maiß*/*Juli*, ArbRAktuell 2012, 162.
**202** Gesetzesentwurf v. 11.9.2013, BR-Drucks. 687/13, BT-Drucks. 18/14.

## III. Rechte in personellen Angelegenheiten bei Werkverträgen (§§ 99, 95 BetrVG)

### 1. Derzeitige Gesetzes- und Rechtslage

Im Falle des Fremdpersonaleinsatzes kann ggf. auch ein Beteiligungsrecht des Betriebsrats wegen personellen Angelegenheiten nach §§ 99, 95 BetrVG gegeben sein, denn die Einstellung i.S.d. § 99 BetrVG setzt **nicht zwingenderweise die Begründung eines Arbeitsverhältnisses** voraus. Für Leiharbeitnehmer folgt dies bereits aus § 14 Abs. 3 AÜG. Es ist vielmehr immer dann von einer mitbestimmungspflichtigen Einstellung auszugehen, wenn Personen in den Betrieb eingegliedert werden, um zusammen mit den dort schon beschäftigten Arbeitnehmern den arbeitstechnischen Zweck des Betriebs durch weisungsgebundene Tätigkeit zu verwirklichen.[203] Zu beachten ist hierbei, dass die Personen allerdings so in die betriebliche Arbeitsorganisation integriert werden müssen, dass der Arbeitgeber das für ein Arbeitsverhältnis typische Weisungsrecht innehat und die Entscheidung über den Einsatz auch nach Zeit und Ort trifft. Dies ist im Falle der Tätigkeit auf Basis eines Werkvertrags gerade nicht der Fall. 194

**Praxishinweis** !

Sofern es sich tatsächlich um eine Tätigkeit auf werkvertraglicher Grundlage handelt, ist grundsätzlich kein Beteiligungsrecht des Betriebsrats nach § 99 BetrVG gegeben.

Auch die Rechtsprechung (1. Senat des BAG) hat ausgeführt, dass ein solch typisches Weisungsrecht gerade nicht vorliegt, wenn es durch die detaillierte Beschreibung der dem Arbeitnehmer übertragenen Tätigkeit in dem zugrunde liegenden Werkvertrag ausgeübt wird.[204] Die Rechtsprechung führt auch aus, dass es bei § 99 BetrVG nicht entscheidend auf das Rechtsverhältnis ankommt, sondern auf die **Eingliederung in den Betrieb** und die **Weisungsgebundenheit** gegenüber dem Betriebsinhaber.[205] Maßgebend ist, ob die von diesen Personen zu verrichtende Tätigkeit ihrer Art nach eine weisungsgebundene Tätigkeit ist, die der Verwirklichung des arbeitstechnischen Zweckes des Betriebs zu dienen bestimmt ist und daher vom Arbeitgeber organisiert werden muss. Darauf, ob und ggf. von wem diesen Personen tatsächlich Weisungen hinsichtlich der Tätigkeit gegeben werden, kommt es nicht entscheidend an.[206] Ausgehend von einem weiten Einstellungsbegriff des § 99 BetrVG kann bereits dann eine zustimmungspflichtige Einstellung gegeben sein, wenn Personen in den Betrieb eingegliedert werden, um zusammen mit den dort 195

**203** Vgl. BAG, Beschl. v. 12.11.2002 – 1 ABR 60/01 – NZA 2004, 1289, 1291.
**204** Vgl. BAG, Beschl. v. 5.3.1991 – 1 ABR 39/90 – NZA 1991, 686, 688.
**205** LAG Schleswig-Holstein, Beschl. v. 5.6.2013 – 3 TaBV 6/12 – DB 2013, 2218.
**206** BAG, Beschl. v. 5.3.1991 – 1 ABR 39/90 – NZA 1991, 686; vgl. BAG, Beschl. v. 13.12.2005 – 1 ABR 51/04 – NZA 2006, 1369.

beschäftigten Arbeitnehmern den arbeitstechnischen Zweck des Betriebs durch weisungsgebundene Tätigkeit zu verwirklichen, auch wenn dadurch keine Arbeitnehmereigenschaft begründet wird. Entscheidend ist darüber hinaus, ob der Betriebsinhaber dabei teilweise über personenbezogene, ablauf- oder verfahrensorientierte Weisungen in Bezug auf Zeit und Ort der Tätigkeit Personalhoheit ausübt, denn dann ist von arbeitsvertraglichen Weisungen die Rede. Ist Letzteres gegeben, so ist das beschäftigte Fremdpersonal eingegliedert und eröffnet den Zustimmungstatbestand des § 99 BetrVG für den Betriebsrat.

**!** **Praxishinweis**

Übt der Betriebsinhaber über personenbezogene, ablauf- oder verfahrensbezogene Weisungen Personalhoheit aus, ist das Fremdpersonal also eingegliedert, ist das Beteiligungsrecht des Betriebsrats nach § 99 BetrVG betroffen.

196 Es reicht allerdings nicht aus, dass Personen aufgrund eines Dienst- oder Werkvertrags, den der Arbeitgeber mit einem Dritten abgeschlossen hat, im Betrieb tätig werden. Darüber hinaus muss vielmehr hinzukommen, dass diese Personen so in die Arbeitsorganisation des Arbeitgebers eingegliedert werden, dass dieser die für ein Arbeitsverhältnis typischen Weisungen über den Arbeitseinsatz zu treffen hat. Der Betriebsinhaber muss gegenüber dem Fremdpersonal zumindest einen Teil der Arbeitgeberfunktion ausüben.[207]

197 Ein Urteil aus dem Jahr 1999 führte bereits zu Beteiligungsrechten des Betriebsrats nach § 99 BetrVG im Falle des Dienst- oder Werkvertrags eine genauere Unterscheidung durch und war der Auffassung, dass Personen, die als Dienst- oder Werknehmer oder deren Erfüllungsgehilfen, die in einem Dienst- oder Werkvertrag die vereinbarte Leistung erbringen, nicht schon deswegen in den Betrieb des Auftraggebers und dessen Organisation i.S.d. § 99 BetrVG eingegliedert sind, weil sie im Betrieb des Auftraggebers tätig werden und die von ihnen zu erbringende Dienstleistung oder das von ihnen zu erstellende Werk hinsichtlich Art, Umfang, Güte, Zeit und Ort in den betrieblichen Arbeitsprozess eingeplant ist. Es muss vielmehr hinzukommen, dass diese Personen selbst in die **Arbeitsorganisation des Arbeitgebers eingegliedert** werden, sodass auch dieser die für ein Arbeitsverhältnis typischen Entscheidungen über deren Einsatz auch nach Zeit und Ort zu treffen hat, er also die Personalhoheit über diese Personen hat.

198 Bei der Beurteilung, ob das Beteiligungsrecht des Betriebsrats nach § 99 BetrVG eröffnet ist, sei auch der **Sinn und Zweck des § 99** heranzuziehen. Danach sollen die Interessen der im Betrieb schon beschäftigten Arbeitnehmer gewahrt werden. Sie sollen insbesondere von möglichen Nachteilen in Form von Kündigungen oder

---

207 Vgl. BAG, Beschl. v. 18.10.1994 – 1 ABR 9/94 – NZA 1995, 281.

Versetzungen geschützt werden, die Einhaltung von Vergabekriterien bei der Besetzung von Arbeitsplätzen soll überwacht werden und darüber hinaus der Betriebsfrieden gewährleistet werden. Hingegen ist die Entscheidung des Arbeitgebers, Arbeiten nicht durch eigene Arbeitnehmer ausführen zu lassen, sondern an Dritte zu vergeben, nicht Sinn und Zweck des § 99 BetrVG, sodass eine Mitbestimmung erst zum Tragen kommt, wenn der Arbeitgeber sich für eine Einstellung in diesem Sinne entschieden hat. Die Entscheidung des Arbeitgebers selbst, die Arbeiten auf Dritte zu übertragen, unterliegt eben gerade nicht der Mitbestimmung des Betriebsrats.[208] Entscheidend ist demnach nicht, dass die Tätigkeiten im Betrieb des Arbeitgebers erledigt werden, sondern dass die fremden Personen in die Arbeitsorganisation derart eingegliedert sind, dass der Arbeitgeber auch Personalhoheit gegenüber diesen Personen ausüben könnte.

## 2. Gesetzesentwurf vom September 2013

In diesem Zusammenhang sieht der Gesetzesentwurf des Bundesrats[209] beim Einsatz 199
von Fremdpersonal vor, dass ein **neuer § 99a BetrVG** eingefügt werden soll. Dieser lautet:

---

**Gesetzesentwurf** !

*„Die in § 99 Abs. 1 S. 1 genannten Pflichten des Arbeitgebers gelten entsprechend bei Personen, die zu ihm nicht in einem Arbeitsverhältnis stehen, gleichwohl aber länger als einen Monat auf dem Gelände seines Betriebs tätig sein sollen oder sind.*

*...“*

---

Durch diesen sollen die in § 99 Abs. 1 S. 1 BetrVG genannten Pflichten des Arbeitge- 200
bers auch entsprechend bei Personen gelten, die zu ihm nicht in einem Arbeitsverhältnis stehen, aber länger als einen Monat auf dem Gelände des Betriebs tätig sind oder sein sollen. Darüber hinaus werden noch weitere entsprechende Zustimmungsverweigerungsrechte speziell geregelt.

---

**Praxishinweis** !

Nach dem derzeitigen Stand der Rechtsprechung kommt ein Beteiligungsrecht des Betriebsrats nach § 99 BetrVG nur dann in Betracht, wenn eine Eingliederung in den Betrieb vorliegt. Dies ist dann anzunehmen, wenn der Betriebsinhaber zumindest teilweise über personenbezogene, ablauf- oder ergebnisorientierte Weisungen in Bezug auf Zeit und Ort der Tätigkeit Personalhoheit ausübt.

---

**208** Vgl. BAG, Beschl. v. 5.3.1991 – 1 ABR 39/90 – NZA 1991, 686.
**209** Vgl. BR-Drucks. 687/13, BT-Drucks. 18/14.

## IV. Mitbestimmungsrechte nach § 87 BetrVG

201 Besteht im Betrieb des Werkunternehmers ein Betriebsrat, so kann dieser alle Rechte aus dem BetrVG ausüben. Grundsätzlich ist der Werkunternehmer auch verpflichtet, in den Verträgen sicherzustellen, dass dem Betriebsrat die Mitbestimmungsrechte auch im Drittbetrieb zustehen bzw. er diese dort ausüben kann. Klar ist aber auch, dass dies in der Praxis nur unterschiedlich gut gelingen wird. Aus diesem Grund könnte man auf die Idee kommen, dass der Betriebsrat des Einsatzbetriebs auch für das Fremdpersonal zumindest in gewisser Weise zuständig ist. Dagegen wird vom BAG zu Recht argumentiert, dass der Betriebsrat des Einsatzbetriebs **kein Mandat für die Beschäftigten des Werkunternehmers** hat. Darüber hinaus könnte auch der Betriebsrat nicht mit dem Vertragsarbeitgeber verhandeln und im Übrigen hätten die Werkarbeitnehmer auch keine Möglichkeit, einen im Einsatzbetrieb fehlenden Betriebsrat herbeizuführen.[210] Somit besteht grundsätzlich kein Beteiligungsrecht des Betriebsrats des Einsatzbetriebs. Einige Stimmen in der Literatur wollen hierzu allerdings die Gedanken der Rechtsprechung zur Arbeitnehmerüberlassung heranziehen und das Beteiligungsrecht des Betriebsrats auch auf fremde Werkvertragsarbeitnehmer ausweiten.[211]

202 Darüber hinaus wird dem Betriebsrat nach dem **aktuellen Gesetzesentwurf des Bundesrats** auch bei betriebsbezogenen Angelegenheiten des Arbeitsschutzes für alle im Betrieb tätigen Personen ein Mitbestimmungsrecht eingeräumt, sodass die faktisch schutzlosen Werkvertragsbeschäftigten auch geschützt seien. Diesbezüglich soll insbesondere § 87 Abs. 1 Nr. 7 BetrVG, der die Verhütung von Arbeitsunfällen und den Gesundheitsschutz betrifft, für alle auf dem Betriebsgelände tätigen Personen erweitert werden.

## V. Regelungsmöglichkeiten

203 Wie die vorstehenden Ausführungen zeigen, sind die Beteiligungsrechte vielfach zwischen Betriebsrat und Arbeitgeber nicht klar differenziert und festgelegt. Gleichwohl muss der Arbeitgeber etwaige Beteiligungsrechte des Betriebsrats wahren bzw. muss der Arbeitgeber diesen Umstand bei der Entscheidung zum Fremdpersonaleinsatz berücksichtigen. Im Einzelfall können sich deshalb verschiedene **(freiwillige) Regelungsmöglichkeiten** anbieten. Eine Reihe von Betrieben schließen aus diesem Grunde freiwillige Vereinbarungen mit dem Betriebsrat, die den genauen Prozess für die Fremdvergabe definieren. In einer solchen **Betriebsvereinbarung** wird festgelegt, wie genau der Betriebsrat zu informieren und mit ihm zu beraten ist

210 Vgl. BAG, Beschl. v. 27.1.2004 – 1 ABR 7/03 – NZA 2004, 556.

211 Vgl. etwa *Karthaus/Klebe*, NZA 2012, 417, 424.

und teilweise auch, dass der Betriebsrat eigene Vorschläge, ein eigenes Angebot für kostengünstigeres Produzieren machen kann. Es kann darüber hinaus im Einzelfall auch sinnvoll sein, ebenfalls eine freiwillige Betriebsvereinbarung zu schließen, die die Informations- und Beratungsrechte konkretisieren, um Streit zu vermeiden.

Entsprechende Regelungen sind auch in **Tarifverträgen** möglich. Hier ist ins- 204
besondere auf die Möglichkeit hinzuweisen, dass die Tarifvertragsparteien bei der Einstellung von Drittpersonal die Mängel der Durchsetzbarkeit der betriebsverfassungsrechtlichen Rechte durch entsprechende Tarifnormen (§ 3 Abs. 2 TVG) beheben können.

**Praxishinweis**

Je nach Unternehmen und Unternehmensphilosophie kann es sich anbieten, mit dem Betriebsrat freiwillige Betriebsvereinbarungen über die Beteiligungsrechte desselben im Zusammenhang mit Fremdpersonaleinsatz zu schließen. So kann ggf. Streit von vornherein vermieden werden. Darüber hinaus sind auch entsprechende Regelungen im Tarifvertrag möglich.

## H. Kombination von Scheinselbstständigkeit und unerlaubter Arbeitnehmerüberlassung

Sowohl die Scheinselbstständigkeit als auch der Scheinwerkvertrag bereitet in der 205
Praxis große Schwierigkeiten und es bestehen für die Vertragsparteien erhebliche **finanzielle wie auch rechtliche Risiken.** Die Risiken und Schwierigkeiten erhöhen sich noch weiter, wenn die Scheinselbstständigkeit mit Scheinwerkverträgen kombiniert wird. Auch diese Fälle sind in der Praxis zu verzeichnen.

Zu denken ist etwa an solche Fallgestaltungen, bei denen sich der Werkunter- 206
nehmer zur Erfüllung des Vertrags gegenüber dem Werkbesteller nicht seiner eigenen Arbeitnehmer bedient, sondern zur Erfüllung des Vertrags auf freie Mitarbeiter zurückgreift. Dann kann zum einen das Risiko der illegalen Arbeitnehmerüberlassung im Raume stehen oder aber das Risiko der Scheinselbstständigkeit, nämlich dann, wenn die freien Mitarbeiter ihre Dienstleistung nicht weisungsfrei und nicht ohne Eingliederung bei dem Dritten erbringen.

So stand auch im Falle der Entscheidung des LAG Baden-Württemberg[212] vom 207
1.8.2013 die Frage im Raum, ob hier ein Arbeitsverhältnis der „freien Mitarbeiter" zum „Verleiher" besteht oder aber, ob diese angesichts der Fiktionswirkung des § 10 Abs. 1 AÜG aufgrund einer illegalen Arbeitnehmerüberlassung in einem Arbeitsverhältnis zum „Entleiher" stehen. Letzteres nahm das LAG hier an, da die IT-Experten, die formal als freie Mitarbeiter tätig wurden, so in den Betrieb des Dritten eingeglie-

212 LAG Baden-Württemberg, Urt. v. 1.8.2013 – 2 Sa 6/13 – juris.

dert waren und auch von diesem bzw. dessen Arbeitnehmern längere Zeit und in umfangreicher Weise direkte Weisungen erhalten haben. Das Gericht entschied hier, dass die IT-Experten nicht auf Basis freier Mitarbeit zur Erfüllung des Werkvertrags tätig wurden, sondern von dem „Werkunternehmer" an den „Werkbesteller" illegal überlassen wurden.

**Praxishinweis**

Die Risiken und Rechtsfolgen der Scheinwerk- bzw. Scheindienstvertragsproblematik können sich noch schwieriger gestalten, wenn der Scheinwerkvertrag und die Scheinselbstständigkeit zusammentreffen. Diese Fallgestaltungen sind für die Unternehmen oftmals nicht ohne Weiteres erkennbar, sodass Vorsicht geboten ist, wenn nicht nur Arbeitnehmer des Werkunternehmers zur Erfüllung der Werkleistung herangezogen werden dürfen, sondern auch freie Mitarbeiter und Selbstständige.

208 Die Kombination von Scheinwerkvertrag und Scheinselbstständigkeit kommt in der Praxis auch häufig im Rahmen **sog. Subunternehmerverträge** zum Tragen. Der Subunternehmer ist in dieser Konstellation also Erfüllungsgehilfe des Werkunternehmers, den dieser im Rahmen des mit dem Werkbesteller abgeschlossenen Werkvertrags einsetzt. Der Subunternehmervertrag besteht grundsätzlich nur zwischen dem Werkunternehmer und dem Subunternehmer selbst. Der Subunternehmer steht bei einem echten Subunternehmervertrag also grundsätzlich in keiner vertraglichen Beziehung zum Werkbesteller. Der Werkunternehmer allein bleibt nach wie vor für die Erfüllung der Werkleistung gegenüber dem Werkbesteller verantwortlich.

209 Wird die vertragliche Konstruktion wie in der eben beschriebenen Weise auch durchgeführt, ergeben sich in rechtlicher Hinsicht keine Risiken. Problematisch wird es allerdings dann, wenn – wie auch bei der Abgrenzung des Werkvertrags von der illegalen Arbeitnehmerüberlassung sonst – die tatsächliche Vertragsdurchführung sich nicht mit der vertraglichen Grundlage deckt und von dieser abgewichen wird.

210 Werden also die Subunternehmerverhältnisse nur vorgespiegelt, handelt es sich aber in Wirklichkeit um eine (unerlaubte) Arbeitnehmerüberlassung, so ergeben sich die bereits beschriebenen massiven Rechtsfolgen der illegalen Arbeitnehmerüberlassung. Gleiches gilt im Hinblick auf die Rechtsfolgen der Scheinselbstständigkeit, wenn die tatsächliche Vertragsdurchführung zeigt, dass der Werkunternehmer den freien Mitarbeiter so eingliedert bzw. diesem so konkrete Weisungen erteilt, dass er tatsächlich als Arbeitnehmer anzusehen ist. Ist der Subunternehmer also an die Weisungen des Werkunternehmers gebunden und hat keinerlei Freiheiten mehr, die aber für einen freien Mitarbeiter typisch wären, dann kann ein Arbeitsverhältnis zum Werkunternehmer in Betracht kommen.

**Praxishinweis**

Die Kombination von Werkvertrag und freier Mitarbeit findet sich oftmals in der Baubranche oder aber auch im IT-Bereich. In diesen Fällen ist umso mehr darauf zu achten, dass die vertragliche Vereinbarung tatsächlich auch so gelebt wird und Letztere nicht im Widerspruch zum Vertrag steht.

# Kapitel 4
# Praxistipps und Ausblick

## A. Praxistipps und Fallgestaltungen

Insgesamt stehen den vielen Vorteilen für Unternehmen beim Fremdpersonaleinsatz auch viele Risiken und Folgen gegenüber. Insofern ist es den Unternehmen vor jedem Einsatz von Fremdpersonal anzuraten, sich über die jeweiligen Auswirkungen und möglichen Risiken zu informieren und sich diese bewusst zu machen. Nur nach **Abwägung sämtlicher Vor- und Nachteile** im jeweiligen Einzelfall kann eine korrekte Entscheidung für oder gegen den entsprechenden Fremdpersonaleinsatz getroffen werden. Aber auch während der Durchführung eines Fremdpersonaleinsatzes ist es besonders wichtig, sich die jeweiligen wesentlichen Kriterien für das eine oder andere Rechtsverhältnis zu vergegenwärtigen, damit die Durchführung entsprechend der Vereinbarung tatsächlich auch gelebt werden kann oder, falls dies zu einem gewissen Zeitpunkt nicht mehr möglich erscheint, rechtzeitig intervenieren zu können. Anderenfalls drohen massive und kostenintensive Rechtsfolgen für das Unternehmen einerseits, aber auch strafrechtliche Sanktionen für die vertretungsbefugten Organe des Unternehmens andererseits. 1

---

**Praxishinweis** !

Eine rechtliche und umfassende Beratung im jeweiligen Einzelfall vor einer möglichen Fremdvergabe bestimmter Tätigkeiten ist unerlässlich. Nur so können die Vor- und Nachteile richtig gegeneinander abgewogen und eine bewusste Entscheidung für das Unternehmen getroffen werden.

---

So vielschichtig die unterschiedlichen Tätigkeiten und Aufgabenbereiche heutzutage in der Praxis sind, so vielseitig sind auch die unterschiedlichen Wege und Gestaltungsmöglichkeiten, die bei einem Fremdpersonaleinsatz in Betracht kommen. Es gibt keine abstrakten, für alle Rechtsverhältnisse geltenden Gestaltungsmöglichkeiten und Abgrenzungskriterien. Es muss immer eine **Gesamtabwägung im konkreten Einzelfall** erfolgen, die die Besonderheit der jeweiligen Tätigkeit und Ausgestaltung umfassend berücksichtigt. 2

Gleichwohl möchten wir abschließend noch einige, in der Praxis häufig vorkommende Fallgestaltungen aufzeigen und auf besondere Punkte hinweisen: 3

- **Das Unternehmen setzt zur Verrichtung der anfallenden Tätigkeiten ausschließlich eigene Arbeitnehmer ein.**
  In diesen Fällen können Unternehmen aufatmen. Die gesamten im vorliegenden Buch aufgezeigten Probleme und Risiken tauchen bei diesen Unternehmen nicht auf, sodass diese in dieser Hinsicht keine Rechtsfolgen zu befürchten haben.

- **Das Unternehmen arbeitet mit freien Mitarbeitern zusammen, da sie bestimmte Tätigkeiten an Selbstständige fremd vergeben haben.**
  Es ist grundsätzlich möglich, dass Unternehmen bestimmte Tätigkeiten nicht mehr von eigenen Mitarbeitern erbringen lassen wollen, sondern diese „outsourcen". Die Rechtsprechung hat hierzu bereits mehrfach entschieden, dass es der **freien unternehmerischen Entscheidung** eines Unternehmers unterliegt, wenn dieser sich dazu entschließt, bestimmte Tätigkeiten fortan nicht mehr von Arbeitnehmern, sondern von freien Mitarbeitern erbringen zu lassen. Es muss allerdings darauf geachtet werden, dass es sich bei der Fremdvergabe auch tatsächlich um eine Fremdvergabe handelt, also uneingeschränkt auch eine selbstständige Tätigkeit erbracht wird und nicht lediglich nur „verkappte" Arbeitsverhältnisse vorliegen. Die Tätigkeiten müssen somit nach der Fremdvergabe mit der erforderlichen Freiheit von den freien Mitarbeitern erbracht werden. Es darf nicht lediglich nur eine formale Vertragsänderung stattfinden und die Tätigkeiten werden wie bisher in der gleichen Art und Weise ausgeführt, also unter Weisungen und Eingliederung in den Betrieb. Der freie Mitarbeiter muss seine Tätigkeit selbstständig und im Wesentlichen frei ausführen können!

4 Es ist also streng darauf zu achten, dass freie Mitarbeiter ihre Tätigkeit generell auch **ohne Weisungsrechte** erbringen können, sei es in örtlicher, zeitlicher oder aber auch fachlicher Hinsicht! Eine **Eingliederung in den Betrieb** muss ebenfalls vermieden werden, sodass insgesamt für die Unternehmen als erster Anhaltspunkt nochmals die vorliegende Checkliste herangezogen werden kann:

**Checkliste**
**Überprüfung der Abgrenzungskriterien**

| **Arbeitsverhältnis** | **Freies Mitarbeiterverhältnis** |
|---|---|
| ☐ Weisungsrecht des Arbeitgebers hinsichtlich<br>– Arbeitsort<br>– Arbeitszeit<br>– Fachlich (eingeschränkt) | ☐ Kein Weisungsrecht des Auftraggebers |
| ☐ Eingliederung in den Betrieb<br>– Zuweisung eines Büros<br>– Überlassung von Arbeitsgeräten<br>– Gewährung von Darlehen für Anschaffung von Produktionsmitteln<br>– Einordnung in Organisation und Hierarchie beim Arbeitgeber<br>– Pflicht zur Vertretung von Kollegen | ☐ Keine Eingliederung<br>– Eigene Betriebsstätte<br>– Eigene Betriebsmittel<br>– Einsatz eigenen Kapitals |
| ☐ Leistungserbringung in eigener Person | ☐ Tatsächliche Beschäftigung von Mitarbeitern<br>☐ Vertraglich festgelegte Befugnis zum Einsatz von Hilfspersonen |

| | |
|---|---|
| ☐ Verpflichtung, angebotene Aufträge anzunehmen | ☐ Unternehmerisches Auftreten am Markt<br>– Eigene Werbemaßnahmen und Kundenakquisitionen<br>– Unternehmerisches Risiko |
| ☐ Aufnahme in einen Dienstplan<br>– Festlegung von echten Dienstplänen | |
| ☐ Einheitliche Behandlung von freien Mitarbeitern und Arbeitnehmern<br>– Wichtig bei Beauftragung unterschiedlicher Personengruppen mit gleichartigen Aufgaben<br>– Aufnahme in Organisations- und Raumbelegungspläne | |
| ☐ Berichterstattungspflichten | |
| ☐ Gesamte Arbeitskraft geschuldet | |
| ☐ Dauerrechtsverhältnis | |
| ☐ Konkurrenzverbot | |
| ☐ Festvergütung | ☐ Projektbezogene Vergütung |
| | ☐ Stundenhonorar |
| | ☐ Ausweisen von Mehrwertsteuer |
| ☐ Abführen von Lohnsteuer und Sozialversicherungsbeiträgen (durch den Arbeitgeber) | |
| ☐ Führung von Personalakten | |
| ☐ Entgeltfortzahlung im Krankheitsfall | |
| ☐ Gewährung von Urlaub | |
| ☐ Entgeltfortzahlung im Urlaub | |
| | ☐ Anmeldung eines Gewerbes |

– **Das Unternehmen arbeitet mit freien Mitarbeitern zusammen, aber in Tätigkeitsbereichen, die derzeit besonders im Fokus stehen. Dazu gehört etwa der medizinische Bereich. Hier ist die Verunsicherung in der Praxis besonders groß.**

In der Praxis gibt es bestimmte Bereiche, die derzeit besonders im Fokus der Diskussion stehen und die in der Praxis auch zu vermehrter Unsicherheit führen, sei es, weil die Deutsche Rentenversicherung bei diesen Tätigkeiten in ihren Rundschreiben bereits deutlich signalisiert hat, dass diese in der Regel als abhängige Beschäftigung ausgeübt werden oder deshalb, weil zu diesen Tätigkeiten bereits divergierende instanzgerichtliche Rechtsprechung vorliegt. Viele Unternehmen gehen in diesen Bereichen deshalb derzeit dazu über, auf eine selbstständige Tätigkeit gänzlich zu verzichten.

Tatsächlich gibt es aber **keine Tätigkeiten**, die per se nur als abhängige Beschäftigung oder aber als selbstständige Tätigkeit ausgeübt werden können, sodass grundsätzlich jede Tätigkeit in der einen oder anderen Form erbracht werden kann. De facto können aber die Freiheiten so stark eingeschränkt sein, dass die Unternehmen ihre freie Unternehmerentscheidung dahingehend ausüben, dass für sie nur ein Arbeitsverhältnis in Betracht kommt.

---

**Praxishinweis**

Tätigkeiten können grundsätzlich als selbstständige Tätigkeit oder aber im Rahmen eines Arbeitsverhältnisses erbracht werden.

Die Tätigkeiten können also nach wie vor grundsätzlich auch als selbstständige Tätigkeit erbracht werden. Hier müssen Unternehmen aber bei ihrer Entscheidung zur Fremdvergabe auch noch den Umstand mit einkalkulieren, dass es ggf. die Hürde **„Gegenteilige Auffassung der Deutschen Rentenversicherung"** zu überwinden gilt, sei es durch erhöhten Argumentationsaufwand gegenüber den Behörden oder aber durch ein gerichtliches Verfahren zur Feststellung des Status des freien Mitarbeiters. Da es neben der vertraglichen Grundlage vor allem entscheidend auf die tatsächliche Durchführung der Tätigkeit ankommt, ist es in diesen Bereichen besonders wichtig, frühzeitig und auf die Besonderheiten der jeweiligen Tätigkeit bezogen, Beweismöglichkeiten zu sammeln. Der Phantasie sind hier keine Grenzen gesetzt, es sollte jedoch in jedem Fall – auf welche Art und Weise auch immer – dokumentiert werden. So kann in einem späteren Verfahren darauf zurückgegriffen werden. Bei länger dauernden Tätigkeiten sollte diese Dokumentation regelmäßig wiederholt werden.

---

5 Einige solcher Kriterien, die im Streitfall als Beweis herangezogen werden können, sind im Folgenden aufgelistet:

---

**Checkliste**

1. **Auftreten als externer Dienstleister**
   - Der freie Mitarbeiter verwendet gut sichtbar ein Namensschild, das ihn als externen Dienstleister ausweist (insbesondere, wenn er Dritten gegenüber auftritt).
     → bestätigt mit Datum und Unterschrift des freien Mitarbeiters sowie des Auftraggebers; Namensschild als Beweis
   - Der freie Mitarbeiter verwendet eigene Visitenkarten, die ihn als externen Dienstleister ausweisen (Das Logo des Auftraggebers wird nicht verwendet!).
     → bestätigt mit Datum und Unterschrift; ggf. Vorlage Visitenkarte
   - Der freie Mitarbeiter wird nicht auf der Homepage des Auftraggebers ausgewiesen bzw. wird dort ausdrücklich als externer Dienstleister genannt (ggf. sogar mit Link auf die eigene Homepage des freien Mitarbeiters, mindestens aber deutlich getrennt von den eigenen Mitarbeitern).
     → bestätigt durch Unterschrift bzw. Auszug Homepage
   - Der freie Mitarbeiter unterhält eine eigene Homepage; Hinweis auf der Seite des Auftraggebers.
     → Beweismöglichkeit: Auszug der Homepage oder Unterschrift
   - Der freie Mitarbeiter wird den Kunden sowie auch den Mitarbeitern des Auftraggebers ausdrücklich als externer Dienstleister vorgestellt.
     → bestätigt durch Datum und Unterschrift
2. **Eigene Arbeits- und Betriebsmittel**
   - Der freie Mitarbeiter verwendet eigene Arbeits- und Betriebsmittel (insbesondere Werkzeuge, Kleidung für die Ausübung seiner Tätigkeit, die sich bestenfalls von der Kleidung der Mitarbeiter des Auftraggebers sichtbar unterscheidet).
     → Beweismöglichkeit durch Unterschrift oder Fotografie; Arbeitsmittel

- Ggf. Arbeits- und Betriebsmittel entsprechend der Tätigkeit im Einzelnen aufführen, insbesondere die tätigkeitsspezifischen!
  → Liste der Arbeitsmittel

3. **Auftragsvergabe**
   - Ggf. schriftliche Dokumentationspflicht der Auftragsvergabe und -annahme, sodass ersichtlich wird, dass es dem Auftragnehmer freisteht, ob er einen Auftrag annimmt oder ablehnt.
   - Ggf. auch bei Raumbelegungs- bzw. Organisationsplänen: schriftliche Mitteilung, wann freier Mitarbeiter tätig werden will; erst dann Eintragung in den Plan; oder
   - kurze Notiz zur Vereinbarung über zeitlichen Einsatz, dann Eintragung in den Plan.

---

Eine solche Checkliste kann sich auch dann empfehlen, wenn zu befürchten ist, 6
dass sich der Vertragspartner nicht an die Kriterien der selbstständigen Tätigkeit halten wird, sodass diese auch Grundlage einer vertraglichen Vereinbarung werden kann. Gleichwohl kann auch eine solche Vorgehensweise **keine Garantie** dafür sein, dass im Streitfall die Rechtslage für die Selbstständigkeit spricht. In jedem Fall muss die Durchführung der Tätigkeit auch tatsächlich so erfolgen.

- **Das Unternehmen setzt für dieselbe Tätigkeit sowohl Arbeitnehmer als auch freie Mitarbeiter ein. Oftmals findet sich eine solche Konstellation im Vertrieb, wo fest angestellte Außendienstmitarbeiter einerseits Vertriebstätigkeiten übernehmen, aber andererseits auch freie Handelsvertreter.**
  Hier gilt es, die oben aufgezeigten Kriterien besonders zu beachten und insbesondere auf eine entsprechende Unterscheidung und unterschiedliche Ausgestaltung der Tätigkeit zu achten. Gerade hier wird oftmals ein direkter Vergleich zwischen den Arbeitnehmern und den freien Mitarbeitern angestellt, sodass deutliche Unterschiede zu erkennen sein müssen. Die Arbeitnehmer können demnach einem engen Weisungsrecht unterliegen und somit auch konkrete Weisungen erhalten, während hingegen den Handelsvertretern bzw. den freien Mitarbeitern generell grundsätzlich keine Weisungen erteilt werden dürfen. Auch kommt es hier entscheidend auf das Ablehnungsrecht des freien Mitarbeiters an, da dieser im Unterschied zum fest angestellten Arbeitnehmer Aufträge ablehnen darf. Diese grundsätzlichen Unterschiede müssen in jeglicher Hinsicht zum Ausdruck kommen und es ist auch darauf zu achten, dass keine Vertretung der einen Gruppe durch die andere Gruppe stattfindet oder gar gemeinsame Veranstaltungen abgehalten werden, wie beispielsweise Schulungen oder Ähnliches. Die Behörden sind in diesen Fällen besonders streng, manchmal ist bereits die Ausübung der gleichen Tätigkeit sowohl durch Arbeitnehmer als auch durch freie Mitarbeiter ein erstes Indiz für die Behörden. Da dies aber in rechtlicher Hinsicht noch kein Indiz darstellt, ist hier oftmals erhöhter Argumentationsaufwand erforderlich und es sind die einzelnen konkreten Unterschiede zwischen der Ausgestaltung der Tätigkeit zu erläutern.
- **Das Unternehmen arbeitet mit einem Werkunternehmer zusammen, der Werkleistungen mit eigenen Arbeitnehmern für das Unternehmen er-**

**bringt. Die Einhaltung der folgenden Punkte ist sowohl für das Unternehmen (Werkbesteller) als auch für den Werkunternehmer von besonderer Bedeutung.**

Bereits bei der vertraglichen Gestaltung ist streng darauf zu achten, dass der Werkvertrag **sämtliche Kriterien eines Werkvertrags** enthält und insbesondere auch eine abgrenzbare Werkleistung vereinbart wird. Darüber hinaus ist bei der praktischen Durchführung der vertraglichen Beziehung darauf zu achten, dass die Kriterien im Einzelnen von jedem Vertragspartner eingehalten werden, da anderenfalls der Vorwurf der (illegalen) Arbeitnehmerüberlassung mit den gravierenden Rechtsfolgen im Raume steht. Dazu dient die nachfolgende Checkliste:

**!** **Checkliste**
**Abgrenzung Werkvertrag/Arbeitnehmerüberlassung**

| **Werkvertrag** | **Arbeitnehmerüberlassung** |
|---|---|
| ☐ Keine Eingliederung in den Betrieb des Dritten | ☐ Eingliederung in den Betrieb<br>– Arbeitsteiliges Zusammenarbeiten mit Arbeitnehmern des Beschäftigungsbetriebs<br>– Nutzung der betrieblichen Einrichtungen und Arbeitsgeräte des Dritten |
| ☐ Keine Weisungsrechte des Dritten<br>– Nur Abstimmung bzgl. des Werkergebnisses (Instandhaltung, Anlagenumbau)<br>– Arbeitsanweisungen an Einsatzkräfte durch eigenes qualifiziertes Personal des Unternehmers | ☐ Weisungsrechte<br>– Arbeitsanweisungen durch Mitarbeiter des Beschäftigungsbetriebs |
| ☐ Bestimmbarkeit der Leistung<br>– eigene abgrenzbare Werkleistung | ☐ Einsatz der Arbeitskräfte ohne Konkretisierung eines abnahmefähigen Werks |
| ☐ Gewährleistung<br>– Vereinbarung von (echten) Gewährleistungspflichten für Werkunternehmer | ☐ Keine Gewährleistung<br>– unverhältnismäßige Haftungsbeschränkung |
| ☐ Weitere Kriterien<br>– Rundschreiben zur Behandlung der Arbeitssicherheit sind unschädlich<br>– Abstimmung von Urlaub ist unschädlich<br>– Arbeitsanweisungen durch vorgesetzten weiteren Arbeitnehmer des vertraglichen Arbeitgebers<br>– Jahrelange vertragliche Verbindung ist unschädlich<br>– Abrechnung nach Stundenverrechnungssätzen ist unschädlich | ☐ Weitere Kriterien<br>– Überlassung von Werkzeugen und Arbeitskleidung<br>– Vorgesetzter bzw. vertraglicher Arbeitgeber ist fachlich bzw. technisch nicht in der Lage, die werkvertragliche Pflicht auszuführen |

Nicht selten wurde in der Praxis tatsächlich ein Werkvertrag vereinbart, doch scheitert es in der praktischen Umsetzung: Ein anfänglicher Werkvertrag „kippt" sodann und letztlich werden nur noch Arbeitskräfte zur Verfügung gestellt, sodass es sich um eine (illegale) Arbeitnehmerüberlassung handelt. Dies kann verschiedene Ursachen und Gründe haben. So kann es beispielsweise sein, dass der Werkunternehmer tatsächlich nicht in der Lage ist, das vereinbarte Werk nach seinen eigenen organisatorischen oder betrieblichen Gegebenheiten oder Fähigkeiten auszuführen, der Werkbesteller aber hingegen diese Möglichkeit hat, sodass er letztlich mit den Arbeitnehmern des Werkunternehmers das Werk erstellt. Oder aber der Werkbesteller bzw. auch seine Mitarbeiter erteilen den Arbeitnehmern des Werkunternehmers direkt Weisungen und gliedern sie in den Betrieb ein, sodass tatsächlich nicht von einem Werkvertrag, sondern von Arbeitnehmerüberlassung die Rede ist. Auch solche Umstände gilt es, rechtzeitig zu erkennen und entweder gegenzusteuern oder aber das Vertragsverhältnis auf Arbeitnehmerüberlassung mit den dazugehörigen Rechtsfolgen umzustellen.

- **Das Unternehmen arbeitet mit Werkunternehmen zusammen, die ihrerseits freie Mitarbeiter zur Erfüllung der Werkleistung beauftragen.**
  In diesem Fall hat sowohl der Unternehmer als auch der Werkunternehmer auf die Einhaltung des vereinbarten Vertragsverhältnisses strengstens zu achten, da hier sowohl eine Scheinselbstständigkeitsproblematik als auch ein Scheinwerkvertrag mit den entsprechenden Risiken im Raume steht. Letztlich entscheidet hier allein die Ausgestaltung, ob tatsächlich eine Fremdvergabe vorliegt oder aber, ob ein Arbeitsverhältnis zum Werkunternehmer oder zum Werkbesteller besteht.

## B. Ausblick

Bereits in der Vergangenheit gab es zahlreiche Gesetzesentwürfe zur Verhinderung 7
der Scheinselbstständigkeit, aber auch der Scheinwerkverträge, die bislang allerdings alle abgelehnt wurden. Kurz vor der Bundestagswahl im vergangenen Jahr wurde jedoch vom Bundesrat auf Initiative der Länder Niedersachsen, Baden-Württemerg, Bremen, Nordrhein-Westfalen und Rheinland-Pfalz der „Entwurf eines Gesetzes zur Bekämpfung des Missbrauchs von Werkverträgen und zur Verhinderung der Umgehung von arbeitsrechtlichen Verpflichtungen" eingebracht, über den die neue Regierung nun zu entscheiden hat. Die Große Koalition hat auch bereits in ihrem Koalitionsvertrag signalisiert, dem Missbrauch von Scheinwerkverträgen und Scheindienstverträgen entgegentreten zu wollen, sodass mit gewissen Änderungen – insbesondere im Bereich der Werkverträge und der Arbeitnehmerüberlassung – zu rechnen ist.

Das Problem der Scheinselbstständigkeit steht hingegen derzeit zumindest we- 8
niger im Fokus der öffentlichen Diskussion und der Politik. Insofern wird es hier

nach wie vor entscheidend auf die **Einschätzung und Einordnung der Gerichte** ankommen, sodass insbesondere höchstrichterliche Entscheidungen besonders wichtig sind. Gerade in den derzeit viel diskutierten Bereichen fehlt eine solche aber bislang, was die Unsicherheit in der Praxis verstärkt. Bei der Abgrenzung sind demnach die von der Rechtsprechung entwickelten Kriterien besonders sorgfältig umzusetzen und eine entsprechende Gesamtabwägung in jedem Einzelfall vorzunehmen, damit die Selbstständigkeit rechtssicher gestaltet werden kann.

9 Im Bereich der Werkverträge und dem Recht der Arbeitnehmerüberlassung sind demnach angesichts der politischen Entwicklungen einige Veränderungen möglich. Sowohl der Gesetzesentwurf des Bundesrats als auch der Koalitionsvertrag sieht die **Stärkung der Betriebsratsrechte** generell im Bereich der Fremdpersonaleinsätze vor. Dies entspricht auch der Trendwende, die das BAG in jüngster Zeit ohnehin vollzogen hat, auch wenn der Gesetzesentwurf noch weitergeht.

10 Darüber hinaus sollen nach Auffassung der Politik Änderungen des Arbeitnehmerüberlassungsgesetzes zu mehr Rechtssicherheit verhelfen. So soll eine gesetzliche **Überlassungshöchstdauer von 18 Monaten** aufgenommen werden, womit der grundsätzliche Streit über die Frage, was unter „vorübergehender" Arbeitnehmerüberlassung zu verstehen ist, entschieden wäre. Allerdings wären damit zahlreiche weitere Fragen verbunden, wie etwa:
- Wie ist mit bereits abgeschlossenen Verträgen umzugehen?
- Ist die Regelung der Überlassungshöchstdauer arbeitsplatz- oder personenbezogen zu verstehen?
- Gibt es Ausnahmetatbestände, für die diese Überlassungshöchstdauer nicht gilt?

Im Koalitionsvertrag ist bereits angedeutet, dass durch einen Tarifvertrag oder aufgrund eines Tarifvertrags in einer Betriebs- oder Dienstvereinbarung unter Berücksichtigung der berechtigten Interessen der Stammbelegschaften abweichende Lösungen vereinbart werden können. Auch hier ist die Reichweite jedoch völlig offen. Darüber hinaus ist weiter nach wie vor offen, welche Rechtsfolgen bestehen, wenn die gesetzliche Überlassungshöchstdauer überschritten wird. Nach dem Gesetzesentwurf des Bundesrats wäre bei einer nicht nur vorübergehenden Arbeitnehmerüberlassung ein Arbeitsverhältnis mit dem Entleiher gesetzlich fingiert. Diese Regelung steht damit zu der derzeit bestehenden Rechtsprechung des BAG in Widerspruch. Das BAG hat erst kürzlich eine solche Rechtsfolge abgelehnt, da keine gesetzliche Grundlage für diese Rechtsfolge bestehe, wenn der Verleiher über die erforderliche Arbeitnehmerüberlassungserlaubnis verfügt. Mit einer grundsätzlichen Regelung einer Überlassungshöchstdauer wäre der Praxis im Ergebnis ohnehin nicht gedient. Zum einen wäre zwar **eine** Frage grundsätzlich beantwortet, es würden sich aber zahlreiche weitere Fragen anschließen. Erforderlich wäre somit, dass nicht nur eine Überlassungshöchstdauer ohne weitere Regelungen aufgenommen wird, sondern dass in diesem Falle bereits die sich zwingend anschließenden

Fragen von der Regierung gleich mitgeregelt werden. Zum anderen ist aber fraglich, ob durch die Einführung einer Überlassungshöchstdauer dem Missbrauch von Scheinwerkverträgen tatsächlich entgegengewirkt werden kann.

Die Arbeitnehmerüberlassung soll darüber hinaus generell auf ihre Kernfunk- 11 tionen hin orientiert werden, heißt es weiter im Koalitionsvertrag. Das AÜG soll demnach auf die aktuellen Entwicklungen angepasst werden. Künftig sollen Leiharbeitnehmer auch spätestens nach 9 Monaten hinsichtlich des **Arbeitsentgelts mit den Stammarbeitnehmern gleichgestellt** werden. Auch soll es – anders als nach bisherigem Recht – ein echtes Verbot geben, Leiharbeitnehmer als Streikbrecher einzusetzen. Mit all diesen Regelungen soll versucht werden, die Leiharbeit vor allem in den Bereichen einzugrenzen, wo diese als funktionaler Ersatz der Stammbelegschaft eingesetzt wird.

Die wichtigste Aussage für die Praxis ist allerdings, dass sowohl nach dem Ge- 12 setzesentwurf als auch nach dem Koalitionsvertrag der vermeintliche Werkunternehmer und sein Auftraggeber auch bei Vorlage einer Verleiherlaubnis nicht besser gestellt sein sollen als derjenige, der unerlaubt Arbeitnehmerüberlassung betreibt. Es soll den Unternehmen also nicht mehr sanktionslos möglich sein, sich im Falle der unerlaubten Arbeitnehmerüberlassung auf eine bereits **auf Vorrat verschaffte Arbeitnehmerüberlassungserlaubnis** berufen zu können. Die Arbeitnehmerüberlassung soll nur noch als „offene" möglich sein, also wenn diese ausdrücklich als solche kenntlich gemacht wird. Insofern sollten insbesondere die Werkunternehmer, die derzeit mit dem „doppelten Netz" (Vereinbarung eines Werkvertrags und vorsorgliche Einholung einer Arbeitnehmerüberlassungserlaubnis) arbeiten, die weiteren Entwicklungen beobachten. Sollte die angekündigte Regelung tatsächlich umgesetzt werden, würde die vorsorglich eingeholte Arbeitnehmerüberlassungserlaubnis nicht mehr zum Erfolg verhelfen und es würden die entsprechenden Sanktionen der illegalen Arbeitnehmerüberlassung gleichwohl eintreten.

Sowohl durch den Koalitionsvertrag als auch durch den Gesetzesentwurf des 13 Bundesrats sind demnach einige Veränderungen im bisherigen Recht geplant bzw. angedacht. Ob sich diese tatsächlich umsetzen lassen, bleibt abzuwarten. In jedem Fall müssten auch die europäischen Vorgaben berücksichtigt werden, sodass auch die Rechtsprechung des EuGH ggf. den ein oder anderen Punkt der Pläne der deutschen Politik beeinflussen könnte.

# Stichwortverzeichnis

Die Zahlen und Buchstaben in Fettdruck beziehen sich auf die Kapitel des Werkes, die Ziffern beziehen sich auf die Randnummern innerhalb der Kapitel.

**W**